JN410364

박덕희 수필집

# 그대에게서 기다림을 배운다

그대에게서 기다림을 배운다

박덕희 수필집

1판 1쇄 인쇄/ 2024년 7월 2일
1판 1쇄 발행/ 2024년 7월 7일

지은이 / 박덕희
펴낸이 / 우희정
펴낸곳 / 도서출판 소소리

등록 / 제300-2007-21호
주소 / 03073 서울 종로구 성균관로 5길 39-16
전화 / 765-5663, 010-4265-5663
e-mail: sosori39@hanmail.net

값 15,000 원

*잘못된 책은 바꿔드립니다.

ISBN 979-11-5891-203-1 03810

# 그대에게서 기다림을 배운다

박덕희 수필집

# 책을 내면서

나는 배움이 적고 아는 것이 별로 없어 글을 쓰는 기교가 부족한 것 같았다. 해서 글을 쓰면 다른 이들에게 보이곤 하였다. 어떻게 인연이 닿아 문학박사 학위 제1호를 기록한 오창익 교수님이 운영하는 수필반에 수강신청을 하게 되었다. 그곳에서 오 박사님의 수필이론과 실기 등 강의를 열심히 듣고 익히는 과정에 선배 및 동료의 우수작품을 읽는 기회를 많이 누렸다.

수필이 무엇인지를 조금 터득할 무렵 늦깎이로 『창작수필』 문학지에 등단의 영예를 얻고 문학상 수상의 기쁨을 누렸다. '늦게 배운 도적질에 날 새는 줄 모른다'는 옛말과 같이 뒤늦은 욕심이 생겨 원주 상지대학교 부설 원주시복지관에서 수필은 물론 시(詩) 서(서예) 화(그림), 풍수 등 수업을 받았다.

시를 쓰고, 서울기로미술협회장의 추천으로 초대작가로 지정되기도 하는 동안 증정 받은 책이 100여 권이나 되었다. 하지만 나는 게으르기 짝이 없어 그분들에게 아직 책 한 권도 전하지 못해 부끄러웠는데 이제라도 되갚을 때가 왔다고 여겨 용기를 내었다.

작품 편수가 부족한 것 같아 기행문도 함께 실었다. 지금은 너나없이 해외여행을 많이 다니므로 도움이 되길 바라는 마음이다.

입력에서부터 여러 가지로 출판에 노고를 아끼지 않은 딸과 아들에게 고마움을 전한다.

2024년 여름

저자 **박덕희**

## 1. 보이지 않는 길

## 2. 피아노에 마음을 실어

## 3. 장날의 풍경

## 4. 낯선 땅 둘러보기

# 1.

# 보이지 않는 길

# 그대에게서 기다림을 배운다

나는 동해시에 있는 B중학교에 다녔다. 학교 본관 건물 측면의 흰 회벽 면에 흑색 페인트로 '아는 것이 힘, 배워야 산다'라고 크게 써서 멀리서 보아도 보이게 하여 학생들에게 향학열을 고취시키던 것이 생각난다. 교실 내에 있는 교훈은 생각나지 않아도 그것만은 생생이 기억난다. 그때 교장선생님 성함이 '박기혁'으로 기억되는데 향학열이 대단한 분이셨다. 당시엔 그와 같은 스승이 많았고 학부모와 학생이 삼위일체가 되어 노력한 탓에 우리나라가 정치를 제외한 모든 면에서 오늘과 같이 눈부신 발전을 하였다. 선진국에 진입하려고 문턱에서 발돋움 하고 있는 것도 그 덕이다. 배우는 것이 그만큼 중요하다. 나는 그때 교훈(教訓)을 지금도 자식들에게 가끔 써먹고 있다. 가르침은 어둠을 밝혀주는 등불과 같은 것이다.

배움은 스승으로부터 배우고 부모뿐 아니라 연장자나 동료들로부터도 배우고 체험으로도 배운다. 누구의 가르침을 받지 않고 훈습에 의거 스스로 아는 것도 있다. 옛날엔 14~5세 되는 아이를 결혼 시키고 부모나 누가 가르쳐 주지 않았어도 신방에서 운우의 정을 갖는 것을 아는 것이나 신생아가 먹을 것을 입으로 가져가는 것도 모두 전생으로부터 훈습되어온 본능이라 생각된다. 동물들의 행동도 거의 같다. 사회생활이나 학교생활에서 노승발검(怒繩拔劍)하는 우를 범하지 않도록 하려고 체험으로 한 동물의 인내하는 행동을 살펴보며 손자와 같이 不嗔恚心을 배우고 있다. 또 사물을 세밀히 관찰하는 습관을 갖는 것을 손자에게 가르쳐주고 싶다.

지금은 교육상 나쁘다고 학교에서 곤충채집을 일반적으로 시키지 않고 있지만 내가 초등학교 5~6학년 때만 해도 여름방학 숙제로 곤충채집을 한 것이 생각난다. 승문(蠅蚊)도 곤충인데 거들떠보지 않고 잠자리, 매미, 나비, 메뚜기, 사마귀 등이 희생양이 되었다. 산 것을 잡아서 마분지나 나무판자에 얹어 놓고 핀으로 곤충의 등을 찔러 고정 시킨다. 메뚜기는 통증을 느껴서인지 입에서 검붉은 피를 토하기도 하던 것이 지금도 어른거린다. 하룻밤 자고 나면 거의 죽지만 하늘소 같은 곤충은 다음날까지 살아서 꿈틀거린다. 그런데 곤충을 잔인하게 죽이는 것을 배웠지 무엇 때문에 채집한지 지금도 잘 모르겠다.

누구나 생활 주변에 널브러져 있는 사물을 숱하게 보지만 무심히 지나치므로 진가를 발견하지 못하는 경우가 많다. 관찰하고 사유하면 하찮은 것에서도 보석을 캘 수도 있다. 논픽션의 글을 쓰는 사람도 관찰이 중요하다. 관찰을 오래할수록 독자에게 감동을 주는 글이 쓰여지는 것 같다. 과학자도 같다. 영국의 생물학자 '다윈'도 인류사에 가장 큰 영향을 준 3대 고전중 하나인 『종의 기원』을 동물의 관찰을 토대로 쓰지 않았는가. 그것도 20년 간의 관찰로…. 삶의 현장에서 사유하여 의문점을 붙이고 원인의 밭을 깨다가 보면 의외의 좋은 수확을 얻을 수 있다.

스승은 사상과 지식을 언어나 문자로서 제자에게 전한다. 하지만 그는 관찰하는 자에게 이심전심이라 할까 묵언과 행동으로 전한다. 강의실은 우리 집 창문밖에 있는 나무의 가지와 벽의 사이다. 그 외도 창고나 도처에 유사한 현장이 많다. 방법은 가만히 보고 있으면 된다. 과목은 '기다림'이다. 동물은 오욕 중에 식욕을 참기가 제일 어렵다. 그런데 그는 먹을거리가 올 때까지 죽음을 무릅쓰고 참는다.

헛간 같은 곳에 있으면 비바람은 피하나 오늘 내가 보고 있는 곳은 집밖 나무 가지 위여서 가끔 나무 그늘이 지나지만 작열하는 태양의 불볕더위가 기승을 부릴 때나 바람이 불고 소나기가 내려도 미동도 하지 않고 머리를 밑으로 향하고 기다린다. 고통을 감내하면서도 오직 한 목적을 위하여 정중동의 자세로 올인하고 있다.

그 기다림의 처절함에 감탄사가 튀어나온다. 그것이 가르침이고 그것을 보고 배운다. 관찰한 지 10여 일 지났어도 그간 아무것도 먹지 않고 하루 한두 번 약간의 움직임이 있을 뿐 다른 곳으로 가지도 않고 자리를 지키고 있다. 혹시 밤중에는 안락한 곳에 가서 야식을 하며 편히 쉬나하고, 새벽에 2~3회 휴대폰의 모닝콜로 기상하여 전등을 비춰 봐도 눈만 반짝이고 동요치 않는다.

유충기가 없어 암컷은 자가 주위에 5~6개소의 자식들의 근기에 맞는 집을 신축하여 분가시키고 생존경쟁 방법을 일찍부터 터득시킨다. 며칠간 생육하다가 독수리가 새끼를 부모로부터 자립시킬 때 벼랑이나 나무 위 둥지에서 떨어트리듯이 바람에 날려 보내 독립시킨다.

자식이 살던 집은 먹잇감이 눈치를 챌까 봐 먹어 치운다. 그의 살신성인 하는 모성애는 가시고기의 부성애 못지않다. 수명은 20년생도 있다지만 보통 1~2년 산다. 자기방어를 위해 독을 가지고 있고(우리나라 주거지역에는 사람에게 치명적인 것은 없는 것 같다) 못생긴 탓에 누구나 싫어한다. 악인의 대명사로 부르기도 한다. 해서 아는 분은 벌써 그가 누구인지 알고 있겠지만 그의 이름과 종을 말하고 싶지 않다.

미국 동화작가 엘윈 브룩스 화이트는 그의 저서인 한 동화책에서 그를 샬롯(charlotte)이라 명명하고 장점을 살려 주인공으로 등장 시킨다. 그가 창고 헛간에서 다른 동물과 우정을 나누며 더불어 사는 장면을 아름답게 연출한 책이다. 독자에게 진한 감동을 주어 46쇄까지 발간하여 뉴 베리 호너상까지 받았다. 책 선전하는 것 같지만 추물의 동물이라도 장점을 살리니 미모로 변신되어 누구나 좋아하는 동물로 거듭난다는 것을 말하고 싶어서다. 사람도 인종차별을 해서는 안 된다.

굶고 있는 것이 애처로워 오늘 먹을거리를 던져 주었다. 쏜살 같이 가서 끈끈이로 감는다. 약육강식의 먹이사슬 세계에서 생존이다. 아사직전의 상태에서도 기회가 왔을 때 포착하는 그 민첩성은 과연 번개와 같다. 채고 난 후엔 아무리 배가 고파도 서두르지 않는다. 그에게서 기다림을 배웠고 기회를 포착하는 날램도 배웠으며 그리고 서두르지 않음도 배운다.

그는 울타리 옆 화단 같은 곳에도 있지만 새벽에 산길을 걷다 보면 끈끈이 줄이 얼굴을 휘감는 것이 싫어 가까이 보일 때 살생하기도 했다. 그러나 이제는 인내와 기회포착의 동물로 나에게 가르침을 주었기에 전과 달리 대하여 주리라.

손자가 4~5곳의 학원을 다니며 배우는 공부도 좋지만 할아버지와 같이 관찰력을 기르는 현장 체험실습도 중요함을 가르친다. 하찮은 미물이라도 사물을 볼 때 인내하며 세심히 관찰하는 자세를 심어준다. 참고 노력하는 사람만이 덕을 받고 성공할 수 있다는 것을….

# 3 · 3 · 3으로 속 때(心垢)지우기

대중탕으로 목욕을 하러 갔다. 가을이 되니 목욕하러 오는 사람이 늘어나 목욕탕 종사자들의 손길이 더욱 바빠지는 것 같다. 매일 샤워는 하나 목욕은 역시 뜨거운 탕 안에 들어가 "앗! 뜨거워, 시원하다." 하며 땀을 흘려야 제 맛이다.

혈액순환을 잘 되게 하므로 건강도 챙기고 몸에 있는 때와 땀 냄새를 지우기 위한 청소 운동이라할까. 목욕 후 그 기분은 말할 수 없이 상쾌하다. 온탕에 들어가서 눈을 지그시 감으니 엇저녁에 지하철을 타고 오던 생각이 난다. 옆에 앉은 남자의 몸에서 나는 내 코를 의심할 정도의 악취 때문이다. 냄새가 정말 역겨웠다. 그분의 악취와 신문지상에 오르내리는 부정부패한 사람의 속 때와 비교해 본다. 몸의 때는 물로 씻으면 되지만 마음의 때는 어떻게 씻을까? 마음의 때를 씻어내는 목욕탕이 있으면 얼마나 좋을까? 스스로 참회하는 것만이 마음의 때를 밀 수 있을 것 같다.

지하철 전동차 내 양쪽 끝부분 좌우 각 3석이 노약자 임산부 장애인석인데 가끔 임산부가 앉기도 하지만 대부분 경로석으로 이용된다. 요즈음은 경로석이 만원이다. 앞으로 경로석을 더 늘인다고 하지만 경로좌석 한두 개가 비어 있으면 3석 중 가운데가 보통 비어 있다. 모두 떨어져 앉기를 좋아하고 창문 입구 쪽을 선호한다. 그날도 할머니 한분은 출입문 입구 쪽에 앉았고 노숙자 같은 분이 안쪽에 앉아 있었다. 나는 피곤해서 그 사이에 끼어 앉아 왔기에 악취의 곤욕을 치러야 했다. 오늘 새벽에도 오온(사람)은 불구부정(더럽지도 깨끗하지도 않다)이라고 독송하며 마음을 다스리고도 나의 비심(鼻心)이 현실적으로 부정하고 있어 부끄럽다.

여름철에 몸이 비대한 사람이 두 사람이 앉은 사이로 엉덩이를 깊숙이 비집고 들어와 자기 회전의자에 앉듯이 하면, 몸이 접촉되어 기분이 그리 좋지 않다. 해서 몸이 비대한 사람이 앉아 있으면 잘 앉지 않고 서서 간다. 피곤하거나 멀리 갈 때는 할 수 없이 앉는다. 부딪치는 것이 싫어 엉덩이를 걸치는 정도로 약간 얹어 놓고 간다. 할머니들은 덜 하지만 깨끗하지 못한 남자가 옆에 있으면 나도 나이 먹은 사람이지만 솔직히 반갑지 않다. 날씨가 더울 때는 더 하다. 모든 동물은 기본적으로 냄새를 분비한다. 정도의 차이는 있어도 나에게도 냄새가 날 텐데 남의 냄새만 불쾌해 한다. 더군다나 몸속의 때 냄새는 더욱 맡지 못한다.

사람에겐 안(眼)·이(耳)·비(鼻)·설(舌)·신(身)·의(意)의 6근

(根)이 있다. 욕심의 뿌리다. 각근의 6경(境: 색・소리・냄새・맛・촉감・형태)이 대상에 작용하여 일어나는 현상이 6식(識)이라 하는데 각 식마다 '좋다, 나쁘다, 좋지도 나쁘지도 않다. 괴롭다, 즐겁다, 괴롭지도 즐겁지도 않다.'라는 번뇌가 일어난다. 그런데 의식을 제외한 5식은 꼭 좋은 것만 탐하게 되어 있다. 그래서 냄새도 좋은 것은 탐하고 악취는 배척한다.

나이가 들면 눈과 귀는 멀어져 가는데 코와 혀와 촉감은 젊으나 늙으나 같다. 오히려 더 민감해져 좋은 것만 찾는 현상이 일어나는 것 같다. 돋보기와 보청기가 대신 해주지만 근본적으로 눈과 귀는 늙으면 며느리가 흉을 봐도 잘 보이지 않거나 잘 알아듣지 못하게 되어 있다. 해서 흉을 본 쪽이나 못 들은 쪽 공히 좋은데 코는 야속타, 인간의 취각도 태초보단 퇴화 되었다 하나 늙어서도 생활에 지장이 없을 정도로 잘 맡는다. 내가 어릴 때 고향집에 염색 업을 하며 세 들어 살던 젊은 부부가 있었는데 암내(腋臭)가 지독했다. 여자한테서 나는 것 같은데, 남편은 축농증 환자도 아닌데 냄새를 맡지 못한다고 말하는 것을 들은 기억이 있다. 남에게 지독한 암내를 풍겨도 천상배필인 부부 사이엔 악취를 맡지 못하는 경우도 보았지만 이와 반대로 환취(幻臭)를 느끼는 사람도 있다고 한다. 그러나 자기의 냄새는 잘 맡지 못할 뿐 아니라 싫어하지도 않는 것이 일반적인 현상이다. 자기의 과오도 마찬가지로 숨기거나 부정하거나 축소시키는 사람을 볼 수 있다.

냄새는 동물에겐 페로몬(pheromone: 특수한 액즙을 만들어 내보내는 기능을 하는 샘 세포 조직)이란 호르몬이 있어 냄새를 풍기는데 동물 세계에선 치열한 성적 경쟁의 훌륭한 무기가 된단다. 설치류에선 암컷이 임신초기에 다른 수컷의 냄새를 일정기간 맡으면 유산이 된다. 개미는 페로몬으로 집을 찾아오고 물고기가 무리지어 다니는 것도 페로몬의 힘이란다. 사냥개의 후각은 인간의 50배가 된다. 가장 강력한 것은 '봄비콜(bombykol)'이라는 누에나방의 페로몬으로, 1조 단위 공기분자 속에 한 개의 페로몬 분자가 있어도, 수컷은 암컷을 찾을 수 있단다. 전에 TV를 본 일이 있는데 나비가 남북 대륙 간을 날아가는 것을 보았다. 아마 봄비콜의 힘이 아닌가 생각된다. 일정량의 페로몬은 사랑의 냄새지만 찌든 경우와, 일상생활 중 에크린(eccrine) 땀샘의 땀과 먼지를 씻거나 닦지 않을 때, 냄새가 복합적으로 작용해서 악취가 난단다.

손자 손녀를 돌보는데 그중엔 나를 잘 따라 밤이면 같이 잠자기를 좋아하는 아이도 있지만 1년 전 만해도 잘 따르며 안겨서 뽀뽀도 잘 하던 녀석이 나이가 조금 들어서인지 싫어하는 경우도 있다. 특히 손녀는 더하다 "할아버지! 이상한 냄새나 저리가! 내 옆에 오지마!" 한다. 그렇거니 하다가도 자주 들으니 섭섭하다. 그렇지 않아도 하루 한 갑 이상씩 피우던 애연가였는데, 손자를 돌보기 시작하고부터 며느리와 딸들이 싫어할 것을 생각해 고충 끝에 금연을 했지 않은가. 요즈음은 애들이 커 가니 냄새가 난다 할 것 같아 하루 한 번씩 샤워를 하고, 양치질도 아침 낮 저녁 꼭 문지른다. 그렇게 하는데도 냄새가 난단다. 노인 냄새는 지울 수 없는가보다 하며 머리를 감는다. 아내는 내가 머리를 적당히 두 번 감는 것을 보고 3번씩 감으라고 주문한다. 양치질도 3·3·3을 지키란다.

오늘도 전신을 피가 나도록 문지른 후 미안수를 제대로 바르고 손녀에게로 갔다. 할아버지한테서 향긋한 냄새가 난다며 나에게 안긴다. 나는 손녀를 안고 뽀뽀도 하고 맴돌이도 해주었다. 이것이 행복이 아니겠는가. 앞으로 머리를 감을 때 3·3을 적용해 3번 감고 3번 이상 헹구리라. 모든 것이 내 잘못인 것을 모르고 남을 탓한 내 자신이 부끄럽다. 손녀의 지적을 교훈삼아 남을 탓하기 전에, 몸뿐 아니라 내 마음 속 3독심의 때도 1일 3성(省)으로 밀어 보리라.

# 5만 원 신권 출시와 선비정신

오늘 아침 신문을 펼치니 5만 원 신권이 발권된단다. 한국은행에서 신사임당 화상을 그려 넣은 우리나라 화폐 중에 최고 액면가가 될 오만 원 신권을 발권하여 2009.6.23.자로 출시한다고 한다. 표준 영정이 맞느니 틀리느니 도안자가 의당의 제자니 아니니, 왜 신사임당 초상이냐 등등 말도 많고 탈도 많던 지폐다. 김구 영정이 들어간 10만 원 권 지폐는 발행하지 않기로 했단다.

정부의 발권취지를 보니 우리 사회의 양성 평등의식 제고와 여성의 사회 참여에 기여하고 문화중시의 시대정신을 반영하였다는 점과 사임당이 자녀의 재능을 살린 교육적 성취를 통하여 사회에 이바지한 중요성을 환기 시키게 하는 등 발행 효과가 기대된다고 했다. 여하튼 강원도 출신 이율곡 선생의 5천원 권에 이어 그의 어머니인 신사임당 영정이 들어간 5만 원 권이 출시된단다. 모자가 각각 한 나라 화폐에 초상화 인물로 선정되기는 세계의 화폐역사에 전무후무한 사건으로 기록될 것이다. 유일하게 분단된 도여서 도세가 약하여 타 시도에 비하여 발전이 뒤처지는 감이 있고 동계올림픽 유치에 두 번이나 쓴맛을 보아 사기가 극히 저하된 강릉시민은 물론 강원 도민에게 사기를 진작시킨 자랑거리로 축제분위기다. 출시 일엔 대대적인 기념행사를 개최한단다.

신사임당은 강원도 강릉시 죽헌동 오죽헌에서 신명화 진사의 둘째딸로 태어났고 효성이 지극했다. 시, 서, 화에 천재적 재능을 타고났고 자수와 바느질까지 뛰어난 여인이었다. 나약한 남편을 잘 받들어 출세시켰으며 조선시대 여성은 문학 등 모든 면에 제약 받던 시절에도 유교경전을 많이 읽었고, 출가해서도 배움을 게을리 하지 않은 여인이다. 정치가이며 경세가이고 문학자로서 해동공자로 칭송을 받기도 한 이율곡 선생을 위시해 7남매를 낳아 모두 훌륭히 키운 우리나라 뿐 아니라 세계적으로도 자랑할 만한 여인이다. 이에 이 시대에 자식을 키우며 사는 우리는 그분을 본받아야 할 것이 많다. 늦은 감이 있지만 현모의 여인상이 오만 원으로 출시된다니 반갑다. 또 미국을 위시한 외국의 예를 보면 대통령이나 권력자의 초상을 화폐 도안을 만든 경우가 많은데 문화중시의 시대정신을 반영하여 문인의 초상을 선정하였다는 것이 내가 어쭙잖게 글 쓰는 사람이지만 자부심을 갖게 한다.

내가 어렸을 때 우리 집은 연초 소매점을 하였던 탓으로 석유를 판매하던 함석 석유통을 담던 나무 궤짝이 있었다. 안팎을 종이로 도배하여 방안에 두고 허드레 물건을 담으며 사용하였는데 어느 날 우연히 그 속에서 상평통보 꾸러미를 발견하게 되었다. 처음엔 엽전으로 제기를 만들어 차기도 했는데 나중엔 그로 인해 화폐 수집을 하는 취미가 생겼다. 화폐 수집이나 우표 수집에 초지일관하는 마음도 없어 도중 수집을 접었다. 지금도 그때 수집한 화폐를 보면 수집에 열을 올리던 생각이 난다.

화폐 수집을 하던 생각을 하며 여기저기 검색하다가 보니 화폐첩이 어떻게 생겼는지 모르지만 2007년 경매에 오천 원 권 101번 화폐 첩이 4,515,000원에, 천원권이 21,001,000원에, 만 원권은 4천만 원에 낙찰되었다고 한다. 이에 욕심이 동하여 은행 문을 기웃거렸다. ○○은행에 가서 물으니 가르쳐주지 않기에 인터넷에 들어가 살폈다. 신권의 AAA 1번~100번까지는 한국은행 박물관에 영구보관하고 101번~10,000번까지는 경매를 하고 10,000번부터는 은행 본점에서 인터넷 등으로 판매한다고 한다. 이에 어떻게 하면 돈의 가치가 오를 좋은 번호를 남보다 먼저 매입할 수 있을까하고 혈안이 되어 몇 시간 동안 여기저기 살피던 중, 신사임당이 금전에 초연한 선비정신의 소유자였다는 일화를 읽고 부끄러워 즉시 전원을 껐다.

신사임당이 강릉에 살 때 이웃집 결혼식에 참석했다. 그 집 식모가 소반에 담은 간장과 국을 나르다가 하객으로 참석한 한 부인이 입고 있는 치마에 실수로 쏟게 되었다. 국을 뒤집어쓴 부인은 가난한 탓으로 아웃 집에서 나들이용 옷을 빌려 입고 온 처지였고, 식모도 변상해줄 능력이 없는 형편이어서 울며불며 고심을 하고 있었다. 신사임당이 그것을 보고 치마를 벗으라고 하여 그 치마폭에 포도 그림을 그려주고 시장에 가지고 가서 팔면 치마 몇 벌 값을 받을 수 있을 것이라고 말했다. 시장에 가지고가서 파니 과연 치마 몇 벌 값을 받아와서 변상해준 일이 있는데 이것을 본 이웃주민이 포도 그림을 그려 팔지 않고 아깝게 재능을 썩이느냐고 하니 그림은 마음을 수양하는 예술이라고 생각했던 사임당은 '그땐 그 부인과 식모를 돕기 위해 그려서 팔게 해준 것'이었다고 대답했단다.

우리나라는 선비정신의 나라였다. 절개와 청렴결백을 생명 같이 여기는 선비정신의 정의가 시대별로 다소 달랐고 장단점이 있었지만 빈궁 속에서도 돈을 돌로 보듯이 하였고 경제활동인 상행위를 천시 여겨 사회생활에 어려움을 겪던 시대는 지났다. 지금은 문학도 금전의 뒷받침이 없이는 이루기 어려운 시대가 되었다. 나는 선비정신의 심신수련법을 체험하지는 못했어도 글을 쓰는 사람으로 마음을 대나무 속 같이 텅 비우고 곧은 행동을 하는 선비정신은 본받아야 하겠다.

# 건망증

손자와 여행을 가려고 여권을 찾았으나 보이지 않는다. 약 보름간 틈틈이 집안을 샅샅이 뒤졌으나 찾지 못하겠다. 내가 항상 간수하던 장롱 안에 있거니 하고 안일하게 생각하다가 출발할 날이 가까워서야 찾아보니 유효기간이 만료된 옛 여권이고 다시 만든 기억도 확실히 나지 않는다. 할 수없이 재발급 받기로 했다. 재교부하려고 이발할 때가 되지 않았는데 이발도 하고 무더운데도 정장하고 사진관에 갔다.

요즈음은 법이 까다로워 여권 사진을 재사용할 수 없고 귀가 확실히 나오게 찍어야한다기에 아내와 같이 귀가 나오게 찍었다. 나는 당연히 귀가 나오지만 아내는 귀의 전부가 나오니 천박해 보인다고 불평하나 어쩔 수 없이 찍어 구청에 가서 신청했다. 직원이 검색하더니 아직 유효한 여권이 있다고 한다. 그때서야 가만히 생각해 보니 1년 전 해외 나갈 때 재교부한 생각이 난다. 건망증이 틀림없다. 다시 3일간 법석을 떨며 찾으니 안방문갑 안에 여행 시 사용하던 허리띠 가방 속에 있는 것이 아닌가. 외국여행은 무사히 하고 돌아왔지만 여권을 잃어버릴까봐 신경을 쓰며 다니다가 일단 귀가하니 마음이 해이해져서 치우지 않고 방치한 탓이다.

건망증은 나이가 들면 누구에게나 찾아오는 반갑지 않은 손님이다. 건망증엔 곧 잊어버리는 전진성 건망증 등 여러 종류가 있는데 일반적으로 잘 잊어버리는 증상을 말한다. 과거와 현재를 잇는 고리인 기억 현상에 착오가 생기는 것으로 병적으로 잃어버리는 경우도 있지만 젊은이도 바쁜 사회생활을 하다가 보면 혹시 잊어버리기도 한다. 무엇이던지 한 번씩 잊어버린 경험이 있을 것이다.

며칠 전 지하철 F신문에 서울의 지하철에서 유실물이 작년보다 19% 증가했는데 분실물 종류는 가방 28,8%, 휴대폰 등 전자제품 18,7%, 의류 7%, 서류가 5,3% 순인데 서울 지하철에서 운영하는 서울매트로와 도시철도공사의 발표에 의하면 2009년 1월부터 8월까지 습득한 유실물은 48,997건으로 07년 5,6%, 08년 14,83%로 증가하는 추세란다. 현금도 6%로 3,733건에 3억 9천 64만원이나 된다고 했다. 우리가 생각하는 것보다 훨씬 많다. 빨리 찾으려면 놓고 내린 차량번호 하차시간 차량의 위치 등을 역 직원에게 신속히 신고하면 찾을 수 있다고 한다.

요즈음 다른 방에 무엇을 찾으러 갔다가 무엇하러왔는지 몰라 다시 되돌아가서 확인하고 찾는 경우도 자주 생기고 컴퓨터에서 몇 번씩 배운 것도 며칠만 손을 놓으면 잊어버리기는 다반사이고 무엇을 찾으려다가 금방 잊어버리기도 한다. 외출할 때 출입문을 닫고 조금 걸어가다가 미심쩍어 다시 돌아와서 확인하는 경우도 비일비재하다. 건망증이 틀림없는데 치매로 발전되는 것은 아닌지 걱정된다. 화장실에 가서 볼일을 보고 지퍼를 열어두고 그대로 나오면 건망증이고 열지 않고 볼일을 보면 치매라고 한다.

며칠 전 한국화 문우 S선생이 말하는데 자기가 아는 시골에 사는 할머니 한분이 치매에 걸려 오래 고생을 하다가 행방불명되었는데 몇 달 뒤 확인하니 재래식 화장실에 빠져 죽어 있는 것을 발견했다고 한다. 자식들은 그것도 모르고 몇 달을 두고 찾아 다녔다고 말하는 것을 듣고 충격을 받은 일이 있지만 치매는 무서운 병이다. 그런 병엔 걸리지 말고 운명을 달리 해야 한다고 생각하나 병이란 어찌 내 마음대로 되는 것이 아니다. 그러나 노력하면 최소한으로 예방을 할 수 있지 않을까 하고 컴퓨터에서 검색을 해보았다.

두뇌회전을 하는 독서나 바둑, 카드놀이를 하거나 식이요법으로 생선 야채 등을 많이 먹으면 좋다니 열심히 행할 일이다.

# 건망증 · 2

지하철 전동차내의 의자에 우산을 두고 내렸다. 역사 밖에 나와서야 출타할 때 들고 나온 우산이 손에 없는 것을 알았다. 요즈음 생각을 많이 한 탓인지 건망증이 심해지는 것 같다. 나이를 많이 먹으면 학습력, 기억력, 판단력의 감퇴가 온다. 배운 것을 뒤돌아서면 까맣게 잊어버리는가 하면 옆방에 물건을 찾으러 가서는 무엇을 하려고 왔는지 몰라 다시 되돌아와서 생각해 가지고 찾아오는 경우도 자주 생긴다. 친구의 이름도 잊어버려 난처할 때가 있고, 자동차를 주차시켰는지를 몰라 다시 확인하는 경우가 비일비재하다. 일상생활에서 일을 처리하는 능력이 떨어지고, 말할 때 단어 생각이 나지 않거나 물건을 둔 곳을 찾지 못하면 건망증으로 보아야 한단다. 즉 사소한 기억력 장애 혹은 주의력 장애를 말한다.

건망증은 나이 들면 누구에게나 찾아오지만 젊은이에게도 온다. 건망증은 일종의 노이로제 증상인데 전진성* 역행성* 국한성 건망증* 등이 있다. 재언하지만 일반적으로 전에 알고 있던 사실을 일시적으로 기억하지 못하거나 자기의 행동을 쉽게 잊어버리는 심리 현상이다. 즉 과거와 현재를 잇는 고리인 기억 현상에 착오가 생기는 것인데 병적으로 잊어버리는 경우도 있지만 대부분 일시적으로 온다. 사람은 살아오면서 많은 것을 잊어버리며 산다. 하루에 10가지를 기억하였다가 익일 7가지를, 일주일 후 5가지를 기억하면 정상인데 꼭 기억해야할 것을 잊어버려서 생활에 지장을 초래할 정도로 증상이 심하면 건망증이라고 하는 이도 있다.

건망증과 치매는 다르다고 하나 최근 노인 인구가 증가되어 치매에 대한 관심이 높아져 약간의 건망증도 치매의 초기 증세가 아닌가하고 의심하는 사람이 많아지고 있다. 해서 나도 뇌 M.R.I(magnetic resonance imaging: 자기공명 단층촬영법) 검사를 받았는데 치매증상은 없다고 해서 그 병에는 현재까진 안심이 된다. 앞에서 말한 건망증은 누구나 가지고 있어 엄밀한 의미에선 병으로 볼 수 없는데 치매는 병이다.

건망증 이야기에서 치매에 대한 말이 나왔기에 주제와 거리가 다소 멀어지는 것 같으나 치매에 대한 것을 생각해 보기로 한다. 인간은 일생을 살면서 생로병사를 만나는데 태어나고 늙음은 순서가 있으나 병(病)과 사(死)는 순서가 없이 찾아온다. 누구나 병고에 자유로울 수 없다. 병고 중에 특히 치매를 만나면 환자의 고통도 심하겠지만 보호자의 고통이 더 크다. 치매는 무섭고 추한 병이다. 성격의 변화가 오고 매사에 의욕이 없어지며.

인생의 삶을 파멸시킨다. 인격파탄이 와서 인간의 존엄성을 상실시키고 비참하게 생을 마감하게 된다. 미국의 한 전직 대통령이 알츠하이머(Alzheimer: 퇴행성 뇌질환)병에 걸려 고통을 받다가 생을 마감한 일이 있는데 일단 발병하면 의료선진국에서도 현 의학으로는 아직 완치시킬 수 없는 병이다.

그러나 조기검사로 예방이 가능한 것 같다. S대 분당병원에서 60세 미만 여성 100명을 모집하여 불참자를 제외한 87명에 대한 기억력을 검사한바 치매가 6명, 경도인지장애(치매의 전 단계)자 13명(15%)을 발견하고 조기치료를 하였더니 좋은 결과를 얻었다고 한다. 1주일 중 하루 30분간 운동을 하고 흡연이나 과음을 피하고 뇌에 좋은 식품을 섭취하게 하고, 사회활동이나 집안일을 활발히 하며 손뜨개질이나 손놀림과 일기쓰기 등과 아래 기록한 건망증 예방법을 이용하니 도움이 되었다고 한다.

건망증은 독일의 실험심리학자 헤르만 에빙하우스(Hermann Ebbinghaus)의 '망각곡선에 따른 기억의 원리'를 살피지 않더라도 사전 노력만 하면 충분히 예방을 할 수 있다고 해서 집에서 이것저것 방법을 찾아보았다. 친구를 많이 사귀고, 두뇌회전을 하는 독서나 바둑, 카드놀이 등을 하면 좋다고 한다. 주의력 부족, 스트레스, 우울증, 피로감, 사회참여 미약, 질병, 일의 겹치기 등 건망증을 일으킬 수 있는 원인을 줄여야하고, 메모하는 습관, 기억력 증강, 오감 동원, 연상기억, 유산소 운동 등이 도움이 된단다.

또 규칙적인 운동, 독서와 공부, 머리 쓰는 취미생활, 충분한 수면, 신선한 과일과 채소류 섭취, 손가락체조를 하면 좋다기에 아침에 기상하여 30분 산책하고 등 푸른 생선으로 식사를 하며 과일 주스도 마신다. 독서하고 PC로 글도 쓰며 기억력과 정보처리 능력을 향상시키고 점심때엔 문우를 만나러 간다. 건망증 예방을 위해선 나이 들수록 무엇이든지 배우고 사고하고 기억력을 증장시켜야 하겠다. 무엇보다 바둑이나 카드놀이 등 잡기를 좋아하지 않는 나에게 수필공부 시작하기를 참 잘했다고 생각하며 걷는다.

*전진성 건망증: 순간밖에 지나지 않았는데 잊어버리는 건망증.
*역행성 건망증: 외상이나 머리에 충격 등을 받고 잊어버리는 건망증.
*국한성 건망증: 특정인이나 특정한 사실만 잊어버리는 부분 건망증.

# 개미의 교훈

미물(微物)이 인간보다 나은 면도 있다. 위험에 대한 예지력이 있어 비가 온다는 것을 미리 알고, 출입구를 막거나 개미총(蟻冢)을 이용해 담이나 진을 쳐 장마에 대비하는 곤충이 개미다. 홍수 신화에서 보은 의리의 곤충으로 표현되기도 하고, '부지런하기가 개미 같다'는 속담도 있지만 근면하며 협동심이 강하여, 동족을 위해 희생은 해도 좁은 공간에 살면서 다투지 않는 곤충이다.

이솝우화에 여름철 시원한 나무그늘에서 노래만 부르던 베짱이가 겨울이 되자, 여름내 열심히 노력해 먹이를 많이 저장한 개미에게 구걸하러 온 것을 도와주며 훈계하는 것을 보았다. 그런 개미를 성실하고 좋은 곤충으로 각인되어 도움은 주지 못했어도 해코지는 하지 않았다. 그런데 그들에게 해(害)를 당하고부터 나쁜 곤충으로 인식되어 위해를 가한 적이 있다.

오래전 사당동 D아파트 4층에 살 때다. 싱크대 옆으로 애집개미로 보이는 개미 수백 마리가 무리를 지어 계속 잠입했다.

큰 피해를 입지 않았으나 위생상 좋지 않아 며칠간 없애려고 해도 계속 출현하므로, 쓰레받기에 쓸어 담아 경비실 옆 쓰레기장에 갖다 버렸다. 그런데 영리하고 수효가 많아 족적물질인 페로몬(pheromone)이 없어도 하룻밤 사이 아파트 4층 정도는 쉽게 찾아온다고 말하는 이가 있어 깜짝 놀랐다.

그 후 개미로 인한 수난이 또 생겼다. 원주에 있는 집 대문 시멘트 바닥 모퉁이에 곰개미가 구멍을 내고 드나들어 누수로 지반이 침하되니 바닥에 금이 생겼다. 문짝 아래위의 이가 맞지 않으면 문 여닫기에 신경이 쓰이고, 그대로 두면 머지않아 여닫기가 힘들어질 것 같아 소탕 작전을 펼쳐서 많이 없앴다.

어느 날 한 묘지 옆을 지나다가 봉분 위에 개미총이 있고 큰 개미 수십 마리가 드나드는 것을 보았다. 나이를 먹으니 소심해져서 그런지, 생전에 개미에게 해를 가한 사람을 사후에 보복하고 있는 것 같은 생각이 뇌리를 스쳤다. 나도 죽어 흙속에 묻히면 개미살생이 악업을 받아 개미 밥이 되면 어쩌나 하는 생각이 들어, 그 후부터 미물에게 가급적 해코지를 하지 않았다.

오늘도 도로로 올라온 미물 두 마리를 살려 선업을 쌓아본다. 한강유치원 앞 포장도로 위에서 뙤약볕을 이기지 못해 뒹굴고 있는 지렁이를 흙 밭으로 옮겨준 것이다. 그렇다고 파리, 모기, 바퀴벌레 등 해충에게까지 관용을 베푸는 것은 아니다. 그러나 스님들은 여름철 문밖에 나가 걸어 다니다가 개미뿐 아니라 해충까지도 밟지 않으려고 하삼삭(夏三朔)에 안거(安居) 기간(4월 16일~7월 15일)을 정하여 바깥출입을 하지 않고 참선만 한다.

개미의 출현은 중생대 백악기 중・후기라고 한다. 6천만 년 전의 화석이 발견되기도 했다. 이름을 처음에 '가야미'라 했다. 말(馬), 불(火), 날(飛) 가야미 등을 오늘날 말개미(여왕개미), 불개미(일개미), 날개미(병정개미)를 뜻한다. 기록된 종(種)은 전 세계에 5천 종이 되는데 우리나라에는 136종이 된단다. 수명은 로열젤리를 먹는 여왕개미는 5~10년, 일개미는 약 1년, 수개미는 약 6개월을 산단다.

이들은 자기 몸무게의 약 40배를 들어 올리는 힘을 가지고 있단다. 혼자 옮길 수 없는 것은 협동하여 옮긴다. 높은 곳을 오를 때 위험을 무릅쓰고 서로 몸과 몸을 연결하여 오르기도 한다. 여왕개미는 많은 일개미의 도움을 받는다. 일개미들은 여왕개미를 먹여주고 깨끗하게 유지시키려고 핥아준다. 애벌레와 번데기도 보호하기 위해 정성을 들여 핥아준다. 기특하지 않는가.

종(種)은 모르겠으나 약 5밀리 크기의 개미 수백 마리가 우리 집 가시오가피 나무에 빈 몸으로 장마철에도 계속 오르내리고 있다. 동리 성당(聖堂) 노송(老松)정원에 가서 관찰하니 가랑비 정도는 와도 노송에 오르내리고 있었다. 잎이나 껍질에서 수액을 빨아먹으러 오르내리는 것 같았다. 몇몇 땅 개미는 땅에서 균을 먹고 자라기도 하고, 진딧물이나 곤충의 분비물인 감로를 먹고 산단다.

미물도 다른 종들과 음식물이나 영역 때문에 경쟁을 한다. 그리고 무리를 이루어 빠른 속도로 이동해도 접촉사고 한 건(件) 없이 서로 잘 피하여 다닌다. 먹을 것을 발견하면 자기 집(굴)으로 옮긴다. 영양교환이란 행동도 있다. 보금자리 밖에서 음식물을 찾는 일개미가 일의 책임 때문에 음식물을 찾으러 떠날 수 없는 동료들과 먹이를 교환하는 것을 말한다. 집밖에서 음식물을 찾고 되돌아와 배고픈 동료를 만나면, 배고픈 개미가 먼저 더듬이로 쓰다듬으면 두 개미가 입을 접촉할 수 있도록 자세를 취하여, 배고픈 개미의 입속에 음식물을 넣어준다. 미물도 이러할진대 만물의 영장이라는 인간과 비교해보라. 눈물겨운 일이 아닌가.

근면하고 협동하면 발전하여 누구나 잘 살 수 있다. 우리는 개인적으로 우수하나 단결력이 부족하다고 흔히 말한다. 단합하면 힘과 능률이 배가되며 불가능을 가능케 하는 효과도 생긴다. 미물도 동족끼리는 협동을 하며 싸움은 피하는데 우리의 현실은 어떤가. 동족을 없애려고 가공할 병기까지 만들고 있다. 싸움을 좋아하는 자는 싸움으로 자멸하게 됨을 역사가 말하고 있지 않는가. 국제적으로 핵의 위험이 있는 때여서일까, 동족끼리라도 협동심을 발휘해 살아가기를 바라는 마음이 간절해진다.

# 글쓰기보다 마음 쓰기

12인승 차량을 렌트했다. 봄의 문턱에서 문우 몇 분과 글 소재를 찾으러 나선다. 양재 구민회관 앞에 오니 살가운 문우들이 차창 안에서 손을 흔들고 해맑은 웃음으로 인사를 한다. 그 모습이 반갑다. 차량 위엔 햇빛도 반겨준다. 해님과 문우들의 웃음이 겨울 끝자락의 새침한 추위를 손끝부터 녹여준다. 현지에서 만날 문우 2명을 제외하고 좌장격인 유 선생 등 7명이 출발했다.

경부를 경유 영동고속도로를 들어섰다. 강릉은 국보와 보물16개소 등 문화재가 많은 지역이나 그중 우리나라 최초 여류문인 신사임당과 허난설헌 및 이율곡과 허균의 삶과 문학을 고찰하고 문우의 집이 있는 양양 들미골로 가는 길이다. 평창 등지로 늦게 스키를 타러 가는 차량도 많았지만 차량 흐름은 원만하고 날씨도 쾌청하다. 여행엔 날씨가 반 부조다. 길 선생이 장만해온 따끈한 앙꼬 떡과 손수 만든 식혜로 요기를 하였는데 마파람에게 눈 감추듯 했다. 영동고속도로에 들어서서 오늘 스케줄을 간단히 설명하고 문학 기행답게 목소리가 우렁찬 안 선생이 신사임당과 허난설헌의 시와 가사 「원부사」를 낭독하니 차내가 숙연해진다.

산이 겹친 내 고향은 천리이건만
자나 깨나 꿈속에도 돌아가고파
한송정 가에는 외로이 뜬달
경포대 앞에는 한줄기 바람
갈매기는 모래위에 흐터 졌다 모이고
고깃배들 바다 위를 오고 가거니
언제나 강릉길 다시 밟아가
색동옷 입고 앉아 바느질 할꼬?

한 시간 조금 지나 문막휴게소에 도착했다. 우리가 정차하고 있는 곳에 같은 회사 차가 펑크가 났는데 타이어를 교체해 달라는 전화가 왔다. 기사는 우리에게 양해도 구하지 않고 차 앞쪽에서 작기(jack)를 꺼내더니 옆 차로 가서 우리 차 기사가 전담하여 교체 작업을 해주고 약 30분 후에 돌아왔다. 우리의 스케줄도 빡빡한데 시간을 빼앗기는 것이 안타까워 불평을 했다. 그런데 우리 일행 중 이 선생이 보이지 않아 화장실에 갔거니 하고 있는데 고장수리 받은 차가 출발하자 이 선생이 기사와 같이 추위에 벌벌 떨면서 차에 오른다. 타이어 교환 작업을 도와주고 온 것이다. 운전기사가 시동을 걸고 출발하려 한다. 일행 중 한

분이 점잖게 바른 말을 하니 그제야 운전기사가 기어들어 가는 소리로 "죄송합니다."라고 말한다. 나는 "시간이 없으니 빨리 갑시다."라고 말하려고 하는데 도와주고 온 이 선생이 "천천히 갑시다. 바쁠 것 없습니다."라는 말에 나의 말은 목구멍까지 올라왔다가 내려간다.

이 선생은 행사 때마다 사진 촬영 등으로 선행하는 분으로 봉사가 몸에 배인 분인 것 같다. 오늘도 카메라를 휴대하고 왔다. 시키지 않아도 슬며시 가서 도와준다. 어릴 적에 미국에 이민 가서 살다가 일시 입국하여 대사관에 근무 중인데 수필문학에 뜻을 갖고 입문한 만학도다. 정서가 미국인화 되어 있어 어떤 때는 마음에 들지 않을 때도 하지만 오늘 다시 보니 느긋한 마음과 비록 작은 선행이지만 너무나 존경스럽게 보인다. 연장자로서 여태껏 그 분의 선행을 본체만체 한 것이 부끄러웠다.

렌트카가 대관령 정상 부근에 이르니 햇빛은 사라지고 먼 산에 흰 천을 필체로 여러 가닥 내려뜨린 것 같은 스키장이 보이고 도로변 소나무 밑엔 잔설이 쌓여 있다. 그 위에 눈발이 날린다. 눈 오는 장면은 많이 보아 왔을 터인데 모두 환호성을 지른다. 강릉 시내에 들어서니 해님과 같이 손 선생과 우 선생이 반겨준다. 먼저 국보51호인 객사 문을 관람했다. 고려시대부터 관리들이 유숙하던 임영관의 정문이다. 수령이 망궐례도 올리던 임영관은 없어지고 객사 문만 남아 당시 건축양식을 보여주고 있어 찾는 문학도와 건축학도가 많이 찾는다. 보물 제165호인 '해동공자'라 추앙받던 율곡 이이 선생이 태어난 몽룡실과 보물

제595호 신사임당의 초충도가 있는 오죽헌은 너무나 유명한 곳으로 관람한 분이 많아 생략하고 중요민속자료 제5호인 선교장(船橋莊)으로 향하였다. 3백여 년 전부터 지은 10동 120칸의 우리나라 최고의 민간 장원의 건물로 홍연이 필 때 찾으면 너무나 아름답단다.

흔히 통천집이라고도 부르기도 한다. 효령대군 후손이 살기 시작하였는데 예전에 활인을 많이 한 집으로 널리 알려져 있다. 길 가는 수많은 나그네에게도 몇 달씩 묵어가게 하였고, 가난한 사람들에게 곡식을 무상으로 나눠주기도 했다. 소작인들이 너도나도 후덕한 통천집에 농사를 지어줘서 차츰 큰 부자가 되었다. 도내에서 최초로 사설학교를 지어 여운형 등이 영어 공부를 가르치기도 한 곳으로 학생들의 목소리가 환청으로 들려오는 것 같다. 삼대부자가 없다는 말도 이곳에선 통용되지 않는다. 선교장을 지키던 교수 출신 14대 종부는 고령으로 몇 년 전 작고했지만 C은행장을 지낸 종손 등 세 형제가 집을 관리하고 있다. 뒷산의 용틀임하는 벽송군은 선교장과 너무나 잘 어울렸다. 모두 민속놀이도 하며 즐겁게 관람을 했다. 약 5분 이동하여 보름이면 하늘의 달 등 다섯 개의 달을 동시에 볼 수 있다는 관동팔경 중 한곳인 경포대를 찾았으나, 보수 중이어서 주위 경관만 감상하고 호수와 관계되는 재미있는 고사는 듣지 못하고, 그 부근에 있는 참소리박물관도 시간이 부족해 감상치 않고 경포호수를 끼고 돌아 초당으로 향하였다.

초당은 조선시대 동인의 영수 허엽이 살던 곳으로 허엽의 호이다. 엽과 아들 봉·성·균과 딸 난설헌 등 한 가족이 5문장가로 이름을 남겼는데 초당동 여러 곳에 설치된 5문장 시비를 감상하고 특허 등록된 눈에 익은 홍길동 상도 보며 지나갔다. 시대를 앞서 간 혁명가로 살다가 당쟁에 희생된 정치가이며 천재시인이고 소설가인 허균과 8세 때 한시 백옥루 상량문을 지어 신동이라고 칭송을 받았으나 남존여비의 봉건사회에 희생되어 조선에, 여자로 태어난 것. 김성집의 아내가 된 것을 후회한다면서 농속에 가득히 쌓여있는 시를 모두 불 살러 달라고 유언하고 요절한 천재 여류시인 난설헌이 살던 곳이다. 다행히 허균이 시 수백 편 중 213수를 수습하여 명나라 사신 주지번에게 의뢰하여 『난설헌 집』을 발간하였는데 중국, 일본에서도 칭송을 받았고 오늘날까지 애송되게 한 것은 우리 문학사에 큰 업적이 아닐 수 없다. 늦은 감이 있지만 '허균 허난설헌 선양사업회'가 십여 년 전부터 선양에 노력하고 있고 강릉시에서도 부지 매입 및 허균 허난설헌 기념관을 2년 전 신축하는 등 활발히 움직이고 있다. 매년 양력 9월 둘째 주 토, 일요일에 기념행사를 개최하고, 매년 음 3.19. 허난설헌 기일에 여성단체 협의회와 같이 허난설헌 헌다례 제를 성대히 행하고 있다. 문인들들은 조선조 여류문인 신사임당과 허난설헌의 출생지를 찾아가 이분들의 문학과 삶을 재조명해 보고 제에 참석해 보는 마음을 가져봄이 어떨까.

초당엔 허엽이 최초로 만들어 먹었다는 초당두부가 유명하다. 금강산도 식후경이라 했다. 13시가 지나간다. 초당 원조 할머니 순두부집 앞에서 줄을 서서 기다리다가 늦은 중식을 하고 허균 허난설헌 생가 터로 이동했다. 허균이 역적?이라고 가산이 적몰된 곳을 약 2백여 년 전에 명문가 후손이 현재의 건물을 건축하였는데 그 후 다시 문화재위원이었던 이광로가 매입하여 1985년에 자기 명으로 문화재 자료 제59호로 등록하여 현재에 이르고 있는 건물이다. 시에서 인수 작업 중이나 문화재 명의변경이 어려운 형편이란다. 집 주위엔 해송이 담을 치고 있고 선교장과 같이 남자가 출입하는 대문과 여자가 출입하는 대문이 따로 있는 등 남녀 7세 부동석이란 봉건사회의 전형적인 가옥 구조를 볼 수 있다. 담 밖에 우물을 파고 디딜방앗간도 집 밖에 건축해서 이웃과 공용할 수 있게 배려한 애민심이 돋보인다. 뒷마당엔 삼백년이 넘는 목백일홍 등이 당시의 영화를 웅변해 주고 있는 것 같다.

허균이 친우(강릉 부사)로부터 선물로 받은 산삼을 먹지 않고 명나라에 가지고 가서 팔아 그 돈을 국민에게 되돌려 주는 방법으로 책 만권을 구입해 말 7필에 싣고 와 향교에 기증하였으나 불교·천주교 관계 서적 등 당시 금서가 많아 받지 않자 집 옆 소나무 밭 속에 사립도서관 '호서장서작'을 지어 누구나 볼 수 있게 하였는데 가산적몰과 동시 불에 타고 분실되어 빈터만 남았다. 관람객 누구 한 사람 눈길도 주지 않으니 찬 해송 바람만 울며 지나간다. 어찌 애달프다 하지 않겠는가.

사천의 허균 출생지 교산 애일당을 들르려 했으나 시간이 없어 곧장 해변도로로 양양으로 향하였다. 대관령에선 눈발이 내렸는데 해변엔 햇살이 쏘이니 바다는 쪽빛이요 너울성 파도는 산을 삼킬 듯하다. 갈매기가 바람을 안고 울며 날아올라 먹이 찾아 맴을 돈다. 그 상쾌하고 아름다운 풍광은 가보지 않고 말과 글로 표현키 어렵다. 약 한 시간 이동하여 들미골 문우가에 들르니 산속인데 펜션 마을이다. 부군 윤선생도 손 문우와 같이 선행 정신이 배어있는 분 같다. 눈길을 같이 산책하며 낭만을 심어 주기도 하고. 십리나 떨어진 해안 기사문항에 가서는 우리의 보답을 뿌리치고 초면인데 백년지기 같이 환대를 해준다. 피로회복을 위한 곁들이 술도 한 잔 나누고 귀가 길을 재촉해 대관령을 넘었다.

여행은 스승이다. 일행 중 좌장격인 문우가 "여행은 어디로 가는가 보다는 누구와 같이 가는 가가 더 중요하다."고 좋은 말을 했다. 좋은 곳을 함께함으로 성현들의 숭고한 발자취도 음미해 보았지만 무엇보다 뜻이 맞는 문우들과 같이하여 보람이 있었다. 이 선생과 윤 선생으로부터 선행(無住常報施行) 정신을 배운 것이 무엇보다 큰 소득이다. 글쓰기 이전에 마음 쓰기를 배우고 왔다. 실천만 남았을 뿐이다. 홍련과 목백일홍이 필 때 다시 한 번 가보고 싶다.

# 나는 어떤 그릇인가

'뚝배기보다 장맛'이란 말이 있다. 그릇은 별것 아니나 장맛이 좋다는 말인 것 같다. 외양은 별것 아니나 제작 목적의 소기 성과를 거양한 것이다. 그릇하면 수많은 그릇 중에도 생활용기를 떠오르게 한다. 이는 일상을 그만큼 나와 많은 시간을 같이 하기 때문인 것 같다. 밥그릇은 밥그릇대로 국을 담는 그릇은 국그릇대로, 찬그릇은 찬그릇대로 용도가 있다. 이름도 다르다 밥그릇을 사발이라 하고 국그릇을 대접, 찬 그릇을 접시니 공기니 종지 라기도 한다. 밥그릇에 국을 담거나 국그릇에 밥을 담거나 찬그릇에 국을 담아보라 웃음거리로 지탄을 받을 것이다. 그릇을 바로세우지 않으면 양을 다 담지 못한다. 조금도 담지 못할 수도 있다.

그릇엔 만드는 재료에 따라 예전엔 돌이나 나무로 만들어 사용했을 것 같고 근세는 옹기, 알루미늄, 놋쇠, 구리나 쇠로 만든 그릇을 사용하였고, 최근엔 플라스틱, 사기, 스텐, 유리, 코렐,

크리스탈 등 여러 재질로 만든 그릇을 사용하고 있다. 위생적이고 편리하고 고급화 되어간다. 최근엔 던져도 깨어지지 않는 멜라민이란 화학재로 만든 그릇을 식당뿐 아니라 가정집에서도 많이 사용하고 있다. 그런데 뜨거운 음식을 담으면 인체에 유해한 성분이 나온다고 몇 개월 전 세상을 시끄럽게 한 일도 있었다. 또 그릇은 크기와 여러 종으로 분류하기도 하지만 만든 목적에 따라 필요하게 사용하고 있다. 큰 물탱크도 일종의 그릇이다. 가마, 밥솥, 함지, 시루 쟁반, 바느질그릇 화장품 그릇 등 다양하지만 그릇 하면 먼저 우리의 식생활과 불가분의 관계이고 필수품이며 따뜻한 손길을 받는 밥그릇, 국그릇, 반찬을 담는 찬그릇이 생각난다. 코렐이란 그릇이 생산되어 가스렌지 속에 넣어 음식을 데워도 깨어지지 않아 모두 선호하는 그릇도 있다. 우리 집에선 아내가 출타시 내가 유익하게 사용하고 있다.

그릇도 유행을 타서 이사를 갈 때 보면 아직 쓸만한 그릇이 모두 버려지는 것을 보면 아까울 때가 많다. 어떤 그릇은 한 번도 사용하지 않은 그릇도 많다. 누구나 그릇과 숨은 이야기가 많을 것이다. 나는 초등학교 다닐 때 친구들은 알루미늄으로 만든 도시락에 밥을 싸 가지고 오는데 나는 나무도시락에 밥을 싸 가지고 다녔다. 도시락 내부는 빨강으로, 겉은 검은색으로 옷칠을 한 것이다. 점심시간이 되면 도시락 통이 부끄러워 내 책상 밑에 넣고 머리를 숙여 먹기도 하고 겨울철엔 데워 먹지 못하고 찬밥을 먹기도 한 것이 생각난다. 그릇도 대중적이 되지 않으면 남이 웃는 것 같다.

일제시대를 살아본 사람은 체험하였겠지만 공출이라는 것이 있다. 일제가 전쟁에 사용할 총탄을 만드는데 사용하기 위해 강제로 가져간 것을 말하는 것이다. 먹을 것을 먹지 못하고 피땀 흘려 번 돈으로 구입한 놋그릇을 공출을 당하니 빼앗긴 분들의 가슴이 얼마나 아팠을까 하고 생각해본다. 우리 집도 예외가 아니어서 많은 양의 놋쇠를 공출로 빼앗기면서도 대주의 밥그릇만은 빼앗기지 않으려고 감추고 숨겨둔 놋그릇 한 벌이 고향집 창고 구석진 곳에 있다. 당시만 해도 신주단지 위하듯 하던 놋 사발과 아내가 시집올 때 가지고온 방자 대야와 놋요강과 같이 세월의 무게에 이기지 못하고 창고구석에 황금색 대신 푸른색의 녹으로 갈아입고 움츠리고 있는 것이 처량하다.

가장의 밥그릇으로 행세할 때는 항상 보리보다 쌀이 더 많이 들어간 밥을 담은 놋그릇이 상석에 모셔졌고 항상 닦아 반들반들 하던 밥그릇이다. 놋대야도 매일 얼굴을 깨끗하고 아름답게, 하루를 상큼하게 열어주던 그릇이 아닌가. 그런 그릇이 저와 같이 괄시를 받고 있으니 사람도 쓸모없어지면 저 모양이 된다. 머지않아 누구나 관심을 보이지 않고 찾아주는 사람 없어지면 저모양이 될 것이 불을 보듯 뻔하다. 모든 것이 영원한 것은 없다. 언제 또다시 사용될지 모르니 이번 벌초 때 가면 윤이 나게 닦지는 못하더라도 녹이라도 벗겨주고 와야겠다.

그릇은 물건을 담는 것도 있지만 사람이 어떤 일을 할 능력이나 도량을 가진 사람을 비유적으로 말하기도 한다. 천하를 경영하는 왕의 그릇과 신기죽 같은 서생의 그릇과는 질과 크기가 다르다고 한다. 수십 수백 종의 그릇이 있지만 나는 과연 어떤 그릇인가 생각하면서 식사를 한다. 우리사회에선 사람의 평가를 그릇에 비유한다. '그 사람은 그걸 감당 할 그릇이 못 된다.'느니 '그 자리에 앉을 그릇이 안 된다.'는 등 사람의 능력과 도량이 크고 적음을 계량하는 것 같다.

그러나 그릇은 크고 작음보다 용도에 맞추는 것이 중요하다. 크면 큰 대로 작으면 적은 대로 용도가 있다. 그릇은 원래 크고 작음이 없는데 사람이 말하고 있다. 성인은 그릇이 없다고 말한다. 풍선 같이 상항에 따라 조절할 수 있다는 뜻이다. 대기는 만성이란 말도 있지만 나는 이 나이에도 아직 양식을 채우지 못하고 있음을 느낀다. 내 스스로 모자람을 인정하는 마음을 가져본다. 어느 세월에 채우겠는가? 금방 차고 많이 담지 못하는 간장 종지밖에 안 되는 그릇인 것 같다.

큰 그릇도 바로세우지 않아 물건을 담지 못하면 모두 도루묵이 된다. 여러 사람의 각각 다른 식성을 맞추기 위해 약방의 감초 같이 큰 그릇 사이에 보일 듯 말듯이 있지만 바로 서서 항상 대기하고 있는 간장종지, 적재적소라는 말과 같이 필요한 그릇이고 싶다. 마른 김에 양념간장을 얹어 쌈을 써서 먹으면 일품요리가 된다. 병자가 입맛이 없어 죽을 먹을 때 참기름을 넣은 양념간장은 간단하고 적은 양으로도 회복의 효과를 준다. 그 위에 모든 그릇은 사용하고 난 후엔 비워야 씻을 수 있고 비워야 채울 수 있다는 진리를 가르쳐주니 더욱 생각나게 한다.

# 벌초

전화벨이 울린다. 새벽에 무슨 전환가. 아내가 받더니 폰을 나에게 넘겨준다. 중부로 갈까요? 경부로 갈까요? 성묘 가는 길을 묻는 아들의 전화다. 바쁜 업무에 뉴스도 제대로 보지 못하고 지내니 교통상황을 나에게 묻는 것이다. 일찍 성묘를 마치고 아들이 근무지로 되돌아가려면 일찍이 출발해야 하기 때문이다. 설날이나 추석 때뿐 아니라 여름 휴가철이나 성묘 때도 교통체증이 극심하다. 목적지에 언제 어느 길을 이용하면 신속히 갈 수 있는가 하고 뉴스에 귀 기울이게 된다. 어제부터 뉴스를 들어도 모든 노선이 정체될 것 같아 결정을 내릴 수 없다. "글쎄! 일단 와 봐라."고 대답하고 밖을 나와 보니 그믐달이 아미(蛾眉) 같이 하늘에 그려있고 샛별과 별 몇 개가 졸고 있다. 귀뚜라미와 쓰르라미 소리가 암컷에게 구애하는 소리라 하나 나에게는 어미를 그리워하는 애절한 자식의 통곡으로 들린다.

9월 둘째 주 일요일이라 성묘객과 금년여름 폭우로 여름휴가를 망친 뒤늦은 휴양객들이 만만치 않게 도로를 점령하고 있을 것 같다. 조금 후 아들과 며느리가 왔다. 중부고속도로를 이용하기로 하고 출발했다. 고속도로가 정체되면 인천-동해간의 42번 국도를 이용할 수 있기 때문이다. 도심을 벗어나 창밖을 보니 검은 산이 안개 속을 걸어 다니는 큰 공룡 같기도 하고 섬같이 보이기도 한다. 죽 끓듯 변덕스럽던 날씨가 며칠 전만 해도 비가 왔는데 오늘은 바람에 밀려간 것 같다. 새벽 공기를 가르며 고속도로를 달린다. 싱그러운 공기를 마시고 싶어 자동차 창문을 약간 열었다. 새벽바람이 차창을 요란하게 울리며 두 뺨을 스쳐간다.

나는 매년 봄, 가을 두 번씩은 찾아간다. 오늘도 새벽부터 동해안으로 늦은 휴가나 성묘 가는 차량에 끼어 고향으로 가는 중인데 아버지를 뵙고 친척들도 만난다고 생각하니 마음이 흐뭇하다. 누구나 선산이 있는 사람은 일 년에 두 번은 선산을 찾는다. 매장문화가 발달한 우리나라는 봄에는 겨우내 돌보지 못한 선산을 청명 한식 전후해서 간산하고 늦은 여름부터 추석 전까지 벌초하고 추석차례 지내러 간다. 벌초나 금초(禁草)는 지방마다 집안마다 약간의 풍습 차이는 있으나 보통 7월중에 하는 이가 많다. 배분(拜墳) 배소례(拜掃禮) 참묘(參墓)라 하기도 하는데 일반적으로 성묘라 한다. 효로 봉양 하다가 돌아가신 후에 제사를 올려 그 음덕을 기린다. 성묘는 조상 숭배사상이 묘제 형식으로 발전하였다고 한다.

우리집안도 20여 년 전까지만 해도 음력 8월 1일을 벌초를 겸한 추석성묘일로 정하여 많은 대소가가 모여 참배 후 서로 장만한 음식을 나눠 먹고 그간 안부를 묻고 우애를 돈독히 하였는데 사회의 발전으로 직장이 고향을 떠나 있어 지정된 날에 올 수 없다 해서 각자 형편에 맞는 날을 택하기에 가까운 친척들의 얼굴을 보기 어렵다. 도로변에 드문드문 묘지가 보이는데 성묘를 마친 곳도 있고 지금 성묘하고 있는 곳도 보이며 납골당도 보인다. 우리의 선산은 근년 남북 교류의 시발항인 동해항이 내려다보이는 남쪽 야산에 남향하고 있다. 나는 종손은 아니지만 나로부터 5대조까지 조상이 이곳에 있다.

3시간 정도 달려 고향에 도착하니 동생 식구들이 먼저와 있다. 조카들이 벌초 때마다 참석해주어 고맙다. 동생네 가족과 같이 선산을 향한다. 바람이 스쳐가니 구름이 걷히면서 그 사이로 햇살이 내려앉으니 들녘의 벼가 황금물결을 이룬다. 금년에 자유무역지역으로 지정된 북평공단 옆에 도착했다. 우리 형제들 외는 친척이 보이지 않는다. 선산 주위엔 하늘을 향해 뻗어 올라간 노송 숲 사이로 하늘에서 푸른 물이 떨어질 것 같다. 은은한 솔향과 바다에서 오존을 실어오는 바람이 얼굴을 스치니 가슴속까지 시원하다. 우리는 시원해도 조상님들은 잡초가 오금을 찌를 정도로 자라있어 얼마나 무더우실까? 한시라도 빨리 벌초를 해드려야겠다.

시간이 멈춘 것 같이 고요한 선산에서 웃자란 잡초를 초벌한 뒤에 아들이 작년에 사가지고 사용하던 예초기로 윙~ 윙~하며 잡초를 날려 보낸다. 잡초와의 전쟁이 시작되는 것 같다. 아버지 묘소만 벌초할 수 없어 매년 옆에 있는 5대조와 조모 묘소를 벌초했지만 금년엔 직계 존속 묘까지 벌초를 했다. 예전엔 낫을 잘 갈아서 따스한 손으로 내 얼굴을 다듬듯 잘 다듬었는데 예초기로 소리 내며 깎으니 영혼을 놀라게 하는 것 같아 불경스럽게 보이기도 하였다. 지체자손도 자손인데 내 부모 묘소만 벌초할 수 있겠는가. 그래서 종손을 조금이나마 돕고 싶어서 몇 기 더 벌초를 하고 나니 육신에서 떠난 조상님들의 영혼이 되돌아와 환한 얼굴을 하며 시원해 하시는 것 같다. 아들과 조카들과 5대조부터 고조, 증조, 조부모 묘에 인사를 올리고 내려왔다. 부친 묘소 옆에 전부터 자연 수목장이 된 후손이 없는 폐 분묘 한기가 있는데 전에는 벌초한 풀을 그곳에 버리기도 했다. 어머니의 만류로 십여 년 전부터 그곳에 풀을 버리지 않고 처삼촌 벌초하듯하지만 대충 풀을 내려주니 마음이 편안하다. 올해도 그곳까지 정리하고 나니 해가 머리 위에 있다.

잡초와 땀으로 범벅이 된 손과 얼굴을 대충 씻고 웃옷을 갈아입고 제사를 올렸다. 상석에 조율이시 홍동백서 두동미서 좌포우혜의 예법대로 진설하고 내가 초헌관이 되고 동생이 아헌관, 아들이 종헌관이 되었다. 그간의 집안 대소사를 이야기했다. 사변 시 피난을 다녔는데 1·4후퇴 시는 폭설이 내려 그야말로 엄동설한이어서 피난하기 힘들어 우리 형제들은 어머니와 같이 고향에 있고 아버지만 홀로 피난 가서 피난지인 경북 봉화에서 쓸쓸히 병고로 돌아가셨다. 통신수단이 열악한 시절인데 폭설까지 내려 연락도 급히 할 수 없는 경상도 산골짜기 농가에서 고생하시다가 가신 것이다. 우리들 때문에 간병하지 못해 더 일찍 돌아가셨을 것이다. 항상 그 생각을 하며 제사를 올린다. 얼마나 외로웠으며 추위와 기근에 시달리다가 가셨을까 생각하니 눈물이 앞을 가린다. 배계절(拜階節 拜除切)에 둘러 앉아 제사 지낸 음식을 먹으며 잠시 쉬었다.

아버지 형제분들과 4촌 형님들은 조상 일에 정성을 다 하시던 분들이었다. 살아계실 때 문중 일을 열심히 하시던 것을 상상하며 옛정을 회상해본다. 청옥산에 있는 6대조와 7대조 선산에 인사를 드린 지 오래다. 우리 세대에 와선 종교가 다르고 시간이 없다는 구실로 전사가 난 선산을 자주 찾지 않고 있다. 그런데 나도 마찬가지다. 객지생활을 한다는 핑계로 조상 일을 등한시하는 것 같다. 이곳 선산에도 매장으로 묘를 쓸 자리가 몇 개소밖에 없다. 우리 다음 세대에 가서는 과연 어떻게 되겠는가. 너는 너대로 나는 나대로 따로 갈 것인지 만감이 교차한다. 일장일단이 있지만 후손들에게 벌초의 부담을 지우지 말았으면 하는 마음이다. 대관령을 넘을 때 본 납골당이 생각이 난다.

# 보이지 않는 길

새벽 산길을 걷는다. 유산소 운동을 위해 공원과 둔치 산책과 산길을 주 1~2회씩 걷는다. 미명에 더듬거리지만 초가을 산책이어서 경쾌한 마음으로 하루를 열었다. 누구나 길을 걷지 않고는 정상 생활을 못한다. 하루 중 길든 짧든 길과 시간을 같이한다. 거의 일생을 길 위에서 생활하는 사람도 많다. 사회가 발전하며 많은 길이 생겨났고 오늘도 원주-강릉 고속철도 같이 도처에서 길을 건설하고 있는 것을 볼 수 있다. 옛날엔 말을 타거나 걸어서 다녔지만 오늘날은 걷기도 하지만 자동차 같은 기계를 사용한 교통수단을 이용해 많이 다닌다.

길에는 크게 땅의 길, 바닷길, 하늘 길로 분류할 수 있는데 오솔길, 고샅길부터 고속도로까지 여러 길이 있다. 이름 없는 길도 있지만 큰길은 이름표도 달아준다. 왕의 이름, 성현과 장군의 이름이나 지명 등을 붙여 주기도 하는데 국도와 지방도를 숫자로 이름을 부르기도 한다.

유명한 길로는 수천 년 전 동서 교역로 역할을 한 길을 '비단길'이라 하는데 지금도 있다. 십사 년 전 유럽여행을 갔다 왔는데 로마에선 BC 312년 아피우스라는 사람이 최초로 만든 아피아 가도를 시작으로 로마시내로부터 북쪽으로 16개 노선, 남쪽으로 2개 노선 총길이 15만km를 건설하여 이용하던 도로가 아직도 일부 보존되어 있는 것을 보았다. '모든 길은 로마로 통한다'고 했듯이 우마차 도로의 원조 같다. 우리도 한일 우호증진을 위해 통신사가 가던 길을 '조선통신사길(일본 내의 길은 제외하고 400년 전에 개설한 한양 숭례문에서 부산포까지 514km)'이라 명명했는데 양재역 사거리에 표지석이 있다.

땅, 바다, 하늘의 길은 보이는 길이지만 인생길은 보이지 않는 길이다. 그러나 돌아보면 발자취가 남는다. 그러니 길임에 틀림이 없다. 사람이 지킬 도리를 길이라 하기도 한다. 서산대사의 시에 '눈 쌓인 벌판을 걸어갈 때는 발걸음을 어지러이 하지 말라. 오늘 걷는 이 발자국이 뒤에 오는 이의 이정표가 되느니라.'라고 하여 우리에게 교훈을 주고 있다.

길을 하루 종일 가다 보면 산도 넘고 강도 건너며 차량도 보고 사람도 만나고 짐승도 보며 간다. 모든 길은 가고 올 수 있지만 인생길은 갈 뿐이다. 인생길은 한 번 가면 다시 돌아오지 못하는 길임을 망각하고 가는 것이 눈에 보이는 길과는 다르다. 언제라도 돌아올 수 있을 것 같이 생각하며 걸어가고 있다. 일방통행 길이고 살얼음 판 같은 길인데 거드름을 피우며 걷다 가는 얼음 늪에 빠질 수도 있다.

내 인생길은 어떻게 걸어 왔는가 반추해본다. 학창 시절을 보내고 평생 월급쟁이로 순탄한 길과 험난한 길을 걸어왔다. 반세기 넘게 걸어왔는데 뒤돌아보니 공간으론 몇 걸음 밖에 걸어오지 않은 것 같다. 전 인생 여정은 아니라도 길을 빨리 가려다 돌부리에 걸려 넘어진 일은 없었나, 거들먹거리며 남을 밀치고 가지 않았나, 밟고 오지는 않았나 생각해 본다. 남을 비방한 것과 잘못한 일이 생각나서 참회하게 된다. 해서 가끔 걸어온 길을 조용히 뒤돌아보는 마음도 가져야겠다.

인생길도 땅위의 길과 같아 평지 길도 가고 산길도 간다. 넓은 길이 있으면 좁은 길도 나온다. 포장길도 있지만 비포장 길도 많다. 걷기도 하고 타고 가기도 한다. 타고 가면 빠르고 편하나 주위를 자세히 볼 수 없다. 뛰어 가면 오래 가지 못한다. 기차가 가는 길은 기차가 가야 되고 자동차 길은 자동차가 가야 한다. 사람이 차도로 걸어가면 불상사가 나게 되어 있다. 그런데 좋은 날과 좋은 길만 있거니 하고 안일하게 지내다가 세월만 파는 어리석음도 있었다.

길은 일상생활상 필요에 의하여 한 사람이 걸어가기 시작하여 생겼지만 요즈음은 건강을 위해 산책길을 만들어 이용하기도 한다. 걷는 것이 건강에 도움이 된다는 것을 체험하게 된 후 걸어 다니는 사람이 많다. 이와 같이 길은 이로움을 주기도 하지만 지름길을 함부로 가다가 낭패를 당하기도 한다. '길이 아니면 가지 말고 말이 아니면 탓하지 마라.'는 속담도 있다. 가도 될 길과 가서는 안 될 길을 구분할 줄 알아야 한다. 달콤한 지름길을 찾다가 꿀 단지 속에 빠진 벌 같이 되고, 위험한 길 한 모퉁이를 머뭇거리다가 고난을 당하기도 한다.

부정과 불법의 길을 택하면 인생길에 도움이 될지 몰라도 언젠가는 위해를 받는다. 정도(正道)는 빛처럼 똑바로 가라는 것은 아니다. 상선약수(上善若水)라고 했듯이 물처럼 순리대로 바위를 만나면 돌아 갈 줄도 알고 물이 고이면 쉬어갈 줄도 아는 지혜가 필요하다. 인생길을 걸어오면서 평소에 에너지를 축적하지 않고 있다가 오르막을 오르지 못하여 허덕거리게 된다.

방관만 할 것이 아니라 후회가 대물림되지 않게 연륜으로 얻은 길을 걷는 노하우로 로드 맵을 그리는데 도움도 주고 인생길의 희망봉을 찾아가는데 필요한 내비게이션 제작에 힘을 보태주어야겠다.

# 삼성산을 오르며

단풍을 좋아하는 아내에게 단풍구경을 시키려고 10월말 삼성산에 오른다. 아침 8시 서울대 입구에서 등산을 시작하였다. 구름 한 점 없는 푸른 하늘 저 멀리 흰 구름 한 점이 길조 같이 넘어온다. 인자는 산을 좋아하고 지혜로운 사람은 물을 좋아 한다고 했다. 그러니 아내는 인자인 것이다.

좋은 산에는 좋은 사찰이 있고 좋은 사찰엔 훌륭한 (큰)스님이 있기 마련이다. 삼성산의 三幕寺는 지금으로부터 1300년 전 신라문무왕 17년(AD667년)에 창건한 사찰로 처음으로 정진하던 원효, 연주암에서 기도하시던 의상과 운필 등 세 분의 스님을 성인화하여 '三聖山'이라 부르게 되었다. 별도의 독립된 산이다. 삼성산을 등산하고도 관악산에 등산하고 왔다는 등 관악산의 일부인 양 알려져 있다.

남녀노소 할 것 없이 많은 등산객이 등산로를 메우고 있다. 아내는 처음에는 허리 다리가 빼근하여 잘 걷지 못하였으나 어느 정도 걸으니 다리가 풀려 걸음이 쉬워진다며 나이에 비해 잘 오른다. 정상 정복하는 쾌감을 맛보아야 한다며 나는 국기봉 정상에 올랐다. 정상은 2~3명이 바위를 붙들고 설 정도로 공간이 좁아 등산객 절반도 그곳을 오르지 않고 통과한다. 펄럭이는 태극기 아래 국기대에 '나라사랑'이란 글이 쓰여 있어 애국심을 고취시키고 있다.

멀리 안양 시내가 내려다보인다. 안양의 뜻은 극락이라고 불교에서 유래된 말이다. 승유억불 정책을 쓴 조선조 500년의 세월이 있었으나 어디를 가도 불교의 흔적이 있다. 원효스님이 남긴 어록 '일체유심조'라는 뜻을 되새기며 심호흡을 한번하고 마음속의 찌든 때까지 씻어내니 극락에 온 기분이 든다.

나는 등산을 할 때마다 절벽에 나무뿌리나 가지가 잡고 오르기 좋게 된 것을 본다. 가풀막에 손잡이 역할을 해준다. 자기는 시달려서 크지 못하나 등산객에게 편하고 안전하게 해주고 있어 고맙다. 어떤 나무는 산 채로 있으나 어떤 나무는 잎사귀도 없고 많은 등산객이 쥐어서 밴들밴들 닳아 있다. 손때가 묻으니 원색을 잘 나타내주고 있다. 오늘도 국기봉을 오르는데 10여 년생 참나무 한 그루가 가파른 바위에 붙어 오르는 등산객의 손잡이 역할을 하고 있다. 손때가 묻어 반들반들 하다. 수천 명이 넘게 잡고 오르내렸으리라. 나도 잡고 오른다.

# 혜존

책의 앞쪽 면지 위에 별지를 붙여 '○○○선생님 혜존'이라고 써서 보내온 P선생의 수필집을 읽었다. 자존의 도서까지 정성들여 찍혀있다. 친밀한 관계가 아닌데도 동인이라고 내게 보내준 책이다. 고맙고 감사하다. 나는 좋은 글을 쓰지 못해도 보는 눈은 이른 봄 나뭇잎 속눈이 트이듯 조금 트여 있어 작품을 읽어보니 구구절절이 문예성이 있는 문장으로 채워져 있다. 자연을 사랑하고 자연과 동화되어 사시는 분인 것 같다. 혜존이란 말은 자기의 저서를 남에게 줄 때 쓰는 말로 책을 받아 읽고 잘 간직해 주십사 하는 뜻이 내포되어 있단다. 해서 다른 수필집은 다 읽지 않는 경우가 있으나 이런 분의 책은 끝까지 읽고 잘 보관하며 참고로 한다.

책의 전면 면지 여백이나 피봉에 주고 싶은 분의 이름 다음에 '선생님, 선배님, 친지 혜존, 혜감, 에게'라 쓰거나 근정, 증정이라 써서 주기도 한다. 허물없는 사이라던가 바쁜 사람은 쓰지 않고 보내기도 하지만, 아무것도 쓰지 않은 것보다 쓰여 있는 것을 받는 경우가 더욱 정감이 간다. 예의를 잃지 않는 것 같아 성의 것 읽을 뿐 아니라 상대방을 존경하게 된다. 인사장도 더 정성을 들여 써 보낸다.

저자가 보낸 책을 처음 받은 것은 약 40년 전 일 것 같다. S시 교육청 근무하던 C선생이 보낸 수필집인데 받은 후 방치했다가 약 11년 전 글공부 하겠다고 생각하고 처음 읽었다. 그 후에도 시집, 수필집 소설 등을 여러분으로부터 받았는데 인사를 제대로 한 기억은 몇 분 안 되는 것 같다. 직장생활 때문에 읽지 못했다고 편리한 대로 생각을 하지만 변명에 지나지 않는 것 같다. 사실 글쓰기가 어렵고 힘들다는 것을 알지 못한 탓이다. 편지나 전화는 고사하고 그 후 만나서 인사도 제대로 하지 못했다. 그분들이 흉이나 보지 않았을까 하고 생각하니 부끄럽기 그지없다.

늦깎이로 어렵게 수필문단에 등단한 후 수필집을 구입하여 자랑도 할 겸 부푼 마음으로 친지들에게 한 권씩 보냈는데 10명 중 1명 정도가 인사가 있고 그 외 분은 지금까지 인사가 없다. 더욱 실망스러운 것은 이웃에서 친하게 지내던 B씨와 P씨다. 포장도 깨끗이 하고 수신자 이름 다음에 '혜존'이라고 친필로 써서 제일 먼저 보냈다. 그 후 몇 번 만나도 받았다는 말이 없어 두 분 다 집에 없을 때 전하였기에 혹시 받지 못했나, 아니면 먼저 받은 분이 전달하지 않았나? 몹시 궁금했다. 그렇다고 먼저 말할 수 없고 그들이 이야기 해줄 때만 기다렸다.

그러던 중 약 한 달 뒤 B씨와 좌석을 같이할 기회가 있어 책 이야기가 나와서 슬쩍 비추었더니 "응 무슨 책이 우리 집 방구석에 돌아다니던데, 그것이었나 내용이 뭔데. 나는 국회의원이 보내는 책인가 했지."라고 말한다. 책을 전할 때에 친지 부인에게 등단한 내 작품이 들어 있는 수필집이라고 이야기 했다. 또 내 글보다 훌륭한 분의 유익한 글이 많고 글이 짧아 시간을 아낄 수 있어 좋으니 '꼭 전해주세요.'라고 분명히 말했는데 이럴 수가 있는가.

낫 놓고 기억자도 모르는 사람이면 이해가 가지만 배울 만큼 배웠고 공직생활을 35년 넘게 한 사람이다. 문학에 관심이 없어도 그렇지 축하 인사는 못하더라도 이럴 수가 있는가 하며 마음이 상하였으나, 나도 전에 책을 증정 받고 인사를 하지 못하였던 것이 생각나 웃고 말았지만 그 후 자연히 그 친지와 소원한 사이가 되었다. 책 잃고 친구 잃은 결과가 된 것이다.

또 몇 번씩 받아본 분도 그만 보내라는 말을 들을 땐 쥐구멍이라도 찾아들어가고 싶다. 그 후부터 계간지 몇 권을 친지들에게 보내는데 여간 조심스럽지 않다. 친지가 책을 좋아 하는가. 시력은 좋은가. 시샘이 많지 않은가. 그 분의 아내나 자녀들이 책 읽기를 즐기는가 등등 탐문한 후 보내곤 한다. 그러니 책 몇 권을 보내는데 몇 개월이 소요된다. 글쓰기보다 책 배부에 신경을 더 써야할 형편이다. 보낼 곳이 마땅치 않으면 도서관에 보내기도 한다. 어떤 때는 상대에게 부담이 될까봐 말하지 않고 책을 이웃집의 우편함에 넣어 놓고 올 때는 뒤통수가 후끈거리기도 한다. 책을 받는 것만으로 만족하고 읽지 않는 사람도 많은 것 같다. 내가 지금까지 책을 보낸 경우는 받는 분이 대부분 나이가 많은 편이어서 반가워하지 않는 것이 분명하다. 책보다 점심 한 끼를 사주는 것을 더 선호하고 고마워하는 것 같다.

독서는 마음을 살 지우는 양식이다. 요즈음은 책의 홍수 속에 살지만 독서 인구가 OECD국가 중 하위란다. 선진국이 되려면 경재적인 부도 필요하지만 국민의 교양 등 문화적 수준도 선진 국민이 되어야 할 것이다. 일본의 1인당 독서량은 월 6.5권인데 우리나라는 년 평균 독서량이 지역에 따라 다소 차이가 있지만 7~10권에 불과하단다. 내가 어릴 때에는 볼만한 책을 구하기가 힘들었지만 지금은 도서관이나 독서실이 도처에 있어 쉽게 볼 수 있다. 전 국민이 독서를 많이 하여 문화시민의 가치관을 확립하여야 할 터인데 그렇지 못하여 안타깝다.

한국 갤럽에서 '독서의 실태와 의식에 관한 조사'에 의하면 국민의 절반이상이 아직도 한 달에 한권의 책을 읽지 않는다는 것으로 나타났다. 독서 인구는 소폭 증가하고 있는 추세나 영상매체나 인터넷의 확산으로 도서 구입 율은 떨어지고 있단다. 또 여자에 비해 남자가, 연령이 높을수록 책을 덜 읽는 것으로 나타나고 있다. 수필은 감성이 풍부한 여자가 더 많이 읽고 수필가도 늘어나는 추세나 좋은 작품은 수필인구에 비례하지 않는 것 같다.

수필이 중심문학이 되기 위해서는 수필가 스스로 공부도 많이 하고 더 고민을 해야 될 것이다. 철저한 자기반성이 뒤따라야 한다. 문예성이 있는 수필집을 상호 교환하여 읽고, 모르는 것을 서로 짚어주고 신랄한 비평도 아끼지 않아야 한다. 비평을 받은 사람은 겸허히 받아들이고 양보다 질로 승부해야 한다. 인기나 명예 때문에 작품집을 내는 데만 급급하지 말 것이다.

나는 증정되는 책을 지금까지 받기만 했다. 독자가 공감할 문예성이 있는 작품도 별로 없어 언제 '혜존'이라고 친필을 써서 낙관도 찍어 은혜에 보답할까? 유명인사도 못되고 책을 내어 배부해도 받은 분의 방구석을 전전하는 천덕꾸러기가 되었다가 폐지 손수레에 실려 가는 것은 아닌가 하는 생각이 들어 마음이 무거운데 세월은 막속급호(莫速急乎)*로다.

*莫速急乎: (생각할수록) 급하고 바쁘지 않으랴.

# 2.

# 피아노에 마음을 실어

# 어머니 계신 곳이 고향

나이 드니 전원생활을 하고 싶은 것은 인간의 본능인 것 같다. 사람이 태어나면 서울로 보내라 하지만 나는 귀향해야 할 나이에 서울 생활을 하게 되었다. 남들은 퇴직하면 전원생활 하려고 시골로 가는데 퇴직 후 자식들 때문에 서울로 온 것이다. 서울 생활한 지 어언 14년이 되었다. 2008년 통계에 지방으로 귀농하는 가구가 2,368가구로 2000년의 350가구보다 7배나 늘었다는 보도가 있다. 경제적인 이유도 있겠으나 많은 사람들이 귀향을 선호하는 것 같다. 나는 농사를 지으러 가는 것이 아니라 어머니를 하루라도 더 귀양(歸養)하려고 시골로 가는데 서설도 나를 반겨주고 있다.

물고기도 자기가 놀던 물을 좋아한다고 했다. '고향이 따로 있나 정들면 고향이지'라는 유행가 한 대목이 생각난다. 언젠가는 정든 시골에서 어머니를 모시려고 살던 집을 그대로 가지고 있다. 3년 전에 서울 아파트에서 약 3개월간 생활하던 어머니가 아파트 생활이 싫다고 하시며 고향인 동해시로 가셨다. 망백의 어머니가 고향에 가 계시는데 다행히 건강하셔서 막냇동생이 돌보기는 하지만 형인 내가 나 몰라라 할 수 없다. 해서 항상 마음이 무거웠는데 귀양(歸養)하려고 고향은 아니지만 전에 살던 원주로 모시려고 한다. 손자 때문에 서울생활도 접을 수도 없다. 교통비는 들지만 1주일의 반은 어머니와 같이 지내려고 한다. 어머니가 계신 곳이 고향이 아니겠는가.

해서 내가 살던 슬라브 구조 주택을 리모델링을 해두었는데 가방 하나만 달랑 들고 가니 이사 가는 것 같지 않다. 다음날 어머니를 모시고 온 동생의 차가 도착했다. 어머니가 반기며 동생과 같이 들어오시기에 "도착한다는 시간이 지나 오셨네요." 해도 가는귀가 잡수시어 알아듣지 못하고 "잘 있었는가?" 하신다. 옆에 있던 동생이 "제천에 들렀다가 오느라 늦었어요." 한다. 건강하시다 하나 나이드니 어쩔 수 없다. 4형제를 키우시느라 고생하신 어머니의 주름진 얼굴을 1개월 만에 보니 가슴이 뭉클해 온다.

가끔 가보았지만 원주시도 전보다 많이 변하였다. 정답게 살던 이웃도 이사 가고 운명한 친지도 많다. 시 동쪽에 백만 평 규모의 혁신도시가, 서북쪽엔 기업도시가 건설 중이고 남서쪽엔 의료산업단지가 들어섰다. 내가 살던 집 동쪽 봉산천 옆 논바닥 5곳에 대형아파트 단지가 들어와 키 자랑을 하고 있고 서쪽에 큰 언덕과 그 위의 50여 가구도 없어지고 그 자리에 언덕보다 높은 아파트단지가 치솟고 있다. 멀리서 원주와 남원주 쪽에도 대단위 아파트단지가 많이 들어왔고 인구도 급증하고 있다. 명년엔 지하철도 원주까지 연장되어 운행될 것 같고 광주와 원주간 제2영동고속도로도 개설되는 등 조금씩 발전하는 모습이 반가웠다.

시의 발전으로 외곽의 땅값이 시내보다 몇 배나 더 뛰었다. 음지가 양지되는 순리를 다시 느끼게 한다. 야산을 깎아내어 아파트를 건축하고 이전되었거나 신설된 기관과 단체나 학교 등을 신속히 찾지 못하니 상전벽해란 말을 실감나게 한다. 조상의 땅을 물려받은 사람이나 값이 쌀 때 사두었던 사람은 갑자기 부자가 된 사람이 많다. 서울에 아파트를 사지 말고 원주시 변두리에 야산이라도 사놓았더라면 큰 부자가 되었을 터인데 하는 아쉬움도 생기나 나는 큰 돈과는 인연이 없는 것 같다. 세월은 백발을 재촉하는데 탐심은 없어지지 않으니 가끔 다니던 산사를 찾아 자성을 해야겠다.

아이들과 같이 즐겨 찾던 봉산(鳳山)은 개발하지 않아 옛 모습 그대로 보존되어 있어 다행이다. 화시래 살대울에 가서 약수를 길러 먹어야 하겠다. 하천정비로 청정해진 봉산천! 여름이면 피라미 낚시꾼도 볼 수 있단다. 둔치에 긴 산책길을 따라 걸으면 비릿한 강바람이 내 얼굴을 스쳐가면 무더위에 지친 몸과 마음을 청량하게 해줄 것이다. 하천에서 반겨주는 백로와 물고기들과도 벗하여 보리라. 친우를 만나 차도 한 잔 하며 정담을 나누면 이 또한 기쁨이 아니겠는가.

소동파의 적벽부에 '강물 위의 맑은 바람을 귀로 들으니 소리가 되고 산간의 밝은 달을 눈으로 보니 빛이 되는구나. 강물위의 맑은 바람 쏘인다고 가로 막는 이 없고 산중의 밝은 달을 바라본다고 닳는 법이 없으니 조물주가 준 끝없는 보배를 같이 즐기리라.(惟江上之 淸風 與山間之 明月 取得之而 爲聲 目遇之而 成色 取之無禁 用之不竭 是 造物者之 無盡藏也 而吾與子 之所共樂)'고 했다. 내 집 문 앞에도 산(山)과 내(川)와 바람을 재산세도 내지 않고 사용하니 이 어찌 즐겁지 아니한가. 주위에 건강 재(材)가 무수히 쌓여 있어 우리의 삶을 평화스럽고 풍요롭게 한다. 꽃피고 새우는 봄이 오면 자연을 즐기러 어머니를 모시고 봉산천에 나가 보리라. 봄 향기 풍기는 나생이 나물도 먹고 야생화 꽃길도 걸어본다. 지천으로 피어있는 노란 달맞이꽃도 감상하고 가을엔 꽃씨를 따서 기름도 짜 먹으면, 논과 야산으로 수십억을 보상 받고 그 돈 때문에 가정불화로 고민하는 이 부럽지 않을 것이다.

임금이 찾아와도 만나지 않고 숨어버린 운곡 선생이 다니던 길 따라, 치악산 산나물을 뜯으러 가자고 친구에게 언약해 두어야겠다. 치악산 탁주는 산나물을 잘 모르는 내가 가지고 가리라. 강산은 즐길 줄 아는 사람이 주인이라 했다. 산책하고 사색하며 덤으로 건강도 얻고, 뜯어온 심산 산나물을 어머니에게 대접하면 효행도 되니 일거삼득이 아니겠는가.

(2008. 12.)

# 이 별은 나의 별 저 별은 너의 별

바캉스의 계절이다. 문화의 발달과 주머니 사정이 좋아지니 국민들이 참살이로 여가를 즐기는 시간이 늘어나고 있다. 친가 외가 공히 할아버지 얼굴을 모른다. 당연히 사랑도 모르고 자랐다. 친구가 자기 할아버지 손을 잡고 다니는 것을 부러운 눈으로만 보아온 나다. 해서 손자에겐 대물림하여 주고 싶지 않아 같이 있기를 즐긴다. 많은 사람들이 아들보다 어린 손자를 더 사랑하는 것 같이 나도 예외가 아니다.

오늘도 손자의 방학기간을 이용해 고원(高原) 피서차 서울을 출발했다. 아들, 며느리와 여행하는 것이 손자 뒤치다꺼리나 하는 것이 아닌가 생각이 들고, 몸짱을 뽐내는 젊은이가 낭만을 즐기는 해변에 늙은이의 초라함을 보이고 싶지 않아 마음이 내키지 않았으나 손자를 생각해 같이 가기로 했다. 3박 4일간 유명 동굴과 박물관을 견학하고 카지노가 있는 고원지대와 바다 등에서 피서도 하고 호연지기도 길러주고 노할머니에게 인사도

드릴 겸 출발했다. 비가 많이 올 것이라고 해서 걱정했는데 구름이 에어컨을 틀지 않고도 운전하게 해주어서 좋았다.

피서 차량이 영동고속도로를 주차장을 만들고 있어 거북이걸음으로 원주에 가서 1박 후 박경리문학관을 견학시키고 영월로 향하였다. 각종 박물관이 많이 있는 지역이라 손자에게 관람 시키려 했지만 예약시간을 맞추어 가야 되니 방랑시인 김삿갓문학관만 간단히 보고 11시경에 강원랜드 마운틴 콘도에 도착했다.

서울의 기온은 30도를 오르내리는데 이곳은 20도를 밑돌고 바람이 곁들이니 체감 기온은 초가을 같다. 아이들을 데리고 피서차 바다나 계곡을 찾는 것도 좋지만 고원지대를 가는 것도 그에 못지않을 것 같다. 기암괴석이 병풍처럼 들러 친 위에 노송과 잡목으로 녹음을 짙게 드리우게 한 확장된 국도를 달려가며 바람을 받으니 마음속까지 시원해지고 함백산 계곡의 청량(淸亮)한 물소리가 더하여 나그네의 발길을 잡는다.

강원랜드는 정선군 사북읍 사북리에 위치해 있고 20여 년 전에 '동원탄좌'라고 우리나라에서 첫째 둘째가는 거대한 개인 탄광이 있던 곳이다. 당시 전경은 사라지고 호텔 · 콘도 · 골프장 · 스키장 등 복합리조트 시설들이 골짜기를 메우고 있다. 가파른 길을 올라 콘도 앞에 도착하니 SBS연속극 '食客' 雲巖亭 촬영장이란 대형 광고판이 우리를 반긴다. 수백 개의 방실이 있는 호텔은 제외하고 콘도만도 도합 500여 실의 벨리와 마운틴 및 하이원콘도가 있다. 우리는 하늘의 별을 보고 잠잘 수 있는 콘도 A동 2508호실에 여장을 풀고 하늘정원을 가려고 나갔다. 셔틀

버스와 관광버스가 도착하여 사람들을 하차시키고 갈 사람들을 태우고 출발한다.

슬로프에 눈이 없으니 리프트는 발이 묶여 있다. 라스베가스 같이 강물에서 곤돌라를 타는 것이 아니라 해발 1.334m 산을 오르는 케이블카다. 130여 대가 십여 m 간격으로 오르내리고 있었는데 우리는 8인승 마운틴 곤돌라에 탑승했다. 소리치며 좋아하는 손자들에게 발아래 펼쳐지는 푸른 수목과 이름 모를 야생화는 물론 멀고 가까운 산을 배경으로 셔터를 눌렀다.

녹색장원을 가르며 약 30분을 올라 '서울타워' 같은 3층 하늘 정원에 도착했다. 약 100석 규모의 회전식 레스토랑이 있는 전망대에 올라가서 아름다운 산야를 바라보며 중식을 했다. 손자들도 경관이 좋으니 장난기가 발동하여 뛰어다니며 즐거워한다. 휴식 후 하이원 쪽으로 가지 않고 되돌아 왔다. 백설이 만건곤 할 때 오면 스키를 타지 않아도 낭만을 만끽할 수 있을 것 같다. 골프장도 있고 백운산 화절령 석탄 운반도로를 하늘 길 등 여러 개의 트레킹 코스로 개발한 곳에 우리나라 최대 야생화 군락지도 만들어 놓았다.

베란다에서 내려다보니 손자들은 야외풀장에서 수영을 하려다가 추워서 발에 물칠만 하고 나온다. 그 옆엔 '산상 BBQ장'을 운영하는데 많은 사람들이 가족끼리 음식을 즐기고 있는 것이 이국적인 풍경을 연출하여 보기에 아름답다. 콘도에서 간단히 식사를 하고 SHOW 구경하러 자동차로 약 1㎞거리의 강원랜드 호텔 카지노로 이동하였다. 주차 전쟁은 이곳도 마찬가지다. 수백 대를 주차할 수 있는 주차장은 이미 만차가 되어있고 도로변에 주차시켜 놓은 수백 대의 차량 틈에 겨우 들이밀어 놓고 쇼를 관람했다. 약 200석 규모의 공연장이 입추의 여지가 없다. 몸짱의 러시아 미인들의 캉캉 쇼와 중국인들의 곡예와 마술공연을 하고 있다. 약 1시간 구경하였는데 몇 년 전 미국 라스베가스 에서 80불의 거금을 주고 주빌리 쇼를 관람한 생각이 난다.

우리나라 13개 카지노 중 유일하게 내국인이 출입할 수 있는 곳인 1층 카지노에 들르려고 하니 3천 평되는 공간에 6종의 테이블 게임기 100대, 전통 카지노 게임기인 슬롯머신 960대의 좌석은 만석이라고 게시되었는데 게임하는 것을 구경이라도 하겠다는 사람들이 입장료 오천 원씩 내고 길게 줄을 서서 기다리고 있다. 아이들은 입장불가라서 사진 몇 장 담고 밖으로 나왔다. 야외 음악공연장엔 가수들이 노래를 부르고 있고 한쪽에선 사람들이 삼삼오오 모여 바비큐에 맥주를 마시고 있다. 강원랜드 하면 도박장이란 인상을 주고 있어 새로 부임한 CEO는 여름엔 골프, 겨울엔 스키 등으로 4계절 전천후 가족 리조트 장소로 이미지를 변신시키려고 한단다. 그래서인지 아이들을 동반한 가족들이 많다. 연예인 등 유명 인사들도 많이 오고 있다.

이곳은 현대와 과거가 공존하고 있다. 석탄산업 합리화 전만 해도 전국에서 온 광부들이 생명을 걸고 깊게는 몇 ㎞나 되는 땅속에서 무연탄을 채탄하여, 전국 각지로 보내 산업발전에 기여한 것은 차치하고라도 어려울 때 우리 국민의 난방과 취사를 해결해준 효자지역이다. 갱 옆에 버린 폐광석은 동산을 만들었다. 그들이 흘린 땀방울도 그만 하리라. 이제는 그곳에 최신 건물이 들어서 있고 각처에서 온 사람들이 첨단 오락게임을 즐기고, 미희들의 춤도 관람한다. 4계절 고급 스포츠와 오락을 즐기고 있다는 것이 아이러니(예상외 결과)한 것 같다. 제행무상을 다시 느끼게 한다. 오늘의 번영도 이들의 힘이 보태졌으리라. 물레방아가 돌아가고 있는 호수 주변에서 '루미나리에' 축제가 개최된다고 해서 계단식 잔디밭 널빤지좌석에 엉덩이를 붙이고 앉았다. 페르시아 궁전 같은 대형 조명 예술 구조물이 주간엔 백색으로 보이나 야간엔 형형색색의 아라베스크(arabesque) 문양으로 변신한다. 빛은 즐거움과 안정을 주는 물질로 루미나리에 축제는 삼차원의 예술 공간을 창조한다.

호수를 바라보고 있으니 28년 전 생각이 난다. 정선에서 근무할 때 수천 명의 동원탄좌 광원들이 노조집행부가 어용이라고 사측과 뭉뚱그려 규탄하며 집단행동 하는 것을 진압하려고 경력을 인솔하여 수십 번 오갔던 것이 주마등 같이 지나간다. 광주사태 직전의 사북사태다. 손자에겐 말하고 싶지 않고 입에 담기조차 부끄러운 일이지만 노조지부장 부인을 끌고 와서 옷을 벗겨 나체를 도로변 전주에 묶어놓고 폭행하던 현장이다. 부근에서 제14회 사북 석탄 문화제 행사가 개최되고 있고 정확한 위치를 물어봐도 아는 사람이 없다. 중과부적으로 데모 군중에 밀린 일부 경찰관을 위험을 무릅쓰고 도와준 사람은 사회적 약자인 술집 여종업원들이 많았다는 후문이다. 당시 주인공들은 모두 떠나고 후대사람은 악몽 같은 그때 상황을 기억하고 싶지 않아 세월 저편으로 구름과 냇물에 실어 보낸 것 같다.

진압 중 안경다리 부근에서 사망한 경찰관 L씨 등 많은 사상자를 낸 사태가 세월과 같이 호수 속에 잠들어 있고 안경다리도 말이 없다. 오늘 분수 쇼가 그들의 넋을 위로해 주는 것 같다. 호수 속엔 3천백여 개의 분수 노즐, 천 이백여 개의 조명, 5만W 규모의 음향출력의 루미나리에(luminarie) 라고 한다. 다양한 모양의 분수 위에 여러 가지 빛과 소리(음악)가 어울리고 스크린이 없는 허공에 분수와 빛으로 사람의 얼굴을 사진 같이 펼친 것은 분수와 조명 예술의 극치였다. 분수 show는 행사기간 중에만 개최되는데 구경할 수 있는 기회가 주어져 고마웠다.

손자와 나란히 누워 별을 보려고 복층 방을 예약하기 잘했다. 배연창 너머로 별이 총총하다. 손자와 같이 '이 별은 내 별 저 별은 너의 별' 하며 이야기를 나누는 사이 은하수를 건너온 하얀 쪽 배는 벌써 서쪽으로 저만치 간 것 같고, 견우와 직녀는 오작교에서 만나려고 몸단장을 하고 있을 것이다. 바람소리가 자장가 되어 들린다. 배연 창을 열어둔 채 잠이 들었다. 꿈속에서 별을 찾고 있을 것이다. 별 하나, 별 둘, 별 셋, 별 넷…. 아침 햇살이 창을 두드릴 때까지.

# 정장 소고(正裝 小考)

예전과 달리 양복을 입는 것을 정장차림이라 한다. 정장을 하고 경쾌한 마음으로 집을 나섰다. 여름철 한낮에 정장차림으로 밖에서 걸으면 땀도 나고 불편한 점이 있어 아침을 이용했다. 하이칼라는 생활하기 편한 간편복을 입지 않고 정장을 하고 근무할까? 상대를 배려한 마음 때문인 것 같다. 마음이란 사람의 몸에 깃들여서 지식・감정・의지 등의 정신활동을 하는 것이라지만 대상을 식별하는 것이기도 하다. 정장하면 윤택하다고 과시하는 것 같기도 하지만 인격이 배어 나오는 것인지 상대를 위해 조신한 마음이 생긴다.

양재 지하철역엔 구걸하는 사람이 잘 보이지 않는데 팔질은 되어 보이는 왜소한 노인이 1번 출구 중간계단에 얼굴을 묻고 엎드렸는데 손바닥이 하늘을 향하여 있다. 잠바 차림이면 못 본 체하고 지나가거나 주머니에 이리저리 굴러다니던 백 원 동전이 있으면 몇 닢을 구걸하는 분에게 가끔 주었으나 지폐는 잘 주지 않던 나다. 오늘은 정장한 탓으로 다른 사람이 보라는 듯이 지갑을 꺼내 천원 권 지폐 한 장을 주니 코가 땅에 닿는다.

내가 정장을 잘하고 다니게 된 것은 이유가 있다. 강남대로 S빌딩에 잠바 차림으로 화장실을 찾다가 경비원의 지나친 검문으로 시비가 된 적이 있다. 그때 그 건물에 정장차림으로 근무하던 젊은이들이 점심을 먹으러 나가면서 힐끔힐끔 쳐다보고 지나가서 자존심이 상했다. 해서 그 일이 있고부터 가급적 정장을 하고 출입한다. 우리나라 속담에 '입은 거지는 얻어먹어도 헐벗은 거지는 얻어먹지 못한다.'는 말이 있지 않는가. 정장은 활동에 다소 불편한 점은 있지만 무시당하지 않는 것 같아 마음 다스리기가 잘 되어 입고 다닌다.

오늘도 긍정적인 마음가짐으로 전동차 내에서 자리를 양보하며 종로로 갔다. 아내의 약을 사러가는 길이다. 종로엔 약국이 줄을 서 있는데 B약국은 항상 고객들로 분주하다. 약사도 다섯 명이 고객을 접대한다. 나를 응대하는 약사는 친절했다. 약도 구입해야지만 의사의 처방이 있는 경우와 없는 경우의 약값 차이를 알고 약을 구매하려 한다니 그는 저 옆의 여직원에게 문의하란다. 나보다 먼저 온 손님을 다시 면담하기에 기다리게 되었다. 그때 마침 다른 여직원이 와 나를 상담하는데 아주 까다롭다.

누가 먹느냐? 몇 개씩 먹느냐? 기타 이것저것 계속 따지므로. 슬며시 분심(忿心)이 생겨 "왜 그렇게 따지지, 아가씨는 불친절하네요!" 하며 단골인데 예우를 해주지 않는다는 뜻으로 다소 언성을 높였다. 그랬더니 약국 감독자 같은 남자가 저만치 서 있다가 이쪽으로 접근하며 동정을 살핀다. 한마디만 더하면 무엇이라 도와줄 자세다. 여직원이 주눅이 들어 나에게 아내 이름과 주민번호를 묻더니 구입 가격을 신속히 가르쳐 준다.

집에 오니 아내가 딸네 집에 물건을 갖다 주고 오란다. 너무나 더워 스포티한 옷으로 갈아입고 전동차를 탔다. 경로석에 앉아 있던 아주머니가 자리를 양보해준다. 사양했으나 굳이 양보하기에 앉았다. 내 옆에 앉은 할머니가 의자 앞에 보따리를 두고 있기에 내가 "이것이 무엇입니까?" 하며 말을 걸었다. 참기름을 짜서 먹기도 하고 팔기도 한단다. 옆에서 듣고 있던 좌석을 양보한 아주머니가 기름을 사야 되는데 잘 되었다고 하며 두 병 산다. 그 옆의 두 아주머니도 산다. 옆의 할머니는 나와 대화를 했기 때문에 기름 다섯 병을 팔았다며 칼슘 한 알을 준다. 성의를 생각해 받아서 입에 넣으니 상큼하여 더위가 가시는 것 같다.

나는 잠바 차림이다. 그런데도 나에게 정중히 대해준다. 오전에 약국에 갔을 때와 다르다. 마음 쓰기를 잘한 탓이다. 유식30송엔 사람의 마음자리는 89종이나 된다는데 나는 그중에 진심(瞋心)을 다스리려고 노력하고 있다. 아만을 가지고 있으면 정장이 아니라 다이아몬드 옷을 걸쳐도 어려움이 따르게 된다는 평범한 진리를 다시 알게 해준다. 용모는 단정히 해야겠지만 하심을 하면 잠바를 입어도 싫어할 사람 없다. 보왕삼매론을 보면 덕은 겸양에서, 복은 줌으로서, 화는 탐욕에서, 허물은 경솔에서 온다고 했다. 한 생각을 바꾸면 즐거움과 예우가 기다리고 있고 잠바 속에서도 인격이 배어 나온다. 향기는 있게 마련이다.

# 진심을 없애기

모든 참상은 참지 못하는데서 발생한다. 진심(嗔心)은 고통이 되는 원인에 대하여 미워하고 성내는 것으로 인간이 끊기 어려운 근본번뇌다. 며칠 전만 해도 그랬다. A병원에 오라는 날짜, 오라는 시간인 오후 다섯 시에 검사하러 병원에 갔다. 남자직원의 지시대로 검사료를 창구에 가서 납부하고 왔다. 그런데 그 직원이 잠시 자리를 비우고 없었다. 해서 그 옆의 여직원에게 말했다. 여직원이 보더니 오늘 검사가 없다며 접수하여 주지 않는다. 조금 전 남자직원 이야기를 해도 역시 안 된다고 한다. 해서 사정을 했다.

의사선생 처방을 받아 3일간 어렵게 소변 량을 측정하여 기록한 것을 힘들게 가지고 왔는데 무조건 예약이 없다고 거절한다. 담당의사도 퇴근한 후여서 확인을 할 수 없는 형편이다. 의사의 지시대로 한 것을 가지고 오라는 날짜와 시간에 왔는데 안 된다니 슬며시 화가 난다. 마음을 다스리지 못하고 "왜 당신은 안

된다 하느냐 남자직원은 해준다고 하였는데." 하며 자연히 큰소리가 나왔다. 근무가 끝나는 시간대여서 외래환자는 보이지 않는데 다른 사무실에서 내 목소리를 듣고 처음 접수한 그 남자직원이 뛰어와 사과하며 검사를 해준다. 그러나 마음이 불편하다. 4시간이나 참았는데도 요속 검사가 잘 안 된다. 조금만 더 참을 걸 내가 잘했다고 소리를 쳤으나 내 마음도 괴롭고 그 여직원의 마음도 상하였을 것이다.

이런 전력 외에도 짜증을 자주 부리기에 오늘은 마음을 다스려 보려고 점잔을 빼며 갔는데 모두 도루묵이 되었다. 인간은 본성이 착하더라도 마음 쓰기에 따라 사람일 수도 있고 천사가 될 수도 있으며 짐승이 되기도 한다. 각종 매스컴 사회면의 강력사건은 대부분 참지 못하는 데서 발생하는 것을 볼 수 있다. 부모를 죽이는 인면수심의 인간도 참지 못하는데서 비롯된다.

금강산 돈도암(頓道庵)에서 수도하던 홍도(弘道)스님은 일기진심 수타신(一起嗔心 受蛇身)이라고 말했는데 한번 화를 내면 죽어서 뱀의 몸을 받는다는 뜻이다. 화를 참게하려는 한마디 경구이지만 많은 것을 말해주고 있다. 화가 날 때 이 문구를 생각하면 화가 슬며시 꼬리를 내려지는데 이 경구를 생각하기 전에 화가 날 때가 더 많다. 딕낫한 스님도 말했다. 화가 났을 때 마음을 돌아봐야 한다. 어머니가 아기를 돌보듯이 품에 안고 달래야 한다. 아기가 왜 우는지 알아야 달랠 수 있듯이 화의 뿌리를 먼저 살펴야 한다. 화는 우리 마음속에 숨어 있다. 마음 밭에 화의 씨앗에 물을 주지 말고 기쁨·사랑·즐거움의 씨앗에 물을 주도록 노력해야 한다고 했다.

그렇다 일상생활에서 화를 잘 내는 사람은 자기 관리에 실패한 사람이란 의미도 된다. 화를 잘 내면 사귐은 물거품이 되고 후회만 남는다.

## 혈통 지키기, 살피기

세상에 새빨간 거짓말이 있다. 그중에서 시부모가 며느리를 친딸 같이 사랑한다느니 더 친하게 지낸다거나 사위가 장인 장모를 친부모 이상으로 사랑한다는 말이란다. 요즈음 TV시트콤 연속극에 보면 그런 장면이 자주 방영되는데 그것은 모두 금전이 수반될 때 가능한 것이다. 성 도덕이 합법을 가장하여 무너지고 있다. 2009년 1월부터 가족관계법이 개정되고부터 더 심하다. 불륜관계를 공공연히 행사하는 장면이 방영될 때마다 건전한 가족 문화가 땅에 떨어져간다. 서글픈 일이다. 처음엔 부끄러워 안방에서 가족과 같이 시청하기 부끄러웠는데 지금은 만성이 되어 아내도 시시닥거리며 본다. 아니 거짓말 같은 사건인데도 빠져있다.

인간은 만물의 영장이다. 가축도 소나 개돼지도 종을 따진다. 특히 진돗개나 삽살개, 풍산개도 혈통을 지키려고 잡종과 교미시키지 않는다. 동물의 왕국을 보면 우수한 혈통을 유전 시키려고 수놈끼리 혈투를 벌이는 것을 보지 않는가. 어찌하다가 인륜 도덕이 이 지경에 이르렀는가. 게이와 동성 간의 성생활 등은 통탄할 일이다. 외국의 못된 풍습이 거르지 않고 무분별로 받아 들인 것도 한 몫 한다. 여권신장이라고 하며 극소수 여인들의 잘못된 결혼관을 선량한 전체 여자들의 삶인 양 매도하는 결과가 된 것이다. 여권신장이란 미명하에 부적절한 행동을 합법화 하려는 일부 여인의 주장과 점수를 생각한 정치인과 합세한 작품이다.

얼마 전에 공인이라는 탤런트가 남편과 이혼하고 즉시 여자의 성을 따라 개명을 허가 받고 살았는데 그 여인이 몇 년 후 죽자 다시 그 아이의 성을 다시 본 아버지에게로 개명했다는 이야기를 들었다. 또 죽지 않고 이혼한 남자가 제3의 여자와 결혼을 하여 아이를 출산했다면 전처소생의 아이와 후처소생의 아이와 가족관계법상의 관계는 성씨를 떠나서 남인가? 형제인가? 생각해 볼 일이다.

안방에 방영되는 연속극을 보라. 한 프로에 여자가 남자의 뺨을 때리거나 발로 차는 등 구타하지 않는 장면이 한번이라도 있는가? 이것은 무엇을 의미하는가? 봉건사회같이 여권을 밟자는 것 남존여비 사상을 주장하는 것은 절대 아니다. 사회인을 계몽할 위치에 있는 지성인들부터 각성해야 한다. 이제는 남권신장을 위해 남자가 일어설 때다. 외국식이 그렇게 좋으면 결혼한 여성의 성을 남자와 같이 불러야 한다거나.

# 감사합니다

경인년의 마지막 달이다. 연말이 되면 누구나 살아온 세월을 돌아보게 된다. 발걸음을 멈추고 조용히 나를 들여다본다. 올해뿐 아니라 태어나서부터 오늘까지 남을 도와준 일이 많은가. 은혜를 받은 일이 많은가 자문해 본다. 적던 많던 도움 받은 인연으로 감사해야 할 사람이 의외로 많은 것을 알 수 있다. 사람뿐 아니라 나무 한 그루, 풀 한 포기는 물론 미물로부터도 도움을 받고 살아오고 있다. 그런데 직접적으로 관계가 없는 사람뿐 아니라 모든 동식물이 나를 위해 존재하는 것인 양 가볍게 생각하며 살아왔다. 늦었지만 지금부터라도 감사한 마음만이라도 회향해 주어야 할 것 같다.

'감사하며 살라'는 말을 많은 사람이 말하고 있지만 사실 누구나 모든 것을 감사해 하며 살지 못하는 것 같다. 상을 받은 후 수상소감을 말할 때나 남에게 도움을 받으면 '감사합니다.'라고 말하는 것은 흔히 볼 수 있다. 그러나 물질적인 도움을 직접 받지 않았어도 인간으로 태어남에 근본적인 감사함을 채근(採根)해 보아야 하겠다.

우주의 많은 별들 중 지구라는 생명체가 숨 쉬는 땅에 태어나 감사한다. 물이 있어 고맙고 태양이 있어 감사하다. 또 오곡백화가 있어 우리의 몸과 마음을 풍요롭게 하고 있지 않는가. 지상 수중 공중에 짐승이나 곤충, 물고기와 미물이 수없이 많은데 사람의 몸을 받게 된 것이 감사하지 않는가. 가까이는 부모에게 고맙고 이웃과 좋은 인연을 만나게 해주어 감사하다.

겨울철이 되면 나에게 은혜를 베풀어준 분 중에 보답을 못한 몇 분의 얼굴이 뇌리에 자주 스쳐간다. 어린 시절 이웃집에서 빌려온 이발 기계로 우리 4형제를 안마당에 쪼그리고 앉게 하고 10여 년간 매월 머리를 깎아 주던 최씨, 어머니가 병으로 사경을 헤매었으나 돈이 없어 약을 쓰지 못하고 있다는 말을 듣고, 10리나 되는 길을 멀다 않고 걸어와서 왕진한 후 약을 무료로 조제해 복용케 하여 건강을 회복케 해준 아버지 친우 한약사, 아내가 임신 중이라 기침약을 함부로 사용할 수 없는데 감기기침은 점점 심해져서 유산의 위험까지 안고 고통을 받는 것을 보고, 눈 덮인 산천에서 찔레꽃 열매를 따와서 달여 복용케 하여 완치 후 순산하게 해준 봉산동 아주머니, 지금은 모두 돌아가셨거나 이사하여 보답하기는 어려우나 고마움을 잊을 수 없다.

다른 사람에겐 감사하는 마음을 주는 것도 하심하는 마음을 가져야 한다. 또 물질적인 보답도 좋지만 그 속에 마음을 담아 주어야 한다. 하심도 인내가 필요하다. 잘 알고 말은 쉬워도 인내하기는 참으로 어렵다. 그러기에 인내하면 복이 돌아오는 것 같다. 무엇이든 원망하고 미워하면 화(禍)가 생기고, 감사한 마음 밭을 갈고 선근의 씨앗을 뿌리면 복의 열매를 수확한다는 말이 틀림이 없는 것 같다.

몇 달 전 일이다. 손자가 서초구의 W초등학교로 전학하였는데 담임선생의 언행이 사도에 반하는 면이 있다는 말을 듣고 진심(嗔心)이 생겨 진정성 전화를 하려다가 참았다. 오히려 손자에게 관심을 가져주니 감사한 것이 아닌가 하고 긍정적으로 생각을 바꾸었더니 마음이 편해졌다. 그 후 손자가 시험을 쳤는데 좋은 성적을 가지고 왔다. 학교생활에 적응하지 못한 상태에서 처음 치른 시험이라 더욱 기뻤다. 선생님을 해코지 했더라면 어떻게 되었을까. 생각해 본다. 인내하므로 복을 받았다고 생각이 들었다.

감사해야 할 마음은 집안에서부터 만들어져야 한다. 가정에서 식사 전에 오관게(五觀偈: 식사 시 기도문)는 못하더라도 식사를 마치고 난후 '잘 먹었습니다'라는 말을 식사를 준비한 주부에게 항상 고마운 뜻을 표하고, 내가 먹고 난 빈 그릇을 싱크대까지 옮겨 주기도 한다. 처음에 다소 어색하였지만 아이들에게 식사예절과 감사한 마음을 가르치는데 도움이 되는 것 같다. 이러한 마음과 행동은 어려서부터 몸에 배이게 하면 좋다.

종교학 박사이며 미국 햄프셔대학 교수인 혜민(慧敏)스님의 『젊은 날의 깨달음』이란 책을 읽은 일이 있는데 미국 국민은 아이가 말을 시작할 때부터 '감사합니다(thank you)' '죄송합니다(I am sorry)'라는 말부터 먼저 가르친다고 한다. 그렇게 하면 실지로 감사해야 할 일이 없어도 자라면서 스스로 감사하는 행동을 만들어 낸다는 것이다. 바람직한 일이다.

육방예경(六方禮經)이란 경전이 있다. 인도의 '싱갈라'라는 장자 집안에 예전부터 내려오던 가풍인데, 아침에 일어나 냇가에 나가 목욕하고 동서남북 상하 여섯 방향에 대하여 뜻도 모르고 절을 하였다는 것이다. 이를 붓다가 의미를 붙여 동은 부모, 서쪽은 아내와 자식, 남방은 스승, 북방은 친우, 위는 상사, 아래는 고용인의 의미를 두고 그들에게 감사하다고 예를 올리라고 하여 생긴 경이다. 여섯 방향을 향해 절을 하지는 못하더라도 매일 새벽 기도 시 6방향의 사람뿐 아니라 모든 사물에게까지 감사한 마음이라도 꼭 전하여야하겠다.

내가 타인으로부터 받은 감사한 마음을 다른 분에게 되돌려 주어야 하겠다. 감사하는 작은 마음도 쌓이면 자타에게 공덕이 되니 복이 찾아와서 문을 두드릴 것이다.

# 내리사랑

어린이집에서 귀가하는 네 살배기 손자를 기다린다. 시간을 정확히 지켜 주어야 한다. 10분 전부터 기다리는데 호수바람이 차다. '세살 버릇 여든까지 간다.'라는 말과 '손자를 귀여워하면 할아버지 상투 잡힌다.'는 말이 생각난다. 어린이 가정교육의 중요성을 강조한 말인 것 같다. 우리는 아이를 제대로 키우고 있는가 생각해 본다.

육아엔 어머니의 사랑이 필요한데 여성인력의 사회 진출로 그 자리를 할머니, 할아버지가 대신하는 가정이 많다. 나도 자식들이 직장을 다니고 있어 퇴직 후 남들이 다하는 취미생활도 못하고 얻은 직장이 '손자 보기'다. 육아에 노하우가 있는 아내가 주역이고 나는 보조다. 내가 연금을 받으니까 그렇겠지만 상응한 보수는 물론 없다. 자식들로부터 용돈이라고 몇 푼 받으나 육아에 다 쓰인다.

금지옥엽 같이 키우니 버릇이 나빠지는 것 같다. 남을 배려할 줄 모르고 자기 고집대로 하려는 경향이 있다. 커서 사회생활에 잘 적응하여야 하겠는데 걱정이 앞선다. 귀여운 자식에겐 사랑의 매로 다스리라(憎兒多與餠 憐兒多與棒)는 말이 있다. 해서 손자가 오면 손도 잡아주지 말아야겠다고 다짐해 본다. 우리가 기르니 버릇이 없어지는 것 같아 자식에게 신경 쓰이고 손자가 말을 듣지 않을 땐 매를 들려고 해도 아내는 내 아이 키울 때 같이 하지 말라한다. 친지들도 손자, 더구나 외손을 봐 준 공은 없다며 손자 보기를 그만두라는 말을 자주 들으니 마음에 갈등이 생기나 자식들 사정도 그렇고 또 손자가 귀여워 정성을 다해 살림도 살아주고 키워주었다.

우리 내외가 손자 보기를 시작한 것은 대학원을 졸업하고 직장생활만 알던 큰딸이 장남에겐 출가하지 않겠다고 하다가 서른이 훨씬 지나 기어이 종손 집에 출가해 대를 이어줄 자식을 낳으니 기쁜 마음으로 아내가 산바라지를 해준 것이 꼬리가 잡혔고 남에게 보이면 아이 정서에 나쁜 영향을 준다고 하며 돌봐주기 시작하게 되였다. 둘째아이가 출산되고 또 아들이 장가가서 친손자가 출생하자 외손자만 볼 수 없어 주거를 왕래하기 편하게 딸이 사는 사당동 부근의 아파트로 옮겨서 친손자까지 돌보게 되니 아이가 세 명이 되었다. 아이들이 많으니 파출부도 외면한다. 잠실에 사는 둘째 딸이 낳은 큰 외손까지 치면 네 명이다. 4살, 2살, 2살 아이 셋을 25평 아파트에서 기르니 밥 먹일 때 밥이 어디로 들어가는지 모를 지경이다. 장난이 심하여 방안과 베란다까지 이불과 요를 빈틈없이 깔아 놓았으나 그래도 울리는지 D아파트 3층의 아주머니가 당신도 또래의 아이를 키우면서 경비실을 통하거나 직접 와서 수시 항의하면 '죄송합니다.'라는 말을 입에 달고 살았다.

아이들도 텃세를 하고 또 아래층 아주머니를 하루라도 편하게 해드리려고 기온이 영하 10도 이하일 때도 격일제로 친손과 외손 집으로 유모차에 태워 옮겨 다니며 키웠다. 옷 한번 입히는데 한 시간이 소요된다. 감기도 잘 걸려 겨울이면 아이 셋을 데리고 병원 안가는 날이 거의 없었다. 그뿐인가 며느리와 큰딸이 퇴근하면 잠실로 가서 늦게까지 어린이집에 있는 둘째 딸이 낳은 외손자를 집으로 데려다 주고 밤중까지 돌보는 것도 잊지 않았다. 큰딸의 아이가 네 살이 되자 큰딸의 직장부근 어린이 집에 입학시켰다. 백 여리나 되는 길을 데리고 다녔는데 딸이 바쁠 때나 저녁엔 내가 자동차로 데리고 다녔다. 또 아내가 지하철로 데리고 다니기도 했다. 시댁은 신경을 쓰지 않고 큰딸이 강의 때문에 늦게 아이들을 데리고 올 땐 다른 어린이들은 다 집으로 가고 외손자손녀 둘만이 엄마를 기다리고 있을 때는 측은지심이 생기나 S어린이집 선생님들에게 부담 주는 것이 더 괴로웠다.

설상가상이란 말이 있다. 아들과 며느리가 일산의 병원으로 직장을 옮기게 되니 아내는 허약한 몸으로 새벽에 빨래하고 밥해 놓고 서울로 가면 손자는 내가 돌보게 된다. 밤이 되면 서울의 외손은 딸에게 인계하고, 고양시에 와서는 손자를 며느리에게 인계할 때까지 제대로 쉬지도 못하며 아이들을 돌봐야했다.

또 공휴일엔 어머니도 돌봐야 하고, 법회참석, 세를 준 집 관리, 애경사와 친목모임 참석 등 손이 열 개라도 모자란다. 관절염이 생겼으나 치료할 시간도 없었다. 아내는 시어머니 시집살이 마지막 세대, 며느리 시집살이 첫 세대의 고충이라고 가끔 볼멘소리를 한다. 이 고충은 우리 부부만이 알기에 그때마다 나는 위로의 말을 잊지 않는다.

자식들은 속으로 고마워하겠지만 수고했다는 말보다는 '안전사고 예방을 위해 위험한 물건 방치하지 말라, 단것을 먹이지 말라.'는 등 주문이 많다. 몇 년 전 일인데 K시(市)에서 시어머니가 손자를 돌보며 사는데 손자가 혼자 놀다가 넘어져 팔을 다쳤다고 한다. 교사 며느리가 퇴근 후 집에 와 보고는 아기를 잘못 보았다고 시어머니 뺨을 때렸다. 그 시어머니는 아들이 퇴근하자 "며느리한테 맞았다"고 하소연 한즉 아내에게 내용을 대충 들은 아들이 "맞을 짓 했구먼"라고 말을 해서 사회 여론이 비등해 공직에서 퇴출당한 일이 있었는데 그 말을 듣고 나도 처음엔 격분하였지만 그들에게 돌을 던질 것이 아니라 나는 어떤가 생각해 본다. 정도의 차이는 있겠으나 유사사례가 많을 것이다. 내리사랑은 있어도 치사랑은 없다는 말 같이 나도 그랬고 우리 부모 세대도 그 윗세대에도 그랬을 것이다.

자식 입에 밥 들어가는 것이 세상에서 가장 보기 좋다는 말이 있지만 장난감을 가지고 노는 것도 이에 못지않아 동정 반 지능개발 반의 마음으로 사준 것이 작은방 한 칸에 가득하다. 아이들을 3~4세부터는 보육시설에 보내고 과외공부도 시켜야 하니 사교육비를 충당하기 위해서도 맞벌이를 해야 한다. 작년 말 통계에 직장여성이 전 여성의 50%를 넘었다고 한다. 또 가임 여성의 경우 1~2명 출산이 기본이고 아이를 낳지 않겠다는 부부가 증가 한단다. 이렇게 되면 인구의 감소로 국가의 장래가 걱정된다. 여성의 사회 활동으로 육아와 어린이 교육이 사회적인 문제가 되어 있는데 정부에서 보육정책에 좀 더 노력해주어야 되지 않을까?

이 생각 저 생각하는 사이 노란 봉고형 차가 도착했다. 어린이집 선생님이 손자를 안고 내린다. 손자가 "할아버지! 다녀왔습니다." 한다. "오냐, 이제 오니." 하며 조금 전의 다짐도 잊어버리고 또 손을 잡아 주게 된다.

'너의 인사 한마디가 피로를 확 가시게 하니 네가 효손자로다.'

오늘도 손자 때문에 웃음이 있다. 즐거움이 있다. 농사는 자식농사가 제일이다. 고단하고 취미생활은 못하지만, 사랑은 내리사랑이라 하지 않던가. 자식이 부모의 어려움을 몰라주더라도 사회활동을 하도록 도와주어야겠다. 지팡이가 되어주며 살다가 가자. 살신하는 가시고기의 삶과 같이….

# 북악산의 푸른 소나무

경복궁역 1번 출구에 먼저 도착했다. 창작수필문우회 산악회원의 정기 산행일이다. '단체행동 시엔 약속시간을 지켜야 한다.' 고 항상 말하는 장 선생이 먼저 보인다. 조금 후 신지호 회장을 위시해 정 국장도 왔다. 금요반 이 회장과 길 선생 등 젊은 층이 참석하니 더욱 활기차다.

회원 17명이 모여 인왕산을 향하여 출발했다. 등산에 Know-how가 있는 등반대장인 이 선생이 이번 산행 코스를 정하였다. 사적 제10호 서울성곽! 나 뿐 아니라 모두 꼭 한번 가보고 싶었던 곳이다. 사색하며 산행을 하기에 우리들 근기에 맞는 테마 트레킹 코스로 적지였다. 국가 중요시설이 위치해 있어 68. 1. 21 사태 후 39년 간 민간인 출입을 통제하다가 07. 4. 1 창의문에서 숙정문 사이를 개방하여 국민의 땅으로 돌려줌으로써 그 주변지역 관광을 연계한 등산로가 되였다.

이곳을 하루에도 수백 명이 등산을 즐긴단다. 3개 노선이 있는데 우리는 '사직공원- 인왕산- 창의문간'의 기존 등산로를 포함한 새로 개방한 '창의문- 백악산- 숙정문- 삼청공원' 노선을 택하였다. 신록과 갖가지 들꽃은 물론 꽃나무에 꽃이 아름답게 핀 화창한 봄날 꽃향기를 맡으며 사직공원에 도착하니 '제3회 인왕산 마라톤대회'가 개최되고 있다. 마라토너 응원팀과 등산객이 어우러져 축제분위기다. 이이(李珥) 선생 동상 밑에서 잠시 행사구경을 하다가 일행과 떨어졌다.

일행 한 분과 같이 지름길로 올랐다. 인왕산 길을 뛰어 내려가는 마라토너들에게 손을 흔들어 주며 산을 오르니 경계병이 근무하는 경비초소가 나온다. 가파른 길을 계속 올라 인왕산 정상에 도착했다. 인왕산(338m)은 화강암으로 된 서울의 진산이다.

일행보다 먼저 올라와 내 발밑에서 가물거리는 서울 장안을 바라보며 풍광을 즐긴다. 땀을 닦아도 흐르는데 솔바람이 불어와 걷어간다. 마음속의 찌든 때도 씻어 가는 것 같아 더욱 상쾌하다. 적국의 성을 빼앗은 장군이 된 기분이다. 인간에게 내재된 정복욕인 것 같다. 영국의 등산가 조지 말로리는 '산이 거기에 있어 산에 오른다.'고 유명한 말을 남겼으나 그것이 아니라 전자와 같은 기분에 오르는 것 같다.

조금 후 산행대장이 무거운 백을 지고 도착했다. 인원 통제를 위해 앞서 온 것이다. 젊기도 하지만 '알파 우먼'이라 해도 될 것 같은 여장부다. 조금 후 본대가 도착하자 간식을 하며 기다리다가 뒤처진 일행 2명을 만나 모두 19명이 산행을 계속했다. 다른 남녀 등산객이 꼬리를 물고 오른다. 밑을 보며 옆을 살피며 약 1시간 걸어서 창의문에 도착하니, 121사태 시 산화한 경찰관의 동상이 우뚝 서서 그때의 상황을 교훈삼아 안보를 튼튼히 하라고 무언의 교훈을 주고 있는 것 같다. 묵념을 하고 지나갔다. 문루에서 악기 소리가나서 올라가보니 산화한 경찰관을 위로라도 하듯 '창의문 전통 예술 한마당(전통 타악의 신명)' 공연을 하고 있다. 잠시 관람하니 피로가 타악기 소리와 함께 사라진다.

자하문이라고도 하는데 서울 성곽에 있던 홍화문, 광희문 소덕문과 더불어 4소문 중 유일하게 남아있는 문으로 문명은 '올바른 뜻을 드러나게 하다.'라는 뜻이다. 1396년(태조4년)서울 성곽 축성 시 세웠단다. 4대문인 서대문과 숙정문(북 대문) 사이에 있는 문이다. 풍수지리설에 의거 조선 태종 16년부터 중종 1년까지 90년간 폐쇄하였던 한 많은 문이며 인조반정 때는 반정공신들이 이 문으로 들어와 타락한 왕을 폐위시키고 반정을 성공시킨 역사의 문이기도 하다. 이곳에 북악산 출입 통제소가 있다. 여기서부터 새로 개방한 석성 위의 탐방로다. 근무자에게 증명서를 제출하여 기록하고 출입증을 받아 목에 걸고 가파른 백악산 마루턱을 오른다. 오늘 산행중 제일 어려운 곳인 것 같다.

백악산 중턱에 이르니 해 볕에 눈이 부시고 숨이 턱에 닫는다. 잠시 숨을 고르려고 옆을 보니 수십 년 된 진녹색 소나무 그늘이 우리를 부른다. 간식을 만류하는 안내 병사도 있고 뒤따르는 등산객에게 자리를 양보하려고 잠깐 쉬고 다시 도전하여 해발 342m 백악산 정상에 오르니 푸른 기와집이 내 발밑에 있고 장안이 한눈에 내려다보인다. 북쪽엔 삼각산이 위용을 자랑하고 있으나 잡힐 듯하다. 풍수지리학엔 문외한이지만 낙산(125m)쪽의 좌청룡, 인왕산 쪽의 우백호한 명당인 것 같다. 무학대사가 궁궐터를 정말 잘 정하였구나하는 생각과 동시에 선견지명에 놀라지 않을 수 없다. 최근 수도를 다른 곳으로 옮기려고도 했지만 천년만년 우리나라의 수도로다.

노약자는 산행이 힘들다고 말하지만 쉽게 오르고 나니 우쭐해진다. 산을 두려워 할 줄 알아야 하는데 방자한 마음이 고개를 든다. 산행은 인생길 같아 앞길이 평탄한지 험한지를 모르고 간다, 높이 오를수록 힘들다는 진리를 체험으로 배운다. 높은 곳이나 지위에 오르려는 것도 본능이다. 승고득락(勝苦得樂)이라 해야 할지 괴로움을 이기고 정상에 오르니 희열이 있다.

서울성곽을 검색하니 조선조 태조4년(1495) 1~2월 농한기 49일간 백성 118,000명, 8~9월 농한기에 79,400명을 동원하여 1차 축성하였고, 세종4년(1422) 1월 농한기에 한성인구 10만 명일 때 32만 명과 축성 기술자 2,200명을 동원해 석성을 수축했단다. 총길이 18.127m 중 10.467m을 복원하고 2.520m은 훼손되고 5.140m은 도시 개발 등으로 멸실된 상태다. 축성타가 수많은 사상자가 생겼단다. 사망한 사람만도 872명이나 된다. 계단수를 헤아리며 오르다가 잊어버렸지만 870여 개의 돌계단을 한 단 한 단 밟고 오를 때마다 그들의 시신을 밟고 오르는 것 같아 마음이 무거웠다. 이름 모를 그분들의 넋을 기리며 올랐다. 서민들은 힘든 노역과 굶주림의 고통 속에서도 돌을 두부모 자르듯이 다듬어 종이 한 장 들어 갈 틈이 없게 쌓은 것이 성곽을 하나의 아름다운 예술작품으로 만들었다. 허나 도성을 축조하다가 사망하면 성 밑에 묻어 버리기도 하였단다. 성돌 틈 바구니에 가녀린 파랑제비꽃 한 송이가 피어 있다. 축성 시 사망한 이름 모를 노역자가 고향에 짝사랑하던 여인에게 꽃말과 같이 '진실한 사랑'을 고백하지 못하고 이곳에서 죽음을 맞게 된다. 구천을 떠돌던 몽달귀가 성곽 돌 틈에 파랑제비꽃으로 피어나서, 여인을 애타게 기다리고 있는 것 같다.

안내에 힘쓴 산행대장이 전날 4·19마라톤을 역주한 피로도 잊은 채 일행의 먹을거리를 정성껏 장만해온 음식을 풀어 놓는다. 일행도 가지고온 간식과 탁주에 정을 실어 주거니 받거니 하며 목을 축였다. 우리뿐 아니라 다른 등산객도 옹기종기 둘러앉아 정담을 나누며 음식을 즐긴다. 이곳부터는 내리막길이라 발걸음이 가볍다. 반대쪽에서 오는 탤런트 출신 장관 일행과도 만났다. 무리를 지어 자기들끼리 웃으면 지나간다. 연장자들인 우리에게 손이라도 흔들어 주었으면 얼마나 좋을까, 그러면 국회에서 '씨X 찍지 마!' 한 발언을 묻어 버릴 터인데 하는 생각을 해본다.

부실공사 예방을 위한 실명제는 예전부터 있었던 같다. 성벽에 축성 책임자 이름이 음각한 것이 보인다. 내려오는 도중 '121 소나무' 옆을 지날 때는 선뜻한 느낌이 들기도 했다. 젊은 이들은 소나무에 총탄 자국을 보고도 총구멍이 있구나 할 뿐 그때 상황을 모르고, 또 알려고 하지도 않고 지나가는 것 같다. 새 국정 교과서는 그때 상황을 어떻게 기록할까?

개방하면 장안의 여인들이 음기가 성해진다고 1413년 폐쇄하였던 북쪽의 대문, 숙정문에 이르렀다. 1396년 4대문 4소문과 같이 세웠으나 폐쇄한 탓에 기우제 때 사용한 외 북쪽 대문의 구실을 못했다. 상명여대 쪽에 있는 홍지문이 북문 역할을 했단다. 개방하지 않아 보존은 비교적 잘 된 것 같다. 숙정문 출입 통제소에서 출입증을 반납하고 말 바위 방향으로 가기 전 옆길로 내려왔다.

산은 저마다의 색깔이 있다. 오늘 산행한 산도 그렇다. 인왕은 인왕산대로 북악은 북악산대로의 색깔이 있다. 산은 꾸밈이 없다. 사람들이 꾸몄을 뿐이다. 그러나 세계 어느 곳에서도 볼 수 없는 수도를 감싼 석성이 있는 매력적인 서울의 관광코스였다. 모두들 좋은 등산로를 탐방시켜준 임원진에게 큰 박수로 보답했다. 그리고 15시경 늦은 중식을 했다. 카페에서 음악이 흐르고 라일락 향기가 풍기는 숲속 산장 뜰에서의 식사는 입도 즐거웠지만 귀도, 코도 즐거운 일미였다. 산행하고 마음도 즐거우니 젊어진 것 같이 생기가 난다.

인간은 자연 위에 있는 것이 아니라 자연 속에 있고 자연의 일부다. 백악산의 푸른 소나무 같이 건강하게 살기 위해서도 자연과 아니 산과 같이 해야겠다고 생각하니 다음 등산이 벌써 부터 기다려진다.

# 일기 이야기

새벽에 송경(誦經) 하고 마무리 하지 못한 일기를 쓴다. 일기는 일상생활에서 보고 듣고 생각하고 체험한 제반사항을 선택하여 매일 쓰는 개인기록을 말한다. 자아주의 일상주의 비밀주의적인 성격이 있어 일기를 쓰는 자가 작가이며 독자이기도 하다. 또 일기는 남모르게 기록하기 때문에 사생활의 비밀을 쓰게 되는 경우가 많다. 초등생들에게 일기 쓰기를 권장키 위하여 담임선생의 일기장 검사가 인권침해가 된다고 물의를 빚기도 한다.

취미로 일기를 쓰기 시작한 것이 이십 년이 되어간다. 삶이 유한한 인간이기에 족적을 남기고 싶은 본능에서 자서전적으로 쓰는 것 같기도 하다. 근간엔 컴퓨터로 일기를 쓰는 사람이 늘어나고 있다지만 나는 육필로 일기 쓰기를 고집한다. 매일 써야 되는데 출타하여 당일 쓰지 못하면 요지를 메모해 두었다가 쓰기도 하며 오늘 같이 쓸 량이 많을 때는 다음날까지 쓰기도 한다. 본 것을 잊어버릴 것 같으면 생각날 때 하루 두어 번 쓰는 경우도 있다.

일기 쓰기가 귀찮을 때에는 써 온 세월을 생각하며 인내로 극복한다. 그런데 요즈음은 일기를 하루라도 쓰지 않으면 무엇을 잊어버린 것 같이 마음이 허전해진다. 내면의 세계(사상)를 그려서 보존하며 추억을 되새기게 해줄 뿐 아니라 종래엔 꿈을 실현시켜주는 좋은 면도 있다. 무엇보다 생활 중 잘못된 일을 반성하게 하는 계기가 되니 행복한 마음이 생기고. 자손들이 이심전심으로 보며 자라니 잔소리 하지 않아도 교육적 효과가 있을 것 같다.

일기는 주제별 기록매체별 방법별 시기별로 분류할 수 있는데 그 안에 생활, 관찰, 독서, 육아, 병영, 여행일기 등 여러 종류가 있다. 처음엔 시간관계로 달력일기를 간단히 쓰다가 10여 년 전부터 생활일기를 가급적 구체적으로 쓴다. 수필을 쓰려면 일기를 쓰라는 말이 있듯이 일기도 수필이다. 해서 수필을 쓰려는 사람에겐 작문연습을 겸한 일기쓰기를 권하고 싶다.

일기의 역사를 살펴보니 가장 오래된 일기는 AD809년경 중국 당나라 때 이고(李敲)라는 학자가 쓴 남중국 기행일기란다. 그 후 중국에서 양무제 실록이 최초로 편찬되었는데 일기라 하기보다 일지 형식으로 된 통치자의 기록물에 불과하다. 근대적 의미의 일기는 17세기 중반 영국인 사무엘 페포스(Samuel pepys)가 쓴 일기를 들 수 있단다. 우리나라에서 가장 오래된(1201년) 것은 이규보의 남행월일기가 있다. 가장 장기간 써서 세계기네스북에 등제된 일기는 에드워드 롭 엘리스가 70년간 써 온 일기가 몇 년 전 선정 되었단다. 또 투르먼 미국 대통령 같이 유명한 인사도 일기를 쓴 예가 많다.

유명한 일기론 인조 1년(1623)~융희 8년까지 288년간 기록한 『승정원일기』와 정조가 세자 때 자성(自省)하고자 쓴 『존현각일기』에서 시작하여 나중엔 조정내외 제반 사항을 기록하는 일기가 되었지만 1910년까지 150년간 기록한 『일성록』이 있다. 충무공의 『난중일기』가 있고 박지원의 『열하일기』도 있어 우리에게 가르침을 주는 바가 크다. 현대적 의미의 일기를 장기간 쓴 사람은 조선시대 무관직에 있던 노상추라는 사람이다. 17세 때 처음 일기를 쓰기 시작하여 68년간 일기를 썼다고 한다. 또 조선시대 문신 정원용의 경산일록은 71년간 기록한 일기책으로 기네스북엔 오르지 못했지만 세계에서 가장 오래된 것으로 평가된다고 한다. 일기책은 일기를 쓴 개인의 생활상 뿐 아니라 단편적이나마 당시 역사와 사회상은 밝히는데 도움이 되고 있다.

일기를 쓴 덕으로 처벌을 면한 일이 있어 여기에 적어볼까 한다. 23년 전 원주에서 근무할 때 일이다. 승용차 한 대를 구입하여 개인적으로 운행했는데 하루는 상부기관으로부터 나의 자동차 강원 1나 2167호에 대한 조사를 받게 되었다. 내용인즉 영동고속도로 평창 부근에서 쓰레기를 투기하였다고 서울에 주소를 둔 익명인이 상부기관에 투서를 한 것이다. 당시는 비상근무 기간이라 그곳으로 무단 출타할 수 없는 상황이지만 차량번호와 차량의 종류 및 색상까지 너무나 정확히 기록되어 있어 억울하지만 경미한 벌이라도 처벌을 받지 않을 수 없게 되었다.

처벌도 처벌이지만 체면이 말이 아니었다. 사무실 앞에 주차시켜놓은 것을 직원이 운전한 것은 아닌가 하고 조사도 하며 이 생각 저 생각을 하다가 문득 일기장 생각이 났다. 일기장을 보니 다른 일을 한 행적이 기록 되어있었다. 이에 알리바이(부재증명)가 성립되어 처벌을 면하게 되었다.

일기를 미루지 않고 그날의 중요한 사건은 기록하며 솔직하게 쓰고, 새롭게 생각나는 좋은 주제를 발견 시는 의미를 부여하여 쓰기도 한다. 또 사색한 것을 문학적으로 쓰려고 노력도 하지만 그 후부턴 피해의식이 생겨서 일상생활의 행적 면에 치우쳐서 쓰는 경향이 많아졌다. 특별히 쓸 것이 없을 때는 매일 되풀이 되는 일로 일기장을 메우기도 한다.

각종 사건이 나도 모르게 내 주변에서 많이 발생하는 세상이다. 어떤 사건에서 누명을 쓰는 사례가 매스컴에 가끔 오르내리는 것을 본다. 나라고 그런 일을 당하지 말란 법이 없다. 해서 노파심이지만 누명을 썼을 때 일기의 기록이 해결의 열쇠가 되었다면, 일기 쓰기가 고문 변호사를 둔 것보다 낫고, 세상살이의 좋은 방편이 되며, 문장력이 신장되니 좋고, 자성의 계기가 되어 선행을 해야 하겠다는 마음이 생기니 더욱 좋다. 거기에다 자손들이 일기 쓰기를 이어주면 일거오득이 아니겠는가. 5득중 먼저 일기 쓰기의 선근을 뿌리내리게 하기 위해 금년 연말엔 손자들에게 일기공책 한 권씩 꼭 선물해야겠다.

# 청국장 투가리

그릇이란 물건을 담는 용기(容器)뿐 아니라 사람의 능력과 도량을 아울러서 그릇이라고 하기도 한다. 일상생활을 할 때 사용하는 많은 그릇 중에 식생활과 밀접한 도자기류를 먼저 생각해 본다. 밥이나 국을 담는 사발(식기)대접, 투가리, 찻잔이나 접시와 찬그릇 등이 있다. 그중 투가리는 찌개류를 끓일 수 있는 오지그릇으로 뚝배기란 그릇의 강원도와 경상도 및 충청도 일부지방 방언이다. 이 외에도 용기는 많다. 책도, 글씨와 지식, 지혜를 담는 그릇이고, 가방도 그릇이요, 자동차도, 배도, 항공기나 건물 등도 따지고 보면 그릇이다. 집은 사람이 사는 그릇이고 사람이란 육신과 정신을 담은 그릇이다. 훌륭한 사람의 능력과 도량을 그릇에 비유해서 영기(令器)*라는 말을 쓰기도 한다.

양나라 주홍사(周興嗣)가 지은 천자문에 기욕난량(器欲難量)이란 말이 나온다. 사람의 재능과 도량은 심광(深廣)하여 밖에서 보아서는 알기 어렵다는 뜻이다. 그런데 사람들은 타인의 심성을 파악하여 '그 사람은 그 일을 할 그릇이 되느니 못된다느니 그 자리에 앉을 그릇이다 아니다.'라며 평가한다. 재언하지만 매사를 수행하는 능력과 자질 및 도량의 크고 적음을 그릇에 비유한다. 천하를 경영하는 왕의 그릇과 소인의 그릇은 질과 크기가 다르다고 한다. 논어에 소인은 이익을 밝힌다 했고 격언에도 소인은 노(怒)하기를 잘하고 소리가 요란하다고 했다. 나는 분명 다듬어지지 못한 소기(小器)밖에 되지 못하는 것 같다. 해서 공적으로 수행 할 일은 없으나 일상생활에서나마 소기라는 말을 듣지 않으려면 마음 다스리기가 필요 할 것 같아 불교에 귀의해서 보다 나은 그릇을 만들려고 가다듬어 간다.

인간에겐 오욕(五欲)이 있어 수단 방법을 가리지 않고 부와 명예나 권력을 얻으려는 것은 인지상정이다. 그러나 탐욕스럽지는 말아야 하는데 행하기가 어렵다. 몇 개월 전 고위공직후보자로 추천된 자들이 청문회에서 부정이 밝혀져 국민들이 공직자로 부적합하다는 여론이 비등해지자 자진 사퇴한 후보자 몇 명을 보았다. 능력은 되어도 흠이 있고 도덕성이 결여되어 망신만 당한 결과를 초래했다. 업무수행 능력도 있어야 하지만 그릇에 흠이 있으면 그릇이 제 구실을 못하는 것과 같이 청렴성과 도덕성도 중요하다.

우리 주위에는 자기가 영기(令器)라고 뽐내는 사람이 많다. 선거철이면 더욱 기승을 부리는 것을 우리는 많이 보아왔다. 관요(官窯)에서 생산된 질 좋은 그릇이나 사용하기 편리한 용기라 하더라도 바로 세우지 않거나 깨여져서 물건을 담지 못하면 그릇의 역할을 다하지 못한다. 밥솥은 밥을 지어 먹을 수 있게 하여 에너지를 제공하고, 생수통은 똑바로 서서 물을 저장했다가 목마른 이에게 목을 축여주고, 용광로는 자기 몸에 뜨겁게 녹은 쇳물을 담았다가 여러 가지 모양의 철물을 주조해준다. 오물통은 악취의 고통을 참고 바로서서 오물을 저장하며, 냉장고는 자기 몸을 스스로 얼려가면서 음식을 상하지 않게 보관하는 그릇이 되고 있다. 모두 자기희생이 따라야한다.

또 영기라면 그것만으로 만족할 수 없다. 그릇에 무엇인가 담기 위하여선 깨끗이 비워야 다시 담을 수 있다. 그릇을 비우지 않거나 깨어진 그릇에 채우려니 새거나 더 채워지지 않는다. 좋은 그릇을 만들려면 깨어진 것을 붙이거나 깨끗하게 비우기 연습도 해야 한다. 법정스님도 아름다운 마음은 비움(욕심을 버림)이라고 말하지 않았던가.

우리의 일반 식생활 용기로 크기의 기준이 되는 특정한 그릇은 없으나 일반적으로 비교하여 큰 그릇, 중 그릇, 작은 그릇으로 분류한다. 그릇을 생각하면서 자성해 본다. 그릇을 굽기 전 흙으로 빚을 때부터 모양을 만드는데 대기(大器)로 만들어지거나 소기(小器)로 만들어져도 제각기 쓰임새가 있다. 큰 그릇이 되지 못했다고 낙심만 할 것이 아니라 작고 미워도 적재적소에 쓰여짐으로 사용자나 소장자에게 사랑받고 유익하게 이용되고 기쁨을 주면 훌륭한 그릇이 아니겠는가.

늦가을부터 늦은 봄까지 우리 집 밥상위에서 청국장 투가리를 자주 만난다. 혈관 질환을 예방하고 장을 튼튼하게 하며, 변비 예방과 질병에 면역성을 강화해 주고, 숙취해소와 골다공증을 예방해 주는 청국장은 보약과 같은 음식이다. 청국장은 우리민족이 삼국시대부터 먹어 오던 전통발효식품으로, 투가리에 넣고 보글보글 끓인 후 김이 모락모락 오르는 것을 후~후 불며 먹는 것이 제격이다. 그 보다 청국장을 끓이는 두툼하고 질박한 투가리는 소박한 서민 같아 대함에 부담이 없고 한번 데워지면 다른 그릇에 비해 쉬 식지 않으니 좋다.

오늘도 투가리에 돈육을 넣은 청국장찌개 끓는 냄새가 코를 자극한다. 그곳에 오래도록 눈을 떼지 못한다. 침이 고인다. 청국장은 나의 기호식이기도 하지만 다행히 자손들도 좋아한다. 청국장만으로도 인체에 유익한 식품인데 끓이는 투가리는 먹는 이에게 따뜻하고 구수한 맛(온정과 사랑)을 오래 묻어나게 하니 바라건대 그런 영기(令器)로 거듭났으면 한다.

*영기(令器): 훌륭한 그릇

# 피아노에 마음을 실어

새벽에 화물차 한 대가 집 앞에 도착했다. 피아노를 실으러 온 것이다. 우리 집 피아노는 Y회사제품의 갈색인데 검정색 포마이카 재질의 노후된 피아노 두 대를 다른 곳에서 싣고 왔다. 중국으로 팔려가는 피아노란다. 나는 피아노를 밖으로 옮길 때 흠집이 생길 것 같아 장애가 되는 책상도 치우고 라면 박스를 방바닥에 까느라 새벽부터 분주하게 움직였다. 피아노를 요령이 없는 사람은 4명이 들어도 힘들 것 같은데 젊은이 2명이 앉은뱅이 밀차를 이용해 쉽게 끌어내어 차에 싣는다. 나의 사전작업은 헛수고였고 방해만 되었단다.

가지고 있던 물건을 자식에게 물려준다고 생각하니 나이는 숫자에 불과하다며 지내다가 나도 이젠 늙었구나 하는 생각을 하게 된다. 빈손으로 왔다가 빈손으로 가는 것이 인생인데 귀중한 물건은 미리 물려주어야겠다고 생각했지만 막상 주려니 물건이 아까운 것이 아니라 인생이 무상해서 씁쓸해진다.

가난을 대물림 시키지 않고 부모로서 책임감도 있어 재산을 사회에 환원시키지 못하고 자식에게 상속시키는 것이 우리 국민의 정서고 관례로 생각된다. 부동산을 생전에 자식들에게 물려주었더니 등기를 넘겨준 날부터 자식들이 찾아오지 않고 차츰 푸대접을 하여 종내는 양로원으로 갔다는 이야기를 종종 들어왔다. 나는 아들을 결혼시킨 후 전세로 아파트를 장만하여 주었지만 부동산은 아직 자식에게 물려줄 생각은 없다. 그러나 자기들이 쓰던 피아노나 그 외 도자기 등 동산은 내가 살아 있을 때 물려주고 싶다. 우리 집에 몇 개 있던 도자기나 서책 등이 동란시 망실되었는데 다른 사람들이 TV 진품명품 시간에 가지고 나와 방영되는 것을 볼 때마다 다소 부러움을 느끼기도 했다.

오래 사용하여 나의 손때가 묻고 정이 담겨진 물건은 자식들에게 물려줌에 있어 의미를 부여하여 주면 더 관리가 잘 될 것 같고 보람도 있고 조상을 생각하는 가풍을 이을 수 있을 것 같아 의미를 부여하여 주기로 했다. 원앙새가 그려진 대형 암 도자기는 원앙새 같이 부부가 사랑하며 살라는 의미를 붙여 결혼 1주년 기념일에 며느리에게 주었고 오래된 청자는 아니지만 목단무늬 투각청자 한 점은 장손 출생기념으로, 칠보석 화병 한 점은 장손 첫돌기념으로 주었고 운학문 청자는 둘째 손자 출생기념으로 주었다. 오늘 이 피아노는 장손의 G초등학교 입학 기념선물의 의미를 붙여 주는 것이다.

오래전 신문을 보니 미국은 역사가 짧은 나라지만 조상들의 유산을 잘 관리 하는 국민이라는 것을 알았다. 할아버지가 구한

말 한국에 근무하다가 귀국할 때 왕실로부터 태극기 한 점을 선물로 받은 것을 보잘 것 없다고 생각하지 않고 잘 관리하다가 후손이 공개한 것을 본 일이 있었다. 그것이 당시까지만 해도 우리나라도 가지고 있지 못한 최고(最古)의 태극기였다. 미국은 워싱턴의 스미소니언박물관을 위시해 훌륭한 박물관이 많아 몇 천 년의 역사를 가진 나라를 능가하는 많은 유물을 가지고 있는 국가가 되어 있지 않는가. 우리도 조상의 보잘 것 없는 물건 하나라도 잘 보관하는 정서를 길러야 되겠다고 생각해 본다.

피아노를 어느 특정 딸에게 주려고 산 것이 아니라 딸이 셋이나 되니 바이올린이나 기타 등 현악기는 학교에서 배울 수 있는 기회가 있지만 피아노는 쉽게 접할 수 없어 건반악기를 다룰 수 있게 하기 위하여 당시 박봉생활을 하면서도 아내가 몇 년간 저축하여 맏딸이 대학입학 때 130만원 주고 어렵게 산 것이어서 애정이 더 간다. 당시는 부동산 값이 비싸지 않는 때여서 허름한 시골집 한 채 값이었다.

딸이 서울생활을 하게 되니 시간도 부족해 기본 레슨만 시키고 더 가르치지 못했다. 둘째 셋째 딸에게도 레슨비가 많이 들어 기본 레슨만 시켰다. 피아노를 사놓고 자식들에게 재능도 키워주지 못했을 뿐 아니라 제 기능을 발휘시키지 못하고 모두 출가 하였는데, 딸이 쓰던 방에 조율도 하지 않은 채 몇 십 년째 덩그러니 서 있는 것이 쓸쓸해 보인다.

요즈음은 사용하는 자식들이 없으니 빈방만 지키고 있고 가벼운 물건이 아니어서 함부로 옮길 수도 없어 애물단지가 되어있다. 명절 때나 손자들이 와서 건반 위에 손을 얹어보는 정도다. 피아노가 한 대 뿐이니 어느 딸에 줄 것인가 고민이 되던 중, 며느리가 달라고 해서 며느리에게 낙점되었다. 피아노를 배우기 싫어하던 아들에게 돌아간 것이다. 역시 물건임자는 따로 있는 법이다. 아내는 추억과 절약이 배어있는 가보인 피아노를 아들이지만 주려니 마음 한구석이 허전한 것 같단다. 마치 곱게 키운 딸을 출가 시키는 기분이란다. 아내와 내가 조금 배워 보려고 하였으나 손이 굳어 잘 되지 않아 포기한 일도 있다.

둘째딸의 외손자가 처음 피아노를 배우기 시작했는데 장래 피아니스트를 시키려고 가르친 것이 아니라 음악에 대한 실력을 향상시킬 겸 기본으로 가르쳤다. 그때 가까이 살았으면 가지고 갔을 것인데 거리도 멀고 욕심을 부리지 않아 가져가지 못하였다. 그 후 누구도 손을 못 대고 있다가 오늘 싣고 가려고 순회하는 용달화물차가 도착한 것이다. 떠나보내기 전날 밤 나는 아내를 보고 "흠집을 내지 말고 잘 관리 하라고 전화할까?" 했더니 "주면 그만이지 말한다고 잘 관리 되나요. 이제는 우리 것이 아니고 며느리 것인데 주고도 욕먹지 말라. 잘 관리 할 것이다."라고 말하든 것이 생각난다. 나는 떠나가는 화물차 뒷모습이 보이지 않을 때까지 말없이 바라보며 손을 흔든다. 먼 곳으로 시집보낸 딸을 전송 하듯이….

피아니스트가 탄생되더라도 피아노는 중국에 팔려가지 말고 오래오래 집안의 가보로 자리 매김 되라는 마음을 피아노 속에 담아 보냈다.

# 업(業)의 메아리

'선인선과 악인악과'라는 불경에 나오는 말이 있다. 사상(事象)은 직간접적인 업(業)에 따라 선악의 결과가 생긴다는 것이다. 이 말은 단순한 권선징악 차원에서 나온 말이 아니라 진리다. 생을 살아보니 그 말을 실감한다. 무소불위로 권력을 휘둘러 악업을 지은 사람은 권력이 다한 후 그 끝이 좋지 않고, 악하게 치부한 사람은 그 재물이 2대를 못가는 것을 많이 보아왔다. 가난해도 선업을 쌓은 사람은 성공하였다는 말을 듣거나 보았다. 복은 지어야 복을 받는데 선업을 베푼 즉시 선과를 받는 것을 속발이라 한다. 나는 오늘 조그마한 선행을 한 덕으로 큰 복은 아니나 이익 됨을 얻었는데 어불성설적인 말이라 할지 모르나 이런 것이 속발의 선과가 아닌가 생각하게 한다.

업은 사생(四生: 胎 卵 化 濕生)으로 태어난 중생 특히 인간이 신구의(身口意) 삼업으로 지은 선악의 의식 있는 소행을 말한다. 금생에 자기는 죄를 지은 일이 없는데 악과를 받았을 때 업보를 부정하는 사람도 있지만 유식학(唯識學)에서는 이시이숙(異時而熟)이라고 해서 전생의 악과를 받고 있는 것이라고 한다. 그러므로 사람으로 태어난 금생에 선업의 인(因)을 많이 쌓으면 다음 생에 좋은 과보를 받고 태어나게 된다고 한다. 우리는 행이나 불행이 닥쳤을 때 흔히 사주팔자를 논하는 경우가 있지만 불교에선 숙명론은 부정한다. 보시(선행)행을 하거나 지식을 쌓는다던지 수양이나 기도주력으로 운명을 바꿀 수 있다는 것이다.

오늘 S동에 사는 친구 Y군으로 부터 전화가 왔다. 오래간만이라며 점심을 같이 하잔다. 먼저 불러주는 것이 고마워 식대는 내가 지불 해야겠다고 마음먹고 출발했다. 택시로 가면 교통체증이 심하여 만 원 가까이 교통비가 들 것 같아 대중교통을 이용하기로 했다. 가정집을 개조한 단골식당에서 중식을 하고 반주도 곁들였다. Y군은 술을 좋아하고 나는 대접하려는 입장이니 마시지 않을 수 없어 주간임에도 몇 잔을 비웠다.

나도 술을 마시는 사람이지만 지하철을 타고 다닐 때 술을 마신 승객이 얼굴은 홍당무가 되어있고 문뱃내를 풍기는 사람이 가까이 있으면 불쾌했던 생각이 나서, 다른 승객에게 불쾌감을 주지 않으려고 택시를 타기로 했다. 허나 택시 승강장이 멀 뿐 아니라 빈 택시를 기다려도 오지 않아 배웅하는 친우를 빨리 돌려보내려고 가까운 승강장에서 T회사 시내버스를 탔다. 버스를 타면서 힐긋 차안을 돌려보니 좌석은 거의 만원이다. 버스 우측 앞자리 한 석이 비어 있기에  조금 불편 했지만 앉아왔다. 운전기사가 얼굴이 붉은 나를 흘금흘금 보기에 창밖으로 고개를 돌리고 왔다.

중앙시장 부근에 도착했다. 하차하는 사람은 몇 명 안 되는데 물건을 사서 들고 타는 아주머니와 여학생 20여 명이 승차했다. 버스가 막 출발하려는데 70대 할머니 한 분이 차문을 두드린다. 시장을 본 무거운 보따리를 들고 앞문으로 오른다. 버스 안이 복잡하니 안쪽으로 들어가지 못하고 손잡이도 없는데서 엉거주춤 서서 갈 모양이다. 운전기사는 잡을 곳도 없는데 꼭 잡으라고 소리친다.

급제동하면 할머니가 넘어질 것 같은 생각이 든다. 나는 상당히 피곤한 상태였지만 할머니에게 자리를 양보하고 뒤쪽으로 이동해 서서 왔다. 버스가 두어 정거장 지날 무렵 만원 버스 내여서 얼굴은 볼 수 없으나 할머니 목소리가 귓전을 울린다. 확실히 들리지는 않으나 지갑 운운하며 그분 것 같다는 등 운전기사와 습득물에 대하여 대화하는 소리가 분명하다.

나는 무심코 우측 뒷주머니로 손이 갔다. 이게 웬일인가. 버스비를 지불할 때 까지 있던 지갑이 잡히지 않는다. 조금 전 할머니가 습득한 것이 내 것이 틀림없다고 직감하고, 급히 승객을 헤치고 앞쪽으로 나가 운전기사가 가지고 있는 지갑을 확인 후 돌려받았다. 버스비를 지불하고 우측 뒷주머니에 완전히 넣지 않은 상태로 의자에 앉았는데 차량의 흔들림으로 빠져나온 것이다. 버스는 계속 운행하여 내가 하차할 정류장에 곧 도착했다. 분실물을 돌려받으면 습득물 처리법에 의거 습득자에게 보상을 해야 할 처지인데 만원 버스 내여서 인사도 제대로 못하고 하차했다. 미안했다.

지갑 속엔 주민등록증과 운전면허증 등 제 증명서와 현금직불카드 및 신용카드 5매 뿐 아니라 수표와 현찰은 물론 메모한 방명록 등이 빼곡히 들어 있던 지갑인데 즉시 되찾을 수 있었기에 너무나 다행스러웠다. 소행이 나쁜 승객이 가지고 갔더라면 어찌할 뻔했겠는가. 한 사람의 죄인을 만들었고, 나에겐 금전적인 손실은 차치 하고라도 찾으러 다니는 정신적인 고통과 분실신고와 재교부 신청의 번거로움은 물론 시간낭비 등 손실이 이만저만이 아닐 것이라고 생각하니. 정신이 번쩍 든다. 사라지는 버스의 뒷모습을 바라보며 지갑을 습득한 그 할머니에게 고개 숙여 감사의 마음을 다시 보냈다.

형이상학적 심령과학론의 속발이 아니라도 일상생활 속에 있는 무재칠시(無財七施: 돈 안 드는 7가지 선행) 중 오늘 내가 행한 상좌시(床座施: 자리를 양보하는 선행)는 짧은 거리여서 잘한 일이라고 하기 부끄러운 작은 선행이지만 보시하겠다는 생각 없이 한 무주상(대가를 바라지 않는) 보시여서 선인낙과의 속발(금시발복)을 받은 것이 아닌가하는 생각을 해본다. '소리만 메아리 되는 것이 아니라 업도 메아리가 있구나'라고 느끼며 귀가한다. 좋은 일을 하니 선과가 오고 선과 뒤에 즐거움이 있다. 하늘은 푸르고 태양은 빛나며 거리에 만나는 선남선녀들의 얼굴은 아름답다. 덩달아 오늘따라 마음과 발걸음도 가볍다.

# 3.

# 장날의 풍경

# 광흥창을 떠나면서

며칠 전 춘분이 지났습니다. 봄으로 접어들어 산수유와 개나리꽃이 피는 계절입니다. 옷소매로 파고드는 바람이 차갑다 해도 산과 들의 초목에는 새싹들이 살며시 연록의 얼굴을 내밀며 향긋한 풀내음을 풍기고 있습니다. 인사이동이 많은 계절이어서 이사철이기도 합니다. 그런데 봄의 정취도 느낄 겨를도 없이 우리 창작수필반도 공부방을 옮겨야 하는 처지가 되었습니다. 농부는 '인시에 하루의 계획을 세우고 봄에 한해의 계획을 세우라.(1日之計 在於寅 1年之計 在於春)'는 말이 있지만 우리는 봄부터 보금자리를 장만해야만 했습니다.

이사라 하니 30여 년의 공직생활을 하며 전근 다닐 때 생각이 납니다. 손수레에 이불 보따리와 그릇 나부랭이를 싣고 이사하던 생각도 나고, 아파트가 없던 시절이라 단독주택 셋방을 전전하던 생각, 아이들은 주인집 아이들에게 기죽어 사는 것을 볼 때 속이 쓰리던 생각도 납니다. 내 집 마련이 아닌 이상 이사

때마다 힘도 들고 서글펐지요. 이사가 어렵다 해도 인사이동으로 이사하는 것은 그래도 모양이 좋은 편입니다. 살던 집에서 쫓겨 나가는 처지가 되면 정말 서글프지요. S시 모 기관 관사를 몇 년 살 것처럼 수리해 살다가 계급이 높은 사람이 나타나서 3개월도 못살고 쫓겨 나오게 되어 이웃사람 보기 부끄러워 도망가듯이 이사하던 생각도 납니다. 배고픈 설움이 제일 크지만 집 없는 설움도 만만치 않습니다. 그래서 모두 내 집 마련을 위해 목숨을 거는 것 갔습니다.

마포구 고수동 25번지 동아문화센터는 동아일보사에서 문화사업을 하던 곳으로 여의도에서 이사 와서 전성기엔 연 250여 개 강좌를 개설하여 많은 인재를 배출하던 문화 공간이었습니다. 그중 301호실은 창작수필 문우들이 공부하던 둥지입니다. 수필 강좌는 화, 수, 목, 금, 토요일 수강을 했는데 금요반은 19시~21시까지 수업을 했습니다. 젊은 학생 못지않게 열심히 수강하여 많은 문인이 배출된 곳이기도 합니다.

그런데 청천벽력과 같은 일이 생겼습니다. 동아문화센터가 문을 닫는다는 것입니다. 문화사업이 여의치 못해 적자가 누적되어 3년여 만에 휴관함에 따라 불가불 이사를 가야 합니다. 눈이 오나 비가 오나 3년 가까이 공부하던 곳입니다. 이곳에서 저뿐 아니라 많은 문우가 등단을 하였습니다. 형제자매 보다 더 가깝게 지내던 문우들과 같이 문학을 꽃 피우던 곳인데 떠나야 한다니 정든 고향을 떠나는 마음입니다.

이봉길 문우의 「경포대 바닷가에서」와 이찬웅 문우의 「살아

있는 것은 흔들린다」는 좋은 글 두 편으로 마지막 수업을 했습니다. 교수님도 유종의 미를 거두려고 열과 성을 다하여 강의를 하였고 문우들도 떠나는 아쉬움을 안고서도 진지하게 수업을 받았습니다. 문화센터 여러 강좌 중 제일 마지막을 장식한 강좌가 되였죠.

정든 강의실! 뒤돌아보고 또 돌아보며 이곳저곳 어루만지며 걸어 나왔습니다. 앞으로 동아문화센터란 이름이 사라진다고 생각하니 마음이 너무 아파옵니다. 한 계단 한 계단 밟고 내려오며 문우들과의 추억을 더듬어 봅니다. 여의도 시대부터 길게는 10여 년간 계속 수강받은 문우를 비롯하여 최근 입학생까지 20여 명의 금요반 문우와 수업하던 정든 교실이지요. 손때가 묻은 책상과 잔치국수로 저녁을 때우던 2층 스낵코너의 식탁까지 정답지 않은 물건이 없었습니다. 우리의 뒷바라지에 친절히 정성을 다해주던 센터 여직원과 헤어지는 인사를 나누었을 때는 눈시울이 촉촉이 젖어 오기도 했지요.

지하철역까지 나오는 골목 길, 우정을 돈독히 하던 식당과 카페, 모두 정든 곳이지요. 광흥창역 지하철 홈에 상대방 열차가 출발하면 잘 가라고 서로 손 흔들어 주던 문우들, 생을 다할 때까지 잊지 못할 것입니다. 그곳은 나의 희망이요 나의 전부였으니까요. 오늘도 나의 귓전엔 교수님이 '수필은 반추(反芻)의 문학이며 회수(回收)의 문학이고 자기의 문학이다. 진실되게 쓰되 가슴으로 써야 한다. 주제가 있고 의미화를 부여해야 한다'는 말이 환청으로 들려오는 듯합니다.

우리는 한동안 둥지를 잃어 흔들렸습니다. 그러나 넘어질 것 같은 몸을 홀로서기를 하여 일어섰습니다. 하늘은 스스로 돕는 자를 돕는다고 했습니다. 수필문학에 목말라 하는 우리에게 배움의 터전이 생겼습니다. 이 모두가 교수님의 노력이었지요. 마지막엔 신촌으로 갈까 신세계로 갈까 고뇌하다가 후자를 선택하였답니다. 우리 모두가 동경과 감탄을 자아내게 하는 기쁨이었습니다. 즐거움의 환호성을 울렸지요. 그간 수강 공간 확보 문제로 수업을 진지하게 임하지 못했습니다만 오늘이 새로운 둥지에서 첫 수강을 하는 날입니다. 이제는 진력할 수 있게 되었습니다.

해바라기가 변두리에서 중앙의 새 세계(新世界)에 새 둥지를 틀었습니다. 불어오는 봄바람에 피어난 화사한 봄꽃이 먼저 반겨 줍니다. 새 둥지에서는 더욱 아름답게 피어날 겁니다. 태양을 향하여 열정을 쏟을 것입니다.

# 비둘기 부부의 사랑

비둘기 한 마리가 다리를 절며 걸어간다. 보행자나 자동차가 지나가면 겁에 질려 두리번거리며 간다. 그 앞 약 5~6보 쯤 거리에 비둘기 또 한마리가 꾸꾸꾸~ 하며 먹이를 쪼았다 놓았다 하고 뒤 따라 오는 비둘기와 먹이를 번갈아 보며 소리친다. '여기에 먹을 것이 있으니 빨리 오시오' 하는 것 같다. 도로 중앙 쪽으로 가지 않다가 간곡하게 부르면 가서 먹고는 도로변으로 이동한다. 까마귀가 늙은 부모를 공경한다더니 비둘기의 부모 공양인가? 자식에게 먹이는 건가? 아니다 뒤 따라오는 비둘기는 몸이 외소 한 것을 보니 암컷이고 앞의 비둘기는 몸집도 크고 화려한 깃털을 가진 것이 수컷이 분명하다. 사람으로 치면 환갑은 넘은 것 같은 재 비둘기다. 비둘기가 아침에 먹이 찾아 날거나 걸어 다니는 것은 시내 도처에서 볼 수 있다. 광장이나 공원엔 수십 마리가 날아다니며 제 각기 먹이를 해결한다.

서초 사도감지 부근도 식당가여서 수십 마리가 있는데 아침이면 각 골목으로 두세 마리씩 분산하여 먹이를 찾아 헤맨다. 오늘 한 비둘기의 행동이 타 비둘기와 다른 면이 있어 한동안 서서 관찰했다. 다리를 절며 뒤 따르던 비둘기가 다가와서 먹이를 쪼아 먹고 나니 수컷은 다시 한 발 먼저 이동해서 이번엔 종이에 붙어 있는 빵 부스러기를 보고 전과 같이 반복한다. 몸이 불편한 암컷을 배려하는 것 같다. 부부거나 연인 사이일 것이다. 옛날 고향에서 닭을 기를 때 수탉이 먹거리를 발견하면 암탉이나 병아리에게 먹이려고 *꾸꾸꾸* 거리는 것은 보았지만 비둘기가 몸이 불편한 암컷에게 먹이를 주려고 부르는 것은 처음 보았다. 그 행동이 너무나 아름답다. 짐승들의 자식사랑 이나 부부애가 사람에게 교훈이 되는 행동을 할 때가 많다.

비둘기는 BC 4세기경 중동에서 사육을 시작했고 BC 3세기경에 이집트에서 통신에 처음 이용했단다. 전 세계에 비둘기과로 분류하면 총289종이나 되는데 우리나라는 삼국시대 신화에서도 나오는 조류로 현재 전서구(傳書鳩)로 쓰이든 비둘기를 위시해 흑·자코뱅·공작·양·염주·녹색비둘기 등 6~7종과 멧비둘기가 전국에 분포되어 살고 있다. 집비둘기는 리비아 비둘기를 개량하여 번식된 것이란다. 오리브 가지를 물고 있는 비둘기는 평화의 상징이기도 하고 흰 비둘기는 성인의 성령을 상징하기도 해서 행사 때 이용하기도 한다.

전서구는 귀소본능이 뛰어나 통신수단에 이용하기도 하는 영리한 조류다. 군집생활을 하는 텃새로 몸길이는 15~38㎝이며 나무 위나 절벽 바위틈에 집을 짓고 살며, 도심의 건물 옥상 등

빈 공간에 집을 짓기도 한다. 1~2개를 산란하고 암수 교대로 14~30일간 포란하여 연 2회 번식한다. 한번 짝 지으면 이혼을 모르는 날짐승으로 새끼를 암수비둘기가 모이 주머니 안쪽 벽에 있는 피전밀크(Pigeonmilk)라는 비둘기 젖을 먹여 기른다. 수명은 10~20년인데 왕성한 번식력 때문에 풍요의 상징이기도 하다. 그러나 파종한 콩류의 씨나 곡식과 과일을 파먹는 등 일부 농민에 피해를 주고 있고, 88올림픽 후 개체수가 늘어나 배설물 등이 산견되어 해조라고 괄시를 받기도 하지만 일반적으로 온순하여 사랑스러운 새임에 틀림없다.

약 30분 후에 비둘기는 어디론가 날아가 버렸다. 닭 쫓던 개 지붕 쳐다보는 격이 되어 집으로 왔다. 아내가 아침밥상을 차려준다. 장이 약한데도 식은 밥과 찬은 아내가 데워 먹고 나에겐 새로 지은 밥을 차려 준다. 고기반찬도 살집 좋고 맛있는 부위는 내게 주고 머리나 뼈다귀 쪽을 아내가 발라먹는다. 오랫동안 해온 일이다. 가끔 식은 밥이 더 맛있다고 거들기는 하지만 나이드니 이럴 때일수록 먹기 미안할 때가 많다. 비둘기 부부의 행동을 보고 들어와서 아침상 앞에 앉으니 옛 생각이 나서 더욱 부끄럽다.

사십여 년 전 일이다. 아내가 임신하여 먹고 싶은 것이 많은 것도 모르고 용돈도 넉넉지 않았지만 한 번도 사주지 못했다. 오히려 마음에 상처만 주었다. 퇴근하는 남편을 기다리다 지루하고 배도 고파 밀가루 반대기를 조금 만들어 먹다가 밤늦게 술 마시고 들어오는 나와 마주치자 부끄러워 치마폭에 감춘 것을 본 못난 남편이 먹는 것을 숨겼다고 잔소리한 일이 있는데 그 후 아내는 가끔 그때 이야기를 하며 내 마음을 긁는다. 못 박히는 말을 한 것이 지금까지 두고두고 후회된다. 당시 사주지 못한 것을 뉘우쳐 가끔 외식하자고 하면 아이들을 위해서는 나가지만 아내 혼자는 잘 가지 않는다.

그러나 오늘 아침 비둘기 부부의 사랑이 내 아픈 가슴을 건드렸기에 아내에게 넌지시 말했다. "집 옆 N추어탕 음식이 맛이 좋은 것 같은데 오늘 점심에 당신 좋아하는 추어탕 먹으러 갑시다."라고 하니 "갑자기 웬 추어탕은? 며칠 후면 내 생일인데 아이들이 L식당에 만찬을 예약해 놓았고 생일 선물로 받은 골다공증 약과 K제약회사 제품 태반도 먹어야 되는데 무슨 외식, 정 먹고 싶으면 한 냄비 사 와서 먹으면 되지." 하며 주방 쪽으로 간다. 아들딸은 항상 먼저 가고 나는 언제나 2등이지만 내가 주는 생일 선물을 거절한 것이 무엇을 뜻하는지 이심전심으로 알 수 있다. 나는 고마움에 아내의 물에 젖은 손을 잡아주었다.

지금쯤 그 수비둘기도 둥지에서 암컷의 상처를 스킨십 해주며 사랑을 속삭이고 있겠지. 사랑의 힘으로 멀지 않아 비둘기 부부는 푸른 하늘을 훨훨 날아다닐 것이다.

# 단풍 예찬

단풍의 계절이다. 설악산을 위시해 단풍으로 이름난 산이 많아 가을철이면 기려(綺麗)한 단풍을 찾는 등산객이 산을 메운다. 아름다움을 영상으로 남기고 시인묵객은 종이 위에 가을을 담는다. 청소년 소녀들은 책갈피 속에 추억으로 넣어두는 등 단풍은 좋은 이미지를 심어준다.

우리 아파트 자투리 땅 화단에 이사와 사는 단풍나무가 있다. 십여 년생 대왕참나무다. 2~3m 간격으로 서 있는데  열다섯 그루 중 열네 그루는 나뭇잎이 금년 가을에도 얼짱을 만들지 못했을 뿐 아니라, 아름답게 메이크업도 못하고 마른 잎이 나뭇가지에 매달려 있다. 정원의 화초처럼 볼 수 있게 물들기를 학수고대 했지만 한 그루만 물들고 있어 수종이 다른가 하고 물어도 보고 도감도 찾아보았으나 같은 종(種)이다. 영양이 부족해서 그런 것 같다.

대왕참나무 잎은 가을이 되면 적황색으로 물드는데 우리 아파트의 대왕참나무 잎은 갈나무의 빛바랜 연갈색 잎이 되어 있어 초라한 내 모습으로 보인다. 개울이 흐르고 실바람이 부는 환경이 좋은 곳에 발붙이지 못하고 척박한 비지(鄙地)에서 볼품없이 사는 것이 애처로워 측은지심이 생긴다. 한(漢)나라 미인 왕소군의 시에 "호나라 땅은 꽃을 피우지 못하므로 봄이 와도 봄 같지 않다.(胡地無花草 春來不似春)"라고 하였듯이 다른 곳에 단풍이 없었더라면 가을이 와도 가을을 만나지 못 했을 것이다.

우리나라의 단풍은 9월 중순 설악산에서 불붙기 시작하면 11월 중순경엔 제주도까지 번진다. 북한산은 10월 하순이 절정기가 된다. 단풍나무는 겨울에 살아남기 위한 몸만들기로 수분과 영양분 공급이 둔화될 때 태양이 엽록소를 파괴하여 일어나는 자연 현상이다. 보통 15~20일간 물들이지만 계절과 관계없이 붉은색이나 녹색을 띠는 단풍나무도 있다. 단풍나무는 2백여 종이나 되는데 우리나라의 경우는 수십 종이 된다. 무지개도 여러 가지 색이 있어 아름답듯이 단풍도 색이 조화(調和)를 이루니 더욱 아름답다. 예쁘거나 밉거나 잘 났거나 못 생겼거나 차별하지 않고 공생(共生)하며 즐거움을 주므로 인간에게 시사 하는바가 많아 더욱 사랑한다. 사랑하는 것은 좋아하는 것보다도 더 아끼고 인정을 베푸는 마음이다. 단풍을 좋아하면 나뭇가지를 꺾을 수 있지만 사랑하면 꺾을 수 없는 마음일 것이다.

오늘도 단풍을 보려고 창밖을 내다본다. 못사는 자식이 더 생각이 나듯이 물들이지 못한 나무에 더 신경이 간다. 아직 적황색을 보일 기미가 없다. 공허감이 생겨 고개를 들어 하늘을 쳐다본다. 음력 10월 하순 동녘엔 아침 햇귀가 찬란하게 빛나는데 대왕참나무 옆 노송 가지에 하얀 그믐달이 걸려 있다. 달(月)이 배(船)가 되어 천해(天海)를 가르며 사라지고 있다. 월색이 사라지는 그믐달과 곧 낙엽이 될 단풍을 생각한다. 그 속에서 인생과 문학을 찾는다. 문학, 즉 수필을 캐려고 고뇌해 본다. 빈 머리에 나이만 쌓이고 지능과 감성이 퇴화되어 좋은 글 찾기 쉽지 않다. 그러나 단풍 때문에 달을 쳐다보며 사색에 잠기니 영감이 되살아나 방황하던 마음이 안정되어 글이 숨 쉰다.

시선을 내리니 건물 사이로 우면산 멧부리가 늦가을 하늘을 이고 있다. 멀리서 봐도 나목이 사열을 받는 것 같이 서 있다. 그 밑엔 단풍낙엽이 널브러져 해가 지나면 부식토가 되어 초목 생육에 보시행을 할 것이다. 시선을 다시 밑으로 옮긴다. 산에 가지 않고도 단풍을 즐길 수 있다. 사도감지(司都監址)*에서 아파트 앞을 지나가는 쑥 고개 길과 옆길에 달포 전만해도 은행나무·단풍나무·느티나무의 아름답던 단풍은 죽음 직전까지도 미인 콘테스트를 하면서 사람의 눈을 즐겁게 해준다.

봄·여름엔 탄소동화작용과 녹음으로 가을에는 단풍으로 아름다움을 베풀다가, 때가되니 자랑스럽던 미모에 미련을 두지 않고 잡엽(雜葉)과 어울려 흙으로 돌아간다. 무더운 여름 청량하게 땀을 씻어주던 플라타너스 잎은 단풍으로 거듭나서 사람의 눈을 즐겁게 해주지 못하고 된서리를 맞아 녹색 잎으로 나뒹군다. 구두 발에 밟혀가며 천대를 받아도 걸어가는 사람에게 사색에 잠기게 하는 메시지를 주며 생각의 끈을 놓지 않게 하는 몸가짐은 자연의 순리에 묵묵히 순응하고 시류를 따르는 인자의 행동이 아니겠는가.

단풍 물을 들이지 못한 대왕 참나무 잎은 해를 바꾸어 봄바람이 불어 와야 잎이 떨어질 것이다. 미인이 되지 못한 한이 맺혀 눈도장이라도 찍어 달라고 매달려 있는 것 같다. 우리 방 창문 앞에 있는데 내가 아니면 누가 봐주겠는가. 낙엽이 될 때까지 커튼을 열어 놓고 눈 맞춤하고 귀엽게 보아주고 있다. 나와 대화도 한다. '아름다움을 보여주지 못해 미안합니다. 내년엔 기능성 화장품으로 화장하여 아름다운 모습을 보여 드리겠습니다.' 하고 속삭인다. 갈색이지만 내면으로 녹색도 보고 붉은색도 볼 수 있다. 목화송이 같은 백화도 본다.

몇 주일 전 문우들과 북한산을 등산한 일이 있었다. 구기터널 옆길을 조금 오르다가 바위에 걸터앉아 잠깐 쉬는데 일행 중 한 명이 산골짝 쪽을 가리키며 "저기 벚꽃이 피어 있는 것 같다."고 말하니 "낙목한천에 웬 벚꽃!" 하며 일행을 놀라게 한 일이 있었다. 처음 볼 땐 꽃으로 보였으나 자세히 보니 단풍나무의 마른 잎이 벚꽃이 되어 우리 눈으로 들어온 것이었다.

추운 매듭달에 외형상엔 꽃이 아니라도 물오름 달에 피는 꽃을 내면으로 감상하니 즐거움을 더 하게 된다. 두자미의 시「산행」중에 "…수레를 멈추고 늦은 (가을)단풍나무 숲을 즐기는데 서리 맞은 잎이 이월의 꽃보다 붉구나. … 停車坐愛楓林晩 霜葉紅於二月花."라고 말했다. 가을 단풍이 봄꽃보다 붉다는 것은 외형상 아름다움뿐만 아니라 내면으로 만년(晩年)을 칭송한 것은 아닐지!

인생의 가을이다. 빛바랜 낙엽 같이만 내면을 새롭고 알차게 물들여 모든 이에게 행복과 희망을 보태주는 아름다운 사람으로 남기를 서원해 본다.

*司都監址: 조선시대 한강의 이남 지역(경기도 동부, 강원도, 충청북도, 경상남북도) 사또들이 오고 갈 때 쉬어가던 곳으로 광화문에서 60리 떨어져 있고 말죽거리에서 서북방 약 620m지점, 현재는 표지석만 있음.

# 조기검진의 득

건강이 제일이라고 말하면서도 등한시 하고 살아왔다. 질병의 조기 발견 여부로 생사와 빠른 치료를 판가름하는 경우를 많이 듣고 보아 왔으면서도 어리석어 이행치 못했다.

2년 전 원인을 잘 모르는데 우측 어깨부분에 통증이 발생해 서예를 못할 정도였다. 병은 자랑하라고 해서 친지들에게 말했더니 하나 같이 오십견이라고 한다. 그 병은 나이 들면 누구에게나 찾아오는데 쉽게 치료가 가능하다고 한다. 동네 병원을 찾았다. 의사가 X-RAY촬영을 권유했으나 물리치료만 하겠다고 했다. 그런데 그것 때문인지 쉽게 낫지 않아 이 병원 저 의원을 다니다 병세만 악화되고 세월만 보냈다.

이를 아들이 알게 되어 K대학병원에 와서 진료를 받으라고 한다. 정형외과 J교수가 초음파 검사를 하더니 우측 견갑골 회전근계 근육파열로 봉합시술을 해야 한다고 했다. 빨리 병원을 찾았어도 수술은 면할 수 있었을 것이라 하며 재활운동을 포함해 6개월 이상 치료가 필요하다 했다. 조기(早期)에 검사를 못한 것이 후회되었다. 호미로 막을 것을 가래로 막는다더니 그런 결과가 초래된 것이다. 보왕삼매론에 '몸에 병 없기를 바라지 말라'고 하였지만 질병은 바라지 않는 인간의 4고 중 하나인 것 같다. 오래전에 복막염 수술을 받아 보았지만 수술은 정말 고통스럽다.

전국시대 제나라 전설적인 명의 편작의 육 불치(六 不治: 여섯 가지 못 고치는 병) 중 두어 가지가 생각난다. 교자부론어리*와 경신중재* 하는 사람의 병은 고치지 못한다고 했다. 또 일부 환자들은 의사의 지시는 따르지 않고 병원과 의사를 헐뜯다가 종내 의사의 신세를 지는 것을 보아왔다. 내가 이 경우인 것 같다.

병원에 입원한 며칠 후 시술을 했다. 치료가 간단할 줄 알았는데 전신마취까지 해야 한다니 걱정이 앞선다. 무거운 마음으로 입원실에 누워있는데 수술보조자가 와서 침대를 끌어내니 미끄러지듯 수술실로 빨려들어 갔다. 짧은 순간임에도 지난 세월의 잘못이 뇌리를 스쳐 가고 잠깐 사이지만 참회하게 된다. 수술실에는 10여 명의 환자가 수술이 끝나서 마취를 깨우려는 환자가 있는가 하면 수술을 받으러 들어온 환자들의 침대가 여러 대 놓여 있고 음산한 기분이 들었다.

수술보조 간호사가 이것저것 묻더니 하나 둘 셋 하며 숫자를 헤아리라고 하는데 잠이 들었다. 전신마취를 한 것이다. 몇 시간이 지났는지 모르겠으나 정신이 몽롱한 상태에서 깨어나니 수술이 끝났단다. 고생 많았다고 내가 할 말을 간호사가 한다. 시술은 두 시간이 소요 되었는데 수술시간이 예상한 것보다 많이 경과되었다. 수술 결과는 양호하였다. 수술 후에 통증은 있었으나 꾸준히 재활운동을 한 결과 1년이 지나서야 통증이 사라졌다. 생각보다 오랫동안 고생 후 완쾌되었다.

그 후 병은 예방과 검사가 중요함을 알고 건강검진도 빠짐없이 받고 예방주사도 잘 맞았다. 그러나 병은 또 찾아왔다. 전립선비대증이 재발된 것이다. 검사하지 않았다가 부작용의 전철을 밟지 않으려고 MRI와 CT검사에 금전을 아끼지 않고 몇 번씩 촬영했다. 검사결과 전립선 부분은 별 이상이 없는데 행인지 불행인지 다른 부분인 간의 아랫부분에서 종양이 발견되었다.

종양은 악성은 아니라고 하나 절제 수술을 할 것인지 말 것인지 수술을 몇 번 해보았지만 반갑지 않아 망설이고 있으니 의사선생이 지금은 양성이라도 종양이 커서 언젠가 악성이 될 수 있고 간은 절제해도 다시 살아나니 백세 시대를 대비해서 수술을 하자고 권유했다. 또 내과와 외과 의료진이 협진 하에 수술하기로 한 것이기에 자의반 타의반으로 수술을 결정하고 입원했다.

이번 수술은 아침 일찍 첫 번째로 하게 되었다. 아픈 곳 없는 건강한 상태에서 대수술을 하러 텅 빈 수술실로 들어가려니 기분이 묘해진다. 2년 전 어깨 시술 때보다 더 초조하고 불안이 엄습했다. 물에 빠진 사람이 지푸라기라도 잡는다는 심정으로 수술이 잘되게 해달라고 간절히 마음을 모아 다라니경*도 암송했다. 간호사가 나에게 이름을 묻는 말에 정신이 들어 눈을 뜨고 기어들어 가는 목소리로 대답했다. 그 대답 속엔 수술을 잘

해달라는 무언의 하소연이 포함되어 있었다.

1차로 간을 키우는 수술을 하고 2개월 만에 다시 절제 수술을 한 것이다. 5시간이나 소요된 수술이었다. 수술이 끝난 후 수술실에서 나오니 그분들은 대수롭지 않게 생각하는지 몰라도 나는 죽었던 사람이 되살아난 것 같은 기분이 이런 것이 아닌가 하는 생각이 들었다. 수술한 의사들에게 뿐만 아니라 모든 분께 감사하고 싶었다. 퇴원해 사회에 나가면 사람뿐 아니라 미물의 생명까지도 중하게 여기고 선행도 많이 하리라 다짐을 했다. 아내는 대기실에서 기도하며 기다리다가 다른 환자보다 수술 시간이 더 많이 소요되었다고 하면서 반겼다. 중환자실을 경유해서 입원실로 되돌아오니 환우들의 축하인사도 아름답다. 수술 후 통증과 식욕이 없어 한동안 고생을 많이 했지만 아내와 간호사들의 지극한 간병과 치료로 조기 회복되었고 고령임에도 완치 속도가 빠르다고 의료진 모두 반겼다.

무엇보다 의사의 조언을 믿고 따른 덕택에 악성병을 예방하게 되어 마음이 가볍다. 추후 어떤 병이 찾아올지 모르나 발병하면 그분들의 지시를 잘 따르기로 다짐하며 13일 만에 퇴원 수속 후 병원 문을 나서는데 개운산과 공원에서 불어오는 바람에 솔향이 싱그럽다.

*교자불론어리(驕恣不論於理): 병리를 모르면서 교만하여 의사의 말을 듣지 않고 자신이 병을 잘 안다고 주장하는 것.

*경신중재(輕身重財): 자기 몸은 가벼이 여기고 재물만 중하게 여기는 것.

*다라니경: 원명은 신묘장구대다라니경으로 불보살님에게 기원을 드리는 원어로 된 불경.

# 삼포세대의 봄

봄을 알리는 전령이 땅속에서 나온다
베짱이는 짝지어 사랑노래 부르고
시냇물도 졸졸졸 따라 부르며
버들강아지는 이슬로 세수 하고 반긴다

초목에 꽃과 잎이 피어난다
벌 나비 찾아와 꿀을 모아가고
꿀 낙농인은 풍년가를 부르며
삼포세대도 웃음으로 봄을 맞는다.

(2015. 2. 11)

# 만학(晩學)

입학과 졸업시즌이다. 졸업식 날이면 학교 주변엔 꽃을 들고 웃음을 머금은 젊은이들과 학부모들의 가벼운 발걸음이 분주히 오가고. 이때가 되면 만학도에 대한 보도가 심심찮게 매스컴에 오르내린다. 그때마다 그분들에게 존경심이 생기고 '파이팅' 하고 외쳐주고 싶다.

'열흘 묵던 나그네 하루 가기 바쁘다'는 말이 있듯이 요즈음 내가 그 격이다. 나이 들어서 글 좀 쓰겠다고, 학원에서 강의도 받고 독서도 하며 컴퓨터로 지식을 얻는 등 하루 스물네 시간이 모자랄 정도로 바쁘게 산다. 아내는 건강을 생각하며 공부하라고 한다. 그때마다 괜찮다고 대답은 하지만 시력이 더 나빠진 것은 사실이다. 나이가 들면 어쩔 수 없는가 보다.

몇 해 전 일이다. 예금 통장을 보니 교통비라며 몇 만 원이 입금되어 있는 것이 아닌가. 그것을 처음 보는 순간, 공돈이 생긴 기쁨보다 나도 이젠 국가가 인정하는 노인이 되었구나 하는 생각이 먼저 들었다. 갑자기 무기력해지고 허탈감마저 감돌았다. 초점 없이 통장만 들여다보다가 거울을 보니 웬 늙은이가 묵묵히 서 있는 것이 아닌가.

삼십 여 년 전만 하여도 회갑만 지나면 웃어른 대접을 해주었으나, 요즘은 의술의 발달과 식생활 개선 등으로 평균 수명이 약 이십 년은 더 늘어났다고 한다. 이렇게 장수하는 세상이 되었는데 여생(餘生)을 허송(虛送)해서 되겠는가, 자문(自問)하면서 보람된 일을 생각해 본다.

어떤 학자는 신문 논설에서 '죄 중에 가장 무거운 것은 인생을 낭비하는 죄'라고 거론한 바 있는데 현행법 위반은 아니지만 살인죄보다 더 무거운 죄라고 했다. 구십 세를 넘어 사망하기 전까지 작품 활동을 한 Helen k. Nearing의 명상집 『인생의 황혼에서』를 보면, 여든이 넘어서도 괴테는 글을 썼고 미켈란젤로는 그의 대표작 몇 점을 완성했으며, 에디슨은 아흔 살이 지나서도 발명 활동을 했다고 말하고 있다. 인생을 낭비하지 않고 산 분들이다.

나는 공직생활을 정년으로 물러난 뒤, 지나온 자취를 돌이켜 보니 지금까지의 삶이 남에게 도움만 받고 살아온 것만 같다. 해서, 조금이나마 사회에 봉사하면서 그동안 하지 못한 취미 생활을 해야겠다는 마음이 들었다. 허나 고령이라는 강박 관념 때문에 엄두도 내지 못하다가 십수년 전 Y대학 관리 과학 대학원을 수료한 바 있었는데 수강생 연령이 비슷하여 별 문제 없이 다녔으나 만학임에 틀림없었다. 그때 경험을 살려, 삼 년 만에 조계종단의 불교 전문대학에 등록을 하였는데, 팔십 여 명의 수강생들과 함께 공부를 하니 부지불식간에 진리도 약간씩 알게 되고 또 내 자신을 조금이나마 깨닫게 되였다 삼독심(三毒心)*을 없애려면 아직 출발선에 있지만 그 인연으로 군부대 위문과 이웃돕기 등 보람된 일을 할 수 있는 좋은 계기가 되었다.

하루가 다르게 급변하는 정보화 사회에 걸 맞는 지식을 얻기 위해 컴퓨터의 활용은 필수적인 세상이 되었다. 그래서 주민 자치 센터에서 운영하는 컴퓨터 교실에 수강 신청을 하였으나, 인원 초과로 두 번이나 탈락되고 세 번째 만에 예비 등록자 명단에 들어 있다가 기회가 주어졌다. 여덟 명의 수강생 중 나이 든 분이 다섯 명이나 되어, 더욱 용기와 의욕이 생겼다. 또 강의가 없는 날에도 서로 연락을 하여 강의실에 나가 함께 복습도 하니 컴퓨터 다루는 실력이 더 빠르게 향상되었다. 수강하는 날이 기다려지고 즐거웠다. 즐거움 가운데 공부를 하니 솜씨도 더욱 익숙해지고, 또한 마음이 젊어지니 몸도 따라 젊어져서, 평소에 다리와 허리가 약간씩 아프던 곳이 나아지고 건강도 되찾게 되었다. 인생은 육십부터'라고 누군가 말했던가. 나는 '인생은 칠십부터'라고 말하리라.

그 후 욕심을 내어 다른 곳에서도 컴퓨터 강의를 수강했는데, 마음을 비우고 대하니 수강생들 모두가 친구요, 내 형제같이 반겨준다. 고령이란 강박 관념에서 헤어나지 못하고, 배움을 주저했던 때의 생각이 후회되고 부끄럼마저 들었다.

뒤늦게 무슨 공부냐고 만류하는 친구도 있지만, 나는 배움 자체가 즐거움이요 희망이다. '뜻이 있는 곳에 길이 있다'는 말과 같이 내친 김에 수필 문학 공부도 시작하게 되었다. 비록 나이 들어서 만났으나 반갑게 대해 주는 문우들의 도움으로 별 어려움 없이 수강하고 있다. 수신(修身)도 하고 마음의 양식을 더 쌓을 수 있는 곳이라고 생각한다.

벌써 밤 열시가 넘었다. 인생을 낭비하지 말자, 그리고 책을 읽자. '책을 수백 번 읽으면 뜻을 저절로 알게 된다.(讀書百遍 意自見)라는 동우(董遇)*선생의 말을 다시 한 번 새기며, 수필 공부를 마치고 지하철에서 내려 집으로 향한다. 집 쪽을 보니 내 방 창문에 아직도 불이 켜져 있다. 이순(耳順)을 넘은 아내가 늦게 귀가 하는 남편을 기다리고 있는 것이다. 묵묵히 내조해 주는 아내에게, 아내가 좋아하는 꽃 몇 송이를 사 들고 가서 즐거움을 같이 해야겠다.

입춘 추위가 지나 봄바람이 솔솔 불어온다. 비록 인생의 황혼길을 걷고 있지만 내 삶에도 봄이 온 것 같다. 즐거움과 희망의 열매가 풍성히 열릴 나무를 한껏 가꾸어 보련다.

*삼독심(三毒心): 탐(貪:욕심) 진(瞋:화냄) 치(痴:어리석음)

*동우(董遇): 삼국지(三國誌) 위서(魏書) 왕숙전(王肅傳)의 기록에 후한(後漢) 헌제(獻帝)때 황문시랑(黃門侍郞)직에 있었던 사람

# 장날의 풍경

뽕도 따고 임도 볼 겸 말죽거리로 나섰다. 등산으로 운동도 하고 도심의 장날 구경도 하기 위해서다. 장날하면 보통 5일 만에 개장되는 시골 장을 말하는데 따뜻하고 포근히 감싸주는 어머니 품속 같은 곳이다. 지방의 시읍면에 한곳씩 지정되어 있다. 해서 장날하면 시골 장 이야기를 빼놓을 수 없다. 설과 추석 명절 전에 서는 장날을 대목장이라고 해서 풍족한 가을에 명절까지 겹치니 평시 장날 보다 매매가 더 많이 이루어진다. 장날은 우리민족 전통 상거래 문화의 장(場)이다.

전파 통신시설이 발달되지 않던 시절 아는 사람 만나 소식도 듣고 안부도 전하는 만남의 장이고, 세상사 이야기를 듣는 정보의 장이며 삶의 애환을 늘어놓는 푸념의 장이기도 하다. 물건을 팔거나 사려고 새벽부터 찾아오는 사람들의 발걸음도 분주하다. 물건 사라고 외치는 상인의 소리, 오랜만에 만난 지인과 길거리에서 손잡고 웃음꽃을 피우는 사람, "뻥이요!" 하며 튀밥 튀긴다는 예보도 모르고 지나다가 "빵" 하는 소리에 놀라나 구수한 냄새를 맡으며 웃음으로 답하는 여인네들. 그 활기 찬 시장 풍경, 갈가위 같은 사람은 없고 맘부터 풍족하고 사람 냄새가 풍긴다.

딸 시집을 보내려고 우전(牛廛)에 가서 소 팔아 혼숫감 장만하는 사람, 베전베(廛)에서 어머니가 여름내 아홉 새로 곱게 짠 삼베를 판 돈은 아들의 학비로 주려고 전대에 간수하고, 닷새 베를 판 돈으로 고기 사고 옷도 산다. 정오가 가까워지면 시장 내 먹거리 장터 할머니 국밥집의 국 냄새가 식욕을 돋운다. 아침을 거르고 온 사람부터 모여들기 시작한다. 사돈과 해후한 사람도 있는가 하면 베 판 부부도 베 판 돈을 확인할 겸 국밥집에 들어왔다. 오랜만에 시장에서 외식하는 장면 정감이 간다.

6·25후엔 옷이 귀하여 남자들은 제대할 때 입고 온 군복으로 생활을 많이 했다. '스몰'이니 '쫄쪼리'니 하는 군용 작업복과 '사지'라 하는 모직 정복 바지 등을 구입해 입기도 했다. 허나 착의하면 위법이다. 헌병에게 적발되면 등 뒤에 검정색 페인트로 염색이라고 쓰이거나 압수된다. 해서 국방색 옷은 검정색 물을 들여 입어야 하기에 염색을 하는 곳도 생겼다. 볼거리가 많이 없던 시절 가끔 신경통·두통·치통·생리통·가슴앓이 속병에 좋다고 하며 약을 파는, 약장사의 구수한 입담 섞인 공연을 보려고 친지끼리 '되짜고 말짜고'* 오는 할머니들, 구리무* 장수의 북소리, 엿장수의 가위 장단 치는 것도 보고, 가끔 구석진 곳에선 야바위판도 벌어지는 것도 구경한다. 듣고 볼거리도 많아 사람 구경하려고 일 없이 장에 나오는 사람도 많다.

저녁 무렵 나무 전(廛)에서 장작 한 짐 겨우 팔아 막걸리 한 사발로 점심을 때운 후, 지게엔 쌀 한 말 지고, 지게 가지엔 자반고등어 한 손 매달고 귀가하는 아버지의 발걸음이 한가롭지 않았다. 과음한 할아버지의 손에 든 자반고등어는 바다로 되돌아갔는지 새끼줄만 들려 있기도 했다. 장날, 달걀 몇 꾸러미와 산나물 한 바구니 가지고 저자 보러 온 할머니는 물물교환한 빵과 손자에게 주려고 과자 한 봉과 며느리 백고무신도 사고, 쇠하래비* 들면 먹을 금계랍(金鷄蠟)*과 맛없는 음식을 물에 타서 먹으려고 사카린* 한 봉지 챙기는 것도 잊지 않았다. 가랑이에 불이 나도록 귀가 길을 재촉하는 수십 년 전의 오리지널 장날 풍경을 이제는 볼 수 없지만 아직도 시골 장날은 정겹다.

장날의 유래는 신라시대까지 거슬러 올라간다. 사료에 의하면 서기 490년 신라 소지왕 12년에 처음 개설한 경주의 경사시를 장터의 효시로 보고 있다. 조선시대에 이르러서는 경시와 향시로 구분되어 형태를 갖춘 본격적인 장터가 형성되었다고 보는 것이 일반적이다. 외국도 처음엔 5, 7, 10일 장이 생겼다. 바빌로니아와 이집트・로마인들도 7일장을 개설했는데 오늘날 1주일의 근원이 되었다고 한다.

현재 우리나라의 장날 중 유명한 장은 규모가 큰 70여 곳을 꼽는데 특산물 산지 때문에 쳐주는 곳도 있다. 특산물 취급 상인은 멀리 산지를 찾아가 물건을 사오기도 하지만 일반 상인은 가까운 지역 몇 개소를 순회하며 상행위를 한다. 돌아다니는 상인을 '장돌뱅이'라는 말이 생겨나기도 했다. 사농공상이라 해서 상인을 상민의 최하층으로 천시하기도 했다. 그러나 그들은 장사로 푼돈을 벌어 생활도 하고 목돈을 만들어 사업장도 늘리고 자식을 공부시켜 훌륭한 사람으로 키워냈다.

장에서 팔리는 시세를 장금(場-)이라고 말하는데 장금은 팔고 사는 사람의 인정어린 흥정에 의하여 결정된다. 사는 곳은 몰라도 외상으로 주는 등 믿음과 정이 있었다. 그런 장이 최근엔 대형마트의 박리다매 전략과 홈 쇼핑의 구매 편의 상술에 밀려 쇠퇴 일로를 걷고 있다. 해서 지자체에서 5일장이나 재래시장을 활성화 시키는데 노력하고 있는 것 같다. 정이 묻어나는 전통 상거래 문화의 명맥을 이어가게 하고 있는 것이 다행스러운 일이 아닌가.

그런데 내가 오늘 간 곳은 시골이 아니라 서울 강남에 있는 서초구청의 장(場)이다. 매월 마지막 주 목・금요일에 개장되는 '농 특산물 직거래장'이다. 또 한 곳은 특별한 날을 제외되기는 하지만 매주 토요일 개장되는 '토요 벼룩시장(場)'이다. 서울시내 공공기관에서 장날이 서니 생소한 느낌이 든다. 개설된 지 몇 년 되었다. 토요벼룩시장은 주로 중고 물품을 판매한다. 물건이 좋고 헐하다는 입소문이 나서 구민뿐 아니라 먼 곳에서 찾아오는 상인과 구매자가 많아 구청 앞 인도와 소로까지 장사진을 친다. 통행인의 원성을 사게 되자, 구청에서 본래의 방침대로 전문 상인은 배제하고 바자회(bazaar)개념으로 운영하려고 한다. 모처럼 서울 도심에 생긴 장날 한 곳이 없어지는 것은 아닌지 노파심이 생긴다.

내가 장날에 대하여 관심을 갖는 것은 고향이 지금도 5일장이 서는 곳이다. 문헌상엔 조선 정조 때 개설되었으며 현재 노점수가 800여 개나 되고 6·25 후 어머니가 장날에 쌀장사를 하여 생활에 보탬을 주기도 하던 곳이다. 해서 장이 서는 곳이 있으면 가끔 돌아본다. 오늘 직거래장은 추석 명절 앞에 개장되었는데 시골 장날 같지는 않지만 상술이 경기 개성사람 빰친다는 강원 횡성 등 전국 14개 시군에서 가지고 온 그 지역 농·특산물과 물건을 사려는 구민들이 구청 마당을 메웠다.

생선점포나 음식점은 개점시키지 않는데 오늘은 특별히 먹거리장터 한 곳이 개설되었다. 부녀회에서 우리 고유의 음식인 부침개·도토리묵·메밀묵 등, 어머니 손맛이 물씬 풍기는 음식을 내놓고 있다. 수익금으로 불우 이웃돕기를 하려는 것 같다. 값도 헐하고 맛도 좋아 보였다. 친구가 없어 허전했지만 부침개 한 접시와 곡차 한 잔을 마시며 흘러가는 흰 구름을 쳐다보니 두보의 한별 시에 간운보월(看雲步月)이란 말이 있듯이 고향 생각이 스쳐간다. 지금도 3일과 8일 북평 장날이면 집 앞에서 장 보러 오가는 사람들과 인사를 주고받고 계실 어머니가 그리워진다. 며칠 후면 만월이 솟는 추석이다. 마음은 벌써 고향에 가 있다.

*되짜고 말짜고: 서로 긴밀히 의논해서의 뜻, 영동지역 방언.
*구리무: 기초화장품 크림의 외래어.
*쇠하래비: 말라리아의 강원도 방언.
*금계랍(金鷄蠟): 염산키니네, 해열진통제.
*사카린(sacchrine): 설탕의 400~500배의 당분 함유한 인공감미료, 73년에 사용 금지 조치되었다가 현재는 제한적으로 사용 가능.

# 승군과 의승의 위업

조선불교 통사를 읽어보니 조선시대에 불교 탄압이 극심하여 승려들을 백정보다 못한 그 아래 급으로 만들어 놓았다. 또 백성들이 승려를 죽여도 말 못하게 했다. 나라와 백성을 위해 헌신하고 목숨을 바쳤지만 사람대접도 받지 못하고 이름 한자 남기지 못하고 사라진 스님들이 너무나 많다. 통탄스러운 일이다. 양반유생들의 탐욕으로 인한 폐해와 관리의 직권남용으로 승려나 민초들을 박해한 악업 때문인지, 조선은 총 한방 쏘지 못하고 이민족에게 나라를 빼앗겨, 오늘날까지 같은 민족이 분단되어 적대시하며 살고 있지 않는가.

고려시대에도 몽고나 일본 등지로부터 380여회 외침을 받았으나 나라를 빼앗긴 일은 없었다. 거기엔 승병들의 활약이 상당히 기여했다고 본다. 규모가 큰 전쟁 상황을 살펴보면 몽골은 40년간 고려를 6차례나 침입했다. 고려시대 정규군이 힘이 없어할 때 김윤후라는 걸출한 스님이 나타났다. 정규군도 아니고 관리도 아닌 평범한 스님이 승군을 조직하고 백성을 규합하여 남다른 리더십으로, 1232년 몽골의 살리타이가 고려를 침입하여 서경 개경을 지나 경기 광주성을 함락하고 용인의 처인성에 이르자 이에 승병을 적소에 배치하고 망루에서 대적하고 있던 김윤후 승장이 쏜 화살에 살리타이가 맞아 죽으니 파죽지세로 승전하던 몽골군은 후퇴했다. 이에 승병이 나라와 백성을 구한 위업(偉業)을 남겼다.

그 후 몽골군 5차 침입 때 일이다. 몽골군이 서경과 개경을 거쳐 충주성에 이르렀을 때 마침 충주성을 승장 김윤후가 지키고 있었다. 충주성 전투는 무려 70여일 계속되었다. 성안엔 식량과 생활물자가 부족해 사기가 떨어져 극한 상황일 때 김윤후 승장은 특단의 조치를 내렸다. '몽골군과 싸워 물리치면 신분을 가리지 않고 벼슬을 내리겠다.' 하고 성안의 노비문서를 모두 불태우고 몽골군에게 빼앗은 소와 말을 성민에게 모두 나눠주었다. 그러자 승군은 다시 사기충천하여 몽골군을 물리쳐 충주성 방어에 성공했다. 천하무적 몽고대군을 물리쳐 나라와 백성을 또 구하였다.

조선시대에 와서 승유억불정책으로 불교탄압 사례를 보면 명군이란 세종도 유림의 반대를 뿌리치지 못하고, 선종 36개와 교종 36개 사찰만 두고 그 외 수백 개의 사찰을 강압으로 폐사시켰다. 또 세조는 도첩제를 실시해 도첩이 없는 승려들을 체포령을 내려 도성(길이 9970보 18.6km 높이 3.3m) 축성과 궁궐 건축, 도공이나 종이 제작, 무덤의 장의사를 시키는 등 강제노역장으로 보내 눈물겨운 노역으로 고통 속에서 죽게 했다. 도성을 축성하다가 죽으면 성 밑에 묻어 버리는 수가 부지기수라고 한다. 도성 밑 돌 틈에 핀 꽃 한 송이 풀 한 포기도 그들의 혼이라고 생각해서 가볍게 봐 넘기지 말아주면 좋겠다.

몇 년 전 임란영화 '명량'에서 의병과 승병들이 왜군과 전투상황을 보았지만 앞가슴에 수병이란 뜻인지 물수(水) 자를 써 붙이고 해상에서 싸우다 목숨을 잃은 병사들을 옆에 있던 전우가 시신과 부상자를 신속히 처리하는 것을 보았다. 훌륭한 지휘관 밑엔 용감한 병사들이라는 것을 알 수 있었다.

탄압은 계속된다. 성종 때는 불경을 불사르고 경을 읽지 못하게 하였고, 공부 잘하는 스님을 추방시키고 불경을 읽는 것을 발견하면 눈을 뽑았고, 가르치는 스님은 손을 잘랐다. 법당 내에 임금을 모셔야 하는데 부처를 모셨기에 불충이고 대를 잇지 못하니 불효고, 유교사상에 배치되는 종교라고 그런 가혹하고 비인간적인 조치를 하였다.

승장 기허당 영규 대사는 8백 명의 의승들과 의병장 조헌 외 7백 명의 의병을 연합해, 임란 발발 4개월 만에 왜군과 싸워 승리하여 청주성을 수복한 전과를 올렸다. 그러나 금산 전투에서 병기와 병력의 중과부적으로 모두 전사했는데, 의병장 조헌 외 7백 명의 의병에겐 의총을 만들어 국가적 제향을 봉행해 주고 있으나, 승장 영규 대사 외 8백 명의 의승은 배제되어 사체수습도 제대로 못하고, 짐승의 밥이 되도록 하였다니 옛날 일이지만 의분이 치솟는다. 이와 같은 것이 조선 유생이 한 처사다. 427

년이 지난 지금까지 영혼이 갈 곳이 없어 떠돌아다니고 있는 것 같아 너무나 애달프다.

그래서 후세인에게 호국정신을 길러주고, 전사자에겐 영생토록 해주려고 매년 11월 5일 공주 갑사에서 자체적으로 순국 대제를 봉행하고 있으니 반갑고 다행스러운 일이 아닌가. 근년에 뜻있는 정치인과 지자체장 및 스님들이 국가차원에서, 의승의 총(塚) 조성과 기념비 제작 설치 운동을 하고 있다고 하니 고맙고 바람직한 일이다. 호국 보훈의 정신으로 '사즉생'이고'생즉사'의 정신을 실천하고 전사한 의승들 영혼의 안식처를 만들어 주고 매년 순국대제를 크게 봉행하고 극락왕생토록 기도해 주기 바라는 마음이다.

승려의 애국적인 활동상황은 또 있다. 임란 후 일본과 조약 체결하려고 선조가 직접 관리인 유성룡 등 180명에게 돌아가며, 사신으로 일본에 갈 의중을 물었으나, 부끄럽게도 일본방문을 두려워해 모든 공직자가 승낙치 않았다. 선조는 관리가 아닌 사명대사에게 물으니 죽음을 각오하고 쾌히 승낙하여 도일했다. 대사는 당시 65세의 고령으로 패전국이나 다름없는 국가 사신이 일본 측에서 하라는 대로 하고 오면 될 것이지만, 즉시 오지 않고 2년간 머물면서 보물과 사리 반환요구를 했고, 포로 송환을 10명부터 시작하여 수십 명을 데려왔고, 나중엔 일본각처를 다니면서 납치된 조선인이나 잡혀갔으나 귀국하지 않으려는 조선인을 설득시켜, 3,500명을 귀국시키는 등 위대한 업적을 남긴 영웅적인 인물이다.

선조가 그 공을 높이 평가하여 정삼품 벼슬을 내리려 하니 유신들이 천민에게 벼슬을 주면 안 된다고 상소를 올리는 등, 반대가 극심하므로 대사는 웃으면서 내가 벼슬을 바란 것이 아니고 백성을 위해 갔다 왔다며 해인사로 들어갔다. 이에 선조가 미안하여 한약 한 제를 주려는 것도 반대해서 하사하지 못했다. 이것이 조선 관리들의 처사였다.

그런데 지금도 자기에게 해롭게 하지 않아도 승려를 보고 중놈이니 돌중이니 하며 욕하고 비하한다. 자기가 믿는 종교가 아니라도 불교는 우리나라의 전통종교로서, 어머니 마음과 같은 종교고 우리 조상은 불자였음을 간과해서는 안 된다.

1년 전 추석 대 개봉 영화 남한산성을 시청한 적이 있는데 고립무원의 산성에서 청군과 47일간 전쟁 중, 척화파 김승유 판서와 주화파 최명길 판서 외 몇 명만이 활동한 것 같이 방영되었는데, 추위에 손발이 얼어 터져가면서도 산성을 쌓고 행궁과 왕이 정사를 돌보는 수어장대와 승병들이 기거할 요사체등을 건축해 나라를 지키는데 일익을 담당했을 뿐 아니라, 적군과 싸워 장열이 산화 했거나 피눈물 나는 활동을 하고도 영상에 확실하게 비춰주지 않았는데 마음이 무거웠다.

그런데 위 시대와 공간은 다르지만 근간 매스컴과 지자체에서 승병들의 활동상황을, 상세히 발표함은 바람직한 일이다. 2018년 KBS TV 역사저널 '승려 김윤후'에서 '세계 최강 몽골군을 두 번이나 무찌르다'를 부제로 방영한 것을 시청했는데 참으로 통쾌하고 감격스러웠다. 또 용인시에선 김윤후 승장이 처인성의 항몽 전투 활약상을 재조명해, 역사 공원으로 조성했다니 나라사랑하는 바람직한 일로서 관계인에게 표창이라도 해 주어야 할 일이다. 이와 같은 공적이 어디엔가 또 있을 것으로 생각되니 우리 모두 공적 찾기에 내 일 같이 힘 써주기 바라는 마음 간절하다.

# 걸으면 살고 누우면 죽는다

사람은 누구나 건강하게 오래 살기를 원한다. 인명은 재천이라 하지만 인간의 노력여하에 따라 건강하고 수명도 다소 연장할 수 있다고 본다. 예전엔 칠십 세까지 살기 어렵다고 했다. 지금은 80대는 기본이고 90대 노인들을 많이 볼 수 있다. 건강하게 오래 살게 된 것은 의술이 발달한 결과이기도 하지만 생활환경이 개선되고 걷기 등 체력단련 운동의 발전도 기여한 것 같다.

다른 운동은 시간과 돈이 많이 들지만 걷기는 운동복과 신발만 있으면 되고 혼자서도 운동을 할 수 있어 좋다. 일산에 살 때 처음 호수 길을 걸었고, 서울에 와서는 인근 야산과 공원에 한 시간 코스를 정해 놓고 산책을 했다.

그런데 1년 간격을 두고 회전근계 시술과 간 종양 제거 수술을 하고 나니 운동이 좋다는 것을 알면서도 기력이 없어 실천을 할 수 없었다. 소파에 비스듬히 누워 TV만 시청하게 되니 자연히 눈꺼풀이 무거워지면 곧 낮잠만 자게 된다. 이런 생활이 계속 되다보니 몸은 점점 쇠약해지고 걸음걸이까지 불편해졌다. 때마침 친지가 보낸 메일 중 '걸으면 살고 누우면 죽는다.'는 말에 정신이 번쩍 들었다. 원주에 와서 낮잠을 자지 않기 위해 복지관에 등록도 했다.

걷기운동을 하면 하체가 튼튼해지고 혈액 순환이 잘되어 특히 노인성 질환예방에 좋다고 한다. 유산소 운동도 되니 폐 기능도 좋아진단다. 내가 아는 K씨도 침엽수림 산행으로 중병을 치유했다는 말을 듣고 주 1회 산행도 했다.

겨울철엔 초저녁에 주로 둔치로 나가고, 봄부터 가을까지는 이른 아침에 둔치나 집 앞에 있는 학교 운동장을 30분에서 한 시간씩 걸었다. 750보 코스를 정해 놓고 한 바퀴 돌면 금을 그어 정(正)자 표시도 했다. 운동장은 산책객이 별로 없어 걷는데 부담이 없어서 좋았다. 처음엔 보통걸음으로 한 시간에 4~5천보 걸었지만 지금은 7~8천보 정도 걷는다.

내가 살고 있는 시 주변에도 내 연배의 남자들이 칠십을 조금 넘어서 많이 세상을 떠났거나 요양원 생활을 하고 있다. 특히 금전에 신경을 많이 쓴 분이나 술을 많이 마셨거나 운동을 하지 않은 분들은 먼저 갔다. 그러나 술은 마셔도 운동을 열심히 하고 있는 U씨, S씨 등 여러 명은 아직 건강하게 살고 있다. 이를 보더라도 걷기운동이 건강에 도움을 준다는 것이 틀림없어 보인다.

걷기 운동은 개인의 노력도 있어야 되겠지만 사회적으로 붐을 조성하면 더욱 발전할 것 같다. 약 십여 년 전부터 전국 각 시도에서 '올레길'이니 '둘레길'이니 하는 걷기 운동하는 길이 경쟁하듯 생겼다. 통계를 보니 전국에 약 1,500곳에 조성되어 국민 건강 증진에 기여하고 있다. 원주시도 현재 인구 34만 명의 도시가 되었고 '건강도시'를 표방해 약 23년 전부터 '국제 걷기대회'를 유치하여 매년 10월 마지막 주 토·일요일에 개최하고 있다. 원하면 누구나 개인의 근기에 맞는 구간을 신청하여 코스 이탈 없이 완보하면 된다.

국제걷기대회 유치는 시민 건강 증진과 밝고 건강한 사회건설, 아름다운 자연경관과 오랜 역사 및 지역의 위상을 높이고, 지역민 상호간은 물론 국제적으로 유대를 강화하여 행복한 삶을 영위하는데 기여하고 있다. 작년에 22회째 국제 걷기대회를 개최했다. 나도 시민의 한 사람으로 행사에 몇 번 참여했고 이를 계기로 더욱 열심히 걷기운동을 하게 되었다. 꾸준히 해야 효력이 있다.

오래전부터 일기를 쓴다. 항상 일기장 첫머리엔 운동과 성경 및 기도를 하였다는 것과 끝부분에 걸은 숫자를 기록한다. 마음이 해이해져 자신과 약속한 것을 포기하는 것을 방지하기 위함이다. 끝부분의 숫자는 만보기에 표시된 숫자다. 하루 만보 이상 걸으면 좋지만 과하면 모자람만 못하다고 했다. 평소엔 몸에 무리하지 않는 범위인 오천 보 거리를 정하여 그 전후로 걸었다. 복지관에서 수강 후 귀가할 때도 둔치를 이용해 걸으면 따로 시간을 낼 필요도 없어서 좋아, 이 방법으로 수년째 몸을 단련시켰다.

B신협에서 2차 둘레길(회촌 숲길) 걷기 행사가 있는 날이다. 신협회원이라야 가입이 되는데 동무가 없어 망설였지만 그간 건강을 점검해 보려고 신청했다. 워밍업도 몇 번 한 상태로 따뚜 공연장에 나갔다. 내 연배 되는 이가 몇 분이나 참여할까 하는 것이 관심사였다. 먼저 차에 올라 뒤따라 승차하는 분의 얼굴을 힐끔거리며 보았으나 50여 명 중 사십대 신협 간부 몇 분 외 청년 10여 명과 젊은 여성들이었다. 그중 칠십이 가까운 백발 할머니 한 분이 탔다. 그는 젊은이와 웃으며 대화를 하는데 나를 안중에 두지 않았지만 나는 반가웠다.

버스로 양아치까지 이동하고 정상에서 회촌까지 약 7㎞를 걸었다. 안내판을 보니 북부지방 산림청에서 개설한 임도인데 평탄하고 잘 다듬어져 보행하는데 편했다. 30도를 오르내리던 폭염이 사라지고 동굴 같은 숲길을 걸을 때는 구름까지 해를 감싸주니 하늘이 도와주는 것 같았다. 졸졸졸~ 하며 흐르는 숲속 실개울 물소리 장단에 물나비와 실잠자리가 춤추는 것을 즐기며, 김밥을 먹던 시간을 포함해 약 2시간 소요되었는데 끝까지 사고 없이 완보했다.

건강해지려면 녹색도 많이 보라고 했다. 약 백년 된 적송과 녹색 숲을 보면서 말로만 듣던 도(道)무형문화재 '매지리 농악' 등 전통문화도 만나 보았다. 만보기에 13,400이란 숫자가 표시되어 있다. 보폭은 젊은이에 뒤졌으나 평소 걷기를 연마했고, 거북이가 토끼와 경주하듯 노력한 덕에 종점에 거의 동시에 들어왔다. 혼자 '파이팅!'이라고 외치며 귀가 길을 재촉했다.

# 부석사

복지관에서 영주 부석사 방면으로 관광을 간다기에 몇 번 다녀온 곳이지만 선뜻 신청을 했다.

부석사는 신라 문무왕 16년(AD 676년) 화엄연기설을 주장한 의상대사가 왕명을 받들어 창건한 화엄교학을 최초로 펼친 가람이다. 화엄종 법성계 한 구절 살펴보면 일중일체 다중일 일즉일체 다즉일(一中一切 多中一 一卽一切多卽一) 즉 '한 사람은 만인을, 만인은 한 사람을 위한다.'고 인구에 회자되기도 하는 유명한 사상이 내포되어 있다.

소백산 중턱에 있는 사찰로 봉황산을 오르니 천상세계인 정토세계로 오르는 것 같다. 대웅전은 우리나라 두 번째 오래된 목조건물로 무량수전이라 하는데 국보로 지정되어 있고 건물은 남향으로 앉아 있으나 주불인 아미타불은 동향을 하고 있는 것이 특이 하다. 건물 배치를 처음엔 화엄사상의 한문 화(華)자 모양으로 배치했단다. 안양루에 올라 기둥에 기대서서 남쪽 멀리 소백산을 전경을 바라보니 구름 위 천상 세계 같아 화엄 십찰 중 제일 가람임이 틀림없는 것 같다. 이 사찰은 유래와 같이 화엄학을 공부하러간 지금의 하숙집 딸인 한 여인의 사랑이 얼마나 크고 아름답다고 말해 주고 있다. 부석사를 찾는 것은 선묘 낭자를 한 번 더 보고 싶어 찾아왔다.

법당 앞에 서니 ○○작 노래 가사가 생각나서 읊조려 본다.

풍경소리 휘날리는 구름 도는 부석사에
무량수전 배흘림에 기대 앉아 흐느끼는 길 잃은 나그네야
법당에 염불소리 여울져 산을 넘고
길을 열면 임의 숨결 들릴 듯한데
임은 어이 내 사랑 잊었나
아~ 허공에 부서지는 한조각 구름이여!
산새들도 둥지 찾는 보은 도량 부석사에
선묘낭자 아픈 사연 봉황산아 말해다오 너만은 알고 있나
흐르는 풍경소리 허공에 사라지고
임을 위한 일편단심 변함없는데
임은 어이 내 사랑 잊었는가
아~ 바람에 흔들리는 마음에 등불이여

법당 앞마당 속에 있는 13미터 되는 선묘의 혼백인 석룡을 지나 선묘각에 이르니 아름다운 선묘의 자태가 살아 움직이는 것 같고 대사를 찾는 소리가 들리는 것 같다. 짝사랑. 반응이 없는 사랑. 얼마나 괴로웠을까. 일방적인 사랑으로 고통을 받고 수많은 날을 하염없이 보내고도 연인이 떠나자 바다에 투신하여

용이 되어 화엄사상과 조국을 위해 귀국하는 의상의 뱃길을 안전하게 인도했다고 하는 목숨과 바꾼 사랑. 또 죽어서도 연인의 불사를 방해하는 무리에게 바위를 던져 돕던 선묘낭자! 석룡이 되어 지금도 법당 앞에서 지키고 있는데 살아 움직이는 것 같다. 그 지극한 사랑으로 호국 불교로 삼국 통일의 밑거름이 되었다.

봄날의 꽃들과 봉황산 초록을 보면서 선묘낭자의 아름다운 마음을 느껴 보세요. 정말 좋고 감명 깊은 하루가 될 것입니다.

선묘는 초기 불교에선 육체를 버린 열반을 진정한 깨달음의 완성인 무여 열반한 것이다.

# 선배 따라잡기

문학하는 사람치고 악인은 보지 못한 것 같다. 형만한 아우가 없다는 말이 있지만 선배만한 후배가 없는 것 같다. 문학을 배움에 있어 스승에게서 지식과 사상을 얻지만 선배 동료로부터도 전체를 배운다. 나도 수필문학을 환갑이 넘어 처음 배우기 시작하였는데 선배로부터 많은 것을 배워 등단에 도움을 받았다. 해서 나이 어린 선배라도 예우를 해주고 있다. 적령기 학생으로 입학하는 학생들과 달리 동기생도 나이가 십여 년 이상 차이가 나기도 한다. 이럴 경우 말을 놓기 곤란할 때가 많다.

막냇동생 같은 대선배가 있는가 하면 후배도 있다. 그러나 모두 선후배를 지나치게 따지지 않는다. 동창에서 수업을 받으니 도반 같아 공부하는데 아무 불편함이 없고 오히려 재미가 있다. 그러니 실력이 자연히 일취월장한다.

선후배에 대한 예우는 상당히 중요하다. 집단의 위계질서를 지키고 발전하기 위해 필요한 불문율의 규범이다. 우리 문단에

선 등단식을 할 때 웃자는 이야기이지만 그 속에 진실이 들어있지 않는가 생각이 든다. 등단패를 받고 선배들 앞에서 "선배는 하늘이다."를 합창으로 삼창하며 외치는 의식이 있다. 좋은 사례인 것 같다. 불교 교리인 개초심학인문 첫 문장을 보면 수원이악우(受遠離惡友)로 시작되는데 나쁜 벗을 멀리하고 착한 마음을 가져야 한다는 뜻이다. 도반이 그만큼 중요하다는 것이다.

아난존자가 부처님보고 부처님 공부하는데 도반이 "반은 가르쳐주는 것 같습니다."라고 하니 "틀렸다."고 대답했단다. "왜 틀렸습니까?" 하니 "반이 아니라 전부를 가르쳐주고 영향을 주느니라."고 대답했답니다. 부처님 재세 시에 부처님 제자 중에 '우바리존자'라는 분이 있었다. 그분은 천민 출신이었다. 부처님께서 小子(후배)는 大子(선배)에게 예를 갖추어 대하여야 한다고 말씀하였는데 우바리존자보다 나중에 출가한 왕자들이 우바리가 천민 출신임을 알고 예의를 갖추어 대하지 않자 부처님께서 크게 나무라는 일이 있었다 한다.

우리도 선배뿐 아니라 후배에게도 예의를 갖추어야 하겠다.

## 요술쟁이 거울

오랜만에 거울을 들여다본다
내 얼굴은 보이지 않고
늙은이가 나를 주시하고 있다.

눈을 비비고 다시 들여다본다.
얼마 전엔 내 얼굴이 분명했는데
지금은 어릴 때 본 내 아버지와  비슷하다

거울이 요술쟁인가 세월이 요술쟁인가
돌아가신 울 아버지 보고 싶으면
거울을 들여다보리라.

# 4.

# 낯선 땅 둘러보기

# 하와이 여행

첫째 날, 2020. 1. 17.

오후 쾌청한 날씨다. 하와이로 6박 7일 자유여행을 출발하는 날이다. P가이드의 승용차에 80세가 넘은 우리 내외가 탑승하고 인천공항에 도착했다. 인천공항에서 호노룰루행 KAL기 053호에 우리 일행(나와 아내와 가이드)과 같이 스튜어디스의 친절한 안내를 받으며 몸을 실었다. 일반석이거니 하고 통로를 걸어가는데 여자안내원이 친절하게 비즈니스 3번 석으로 안내한다. 앉아가도 되는가하고 P가이드를 흘끔 쳐다보니 괜찮다는 표정을 한다. 몸이 불편한 나를 대신 비지니스석에서 가게 하겠다고 해서 내가 그 자리에 타게 되었다. 비행기는 8시 35분에 요란한 엔진 소리를 내더니 활주로를 박차고 사뿐히 이륙했다. 기내는 만원인데 퍼스트 클래스와 비즈니스 클래스 62석을 포함해 총 376석의 큰 항공기다. 안내원이 수시로 나와 일반석을 오가며 가족 상항을 알려주는 등 친절에 취해 출발 시 인천항과 서해만 잠깐 보고 경기도와 고향인 강원도 산천을 많이 감상하지 못한 것이 아쉽다.

비행기가 구름 위에 오르니 승객 모두 눈을 붙인다. 안내원이 나의 좌측에 있는 창의 차양을 양해를 구하고 가린다. 나는 구름 위 광경을 더 보고 싶었으나 눈을 감고 미국 등 외국여행 추억을 더듬는다. 헤르만 헷세가 구름을 얼마나 좋아했는지 몰라도 나도 구름을 좋아한다. 구름이 인생과 같아서다. 10년 전 미국여행 시 비행기 창문으로 본 태평양상의 아름답고 찬란한 여러 가지 형태의 흰 구름! 흰 구름만 있는 것이 아니라 오색구름이 지금도 내 가슴을 뭉클하게 한다. 케네디 공항 착륙 직전 일출시 환상적인 구름도 눈에 선하다. 그때 여행은 구름을 본 것으로 만족하고 있다.

P가이드는 가까이 살고 있는데 인연이 깊은 사이다. 해외여행도 많이 한 사람이다. 내가 정년한 후 가족들과 같이 매년 볼거리 먹을거리 있는 곳을 여행도 같이 가주고 좋은 음식도 먹도록 해주고 있다. 그러나 작년에 하와이로 여행을 가자고 했으나 거절했다. 취미생활도 있고, 세대차가 있는 사람들이 해외여행을 다녀보니 불편한 점이 많았다. 특히 2년 전 일본 여행 시 위통으로 가이드에게 고생을 시켜 부끄럽고 그들의 낭만과 추억을 빼앗는 것 같아서였는데 오늘 가는 곳이 자기 가족만 데리고 갔던 곳이다.

아내가 가끔 말하던 곳이고 나의 건강을 체크해 볼 기회이며, 안 가면 평생 후회할 것 같고, 어린이를 동행치 않을 것 같아서 헤르만 헷세가 말했듯이 나를 묶고 있는 모든 속박에서 며칠이라도 벗어나기로 마음먹고 오늘 출발하게 되었다.

잠이 들었다 깨어보니 내 앞에서 친절히 돕던 안내원은 보이지 않고 비행기내의 담요만 내 몸을 정갈히 감싸고 있다. 서론이 길어 여정은 간략히 기록해야겠다. 또 하와이는 넓지 않아서 여행 안내하는 총천연색의 현지 풍광을 삽입하고 잘 정리된 책이 출판되어 한번 보면 갔다 온 것처럼 생각되니 두말하면 잔소리가 되는 것 같아 간략히 기록한다. 올림픽에 참여의 뜻이 있듯이 갔다 온 것에 만족한다. 구름을 보고 한 가지는 확실히 느끼고 온 것이 수확이다.

예전에 왕국도 있었고 무엇보다 풍광이 아름다워 전도가 관광지가 아닌 곳이 없다고 안내자가 설명한다. 관광하면 볼거리, 먹거리, 즐길 거리를 찾게 되는데 우리는 하와이안 춤이나 음식 같은 문화 체험보다 역사와 자연을 감상하는데 포커스를 맞추었고 일정 관계로 오하후 섬과 큰 섬(빅아일랜드)을 가보기로 했다.

하와이 첫날, 우리는 거의 8시간 만에 태평양 가운데 있는 섬인 미국령 호노룰루 국제공항에 9시 30분에 착륙했다. 하와이는 약 100만년 전에 화산운동으로 형성되었는데 미국의 50번째 주가 된 곳이고, 안내책엔 하와이는 사람이 도심을 이루었거나 살 수 있는 섬 8개를 포함해 백삼십여 개가 넘는 섬이 있단다. 최근까지 하와이는 두어 개의 섬으로 된 흑인들이 많이 사는 섬 정도로만 알았는데, 비교적 큰 섬 8개가 북에서 남으로 징검다리 같이 있다. 지명은 "니하우(NIIHAU)섬, 작은 카우아이(KAUAI)

섬, 세 번째 있는 섬이 일반적으로 하와이 라고하며 홀로룰루 국제공항이 있고, 진주만이 있는 오하후(OAHU)섬이 있다. 그 밑에 몰로카이(MOLOKAI)섬, 다음으로 라나이(LANAI)섬, 카호올라에(KAHOLAWE)섬, 작은섬인 마우이(MAUI)섬이다. 그 다음 제일 남쪽에 우리나라 경기도 크기의 하와이에서 제일 큰 섬(BIG ISLAND)인데 이곳이 우리가 볼 활화산이 있는 곳이다.

국제공항치고 섬이라 그런지 주변이 조금 엉성해 보였다. 300여 명의 승객이 꼬리를 물고 0.5㎞ 정도 되는 통로를 걸어서 허름한 창고 같은 곳에 이르니 입국심사를 하는데 약 한 시간 소요되었다. 그래도 나는 고령이고 환자 같이 보여선지 나를 부르더니 수십 명 앞세워 주었는데도 그렇다. 공항을 나와 대기하고 있는 소형 버스를 타고 시내변두리 같은 곳에서 하차했다.

P가이드는 짧은 시간에 많은 곳을 보려면 차량 투어를 해야 한다고 하며 차량을 렌트해서 시내의 식당으로 갔다. 한국식당 '서라벌'에서 갈비탕과 설렁탕을 먹었는데, 넓은 홀 한쪽에는 서울에서 온 단체손님들이 식사를 하고 있다. 한국과 일본의 국무총리도 방문했는지 이름이 붙어 있다. 식당 여주인과 종업원들은 친절했다. 식사 후 미리 예약한 '퀸 카피올라니' 호텔에 체크인을 하니 주인이 여종업원과 같이 우리에게 각자 대형 꽃목걸이(Lei)를 걸어주신다. 이곳의 옛날부터 내려오는 풍습인데 방문객의 안녕과 무사를 축원하고 방문에 감사한다는 뜻도 포함되어 있단다.

꽃목걸이 행사 후 호텔에서 바로 2~300m 상거한 해안, 영화로도 소개된 바 있는 '와이키키' 해변으로 석양을 보러 나갔다. 오하후의 일몰 명소 3곳 중 한 곳이다. 초입엔 큰 나무가 무성하고 수십 년 된 나무에 꽃이 피어있다. 아름다웠다. 우리나라와 거의 같은 위도에 있는데 계절이 완전히 다른 곳이다. 와이키키엔 모래사장 7곳이 있는데 각각 비치명이 있다. 우리는 호텔에서 가장 가까운 비치로 나간 것이다. 둑을 50m 정도 걸어가니 수영복을 입었거나 가벼운 옷을 입은 동서양 젊은 남녀 수십 명이 먼저 와서 즐기고 있다.

남쪽을 바라보니 화산으로 융기된 유명한 산 '다이아몬드 헤드'가 멀리 보이고 가까이 모래사장엔 여인들이 비치파라솔 밑에 비스듬히 누워 건각을 자랑하고 있고 좌우해안엔 수영복의 건장들이 보드 놀이를 하거나 수영과 스키, 서핑을 즐기고 있다. 국제적인 서퍼들도 있다고 가이드는 말한다. 뒤돌아보니 호텔 등 고층 건물이 즐비하게 서있다. 운치가 있는 곳이다. 동호인 일행의 와~ 하는 소리에 서쪽 태평양을 보니 구름사이로 일몰하고 있는데 아름답다. 그러나 장소만 다를 뿐 우리나라 일몰광경과 유사했다. 사진 몇 장 담고 귀가했다.

### 둘째 날

오늘은 동쪽 해변을 드라이브 투어로 절경을 관광하며 맛집도 들러보기로 한 날이다. 호텔에서 간단히 식사 하고나서 렌트카로 출발하는데 동녘에 무지개가 피어있는 것을 보며 기분 좋게 출발했다. '탄타루스'에서 '카하라몰'까지 고속도로를 이용하고 여기서부터 72번 도로로 '하나로 베이'까지 몇 십분 달렸다. 고속도로 이용은 무료다. '하나우마 베이'로 가기 직전에 좌측 멀리 흰 색 건물들로 구성된 한국 지도와 같은 '한국 지도 마을'이 보인다. 버스 투어를 하면 들르는 곳이란다. 갑자기 고향 생각에 잠긴다. 다시 출발하여 바닷물 맑기로 유명한 '하나우마 베이'에 도착해서 산 위에서 내려다보니 과장해서 말하면 헤엄쳐 다니는 조금 큰 물고기도 보일 것 같이 맑은데 베이엔 피서객이 인산인해다. 유료란다. 야산에서 내려와 주차 시키고 한 시간 동안 풀밭 같은 길을 산책했다. 약 5~60년 된 나무숲 옆에 공중전화 부스가 있는데 전화기를 보니 오래된 것이 분명했다. 가이드에게 물어보니 그렇겠단다. 미국은 부국인데 '아직까지 저런 전화기를 쓰는구나!'라고 긍정적으로 생각하며 돌아와 승차했다.

72번 도로를 승용차로 태평양 바닷바람을 가르며 '할로나 홀로우 홀'을 향하여 달린다. 파도가 바위에 부딪치는 압력에 바닷물이 분수처럼 오르는 광경을 보았다. 멋진 동쪽 해안을 여행하다 보니 시장하여 '부츠 앤 키모스'란 유명한 맛집에서 팬케이크를 사 먹고 '카일루아비치'로 향한다. 가까이 마을이 없는 도로변 식당인데 관광객이 바깥부터 반시간 이상 기다렸었다. '카일루아비치'는 미국 전체에서도 손꼽히는 멋진 해변이고, 오바마 대통령의 별장이 있어 더욱 유명해진 곳인데, 탁 트인 이국적인 경치에 아내와 나는 탄성이 절로 나왔다. 봉분 없이 수백기의 일본식 묘지가 있는 곳을 투어하고, 다시 달려서 '루아누팔리' 전망대에 올랐다. 몸이 날아갈 듯 바람이 몹시 불었다. 산천 구경을 만끽하고 '탄탈루스' 언덕을 걸어서 올랐다. 이곳이 하와이 일몰의 두 번째 명소이다. 날씨는 서늘해지는데 일몰광경을 보려고 경사면 잔디 언덕에 먼저 와 있는 30여 명의 남녀가 삼삼오오 모여 앉아 담화하며 해가 지기를 기다린다. 해가 구름 속에서 나와 잠시 보이더니 몰하여 사라진다. 너무나 짧은 순간이다.

인간은 몇 백 년 살 것 같이 행동하는 경우가 많다. 나 역시 예외는 아니다. 날씨는 찬데 해가 나 같이 보인다. 백세 시대이니 아직은 젊고 건장한 줄 알았는데, 생로병사의 진리가 생각난다. 갑자기 어깨가 내려앉는 것 같았으나 힘을 내어본다.

셋째 날

오늘은 오아후 에서 가장 많은 관광객이 온다는 명소로 자랑하는 주립공원 '다이아몬드 헤드'를 관광차 출발했다. 관절 때문에 가지 않으려다가 렌트카에 올랐다. 가서 안내서를 보니 사화산에 중급 정도의 등산로로 1908년에 건설되었단다. 우리나라 아차산과 비슷한 산이었다. 표고는 761피트(약232m)고 급경사와 철제와 콘크리트로 만든 계단이 5개소 327단을 오르내리고 터널도 있어 오르기 싫어하는 나를 본 가이드가 정상까지 8마일 정도밖에 안되고 약 1시간 소요되고 걷지 못하면 업어드리겠다고 하며 권유하기에 힘을 내어 스틱 등 약간의 등산장비를 챙기고 아내와 같이 많은 외국인 등산객들 틈에 끼어 걸었다.

하와이어로 참치의 이마라고 불리는 '레아히' 산 정상까지의 등산하는 코스다. 첫 번째 콘크리트로 만든 74단의 경사계단 밑과 도중에서 몇 번 쉬면서 갔지만 그런대로 올랐으나 보행자용 터널을 지나 두 번째 험난한 99단의 계단은 힘들어 몇 번 쉬며 올랐다. 등산객을 보니 고령자들도 보이나 80대는 거의 없는 것 같다. 포격 통제소 내에 나선형 계단을 만들어 포격통제소 4층에 올라 한참 걸어 바깥쪽으로 나가니 54단의 철제 계단에 오르게 되고 정상이다. 한참 동안 쉬면서 사방을 보니 와이키키 해변과 주위 경치가 아름다워 소리 한번 질러보고 자연을 만끽해 본다.

하산시도 등산로를 따랐다. 전망대방향으로 가지 않고 지름길인 82단의 계단으로 내려오는데 정말 힘들었다. 조금 더 걸어와 휴게소에서 쉬었다가 보행자 터널을 들어서니 조금 전 오르던 터널과 연결되어 있다. 그곳부터 오르던 길을 따라 돌아왔는데 약 3시간 소요되었다. 등산시보다 하산시 아내와 나는 가이드의 손을 잡고 걸을 때가 더 많았다. 과연! 힘은 들었지만 하와이 여행 추억이 될 만한 코스였다. 입장료는 도보 1인 1$, 자동차 5$, 와이키키에서 택시론 15$ 정도 비용이다.

점심을 먹고, 어제 돌아보았던 동쪽 해안으로 다시 드라이브를 시작하였다. '쿠알로아 비치'에서 중국인 모자섬을 배경으로 사진을 찍었다. 바닷물이 얕고 파도가 너무나 잔잔하여 해변을 걷던 아내가 이곳이 바닷물인지 호수물인지 모르겠다며 손가락으로 맛을 보았다. '아이쿠 짜다!'고 하며 가이드와 함께 밝게 웃었다. 북쪽 방향으로 83번 도로로 드라이브를 계속하며 트럭에서 판매하는 명품 새우를 먹고 힘을 내었다. 오아후 섬의 맨

북쪽에 다다라 3번째 마지막 석양 명소인 '선셋비치'에 해가 지기 전에 도착하였다. 해가 지는 것을 보기 위해 아내가 해변을 이리저리 돌아다니며 펄쩍 뛰기도 하니 현지 젊은이들이 매우 건강해 보인다며 엄지를 치켜세운다. 아름다운 석양을 만끽하였다. 우리는 그곳에서 2번 고속도로를 이용해 밤중에 숙소로 돌아왔다.

### 넷째 날

호텔에서 나와 서라벌식당으로 향하였다. 우리의 아침밥은 역시 한식이 좋다. 호놀룰루 공항에서 소형비행기로 11:15 이륙하여 약 50분 날아가 큰섬 서쪽의 코나(KONA) 공항에 착륙했다. 비행기에서 내려다본 빅아일랜드는 광활해 보였다. 코나 공항은 매우 작고 친근한 느낌이었다. 공항 인근에서 차를 렌트해 타고 코나에서 가장 유명한 대중식당인 '코나인 레스토랑'에서 중식하고 해변에서 반시간 정도 자연을 감상타가 커피로 이름난 '그린웰 농장'으로 이동했다. 유명하다는 커피 한잔 마시고 거의 지프 형 치만이 다니는 것 같이 보이는 190번과 200번 도로를 달렸다. 미국 대통령 별장이 있다는 오하후의 '카일루아비치'와 이름이 같은 '카일루아 코나'라는 지역이 빅아일랜드에서 가장 많이 모여 사는 곳이라고 한다. 일본 최대 커피 브랜드 UCC농장이 코나 공항에서 20분 거리에 있고, '후알랄라이산' 중턱 에 4만 2천여 평 부지에 8만 그루의 커피나무가 있단다.

큰 섬 중앙 부분에 있고, 정상엔 1년 내내 흰 눈이 모자를 쓴 것 같이 눈이 덮여 있는 산, 해발 4,205미터의 '마우나 케아' 일명 '흰 산' 앞 삼거리에 도착했다. 빅아일랜드의 명소 두 군데를 꼽으라면 단연 '마우나 케아'와 활화산인 화산 국립공원이다. 열대 지방에 흰 눈이 쌓인 이곳은 현지인에게 신성한 곳으로 여겨진다고 한다. '흰 산'이 보이는 방향으로 차를 돌려 2차선 도로를 약 10㎞ 더 올라가서 방문자 센터에 해지기 전에 도착하여 2~30여대의 차와 같이 주차시켰다. 부근에 군부대 막사도 보인다. 천문대까지 더 올라갈 수 있으나 여기서부터는 길이 더욱 험해지고 해가 지기 시작하여 이곳에서 일몰을 보기로 하였다. 하와이에서의 4번째 일몰이다. 이전 3번의 일몰이 장관이었다면 마우나케아에서의 일몰은 매우 신비로웠다. 도로보다 언덕에서 일몰이 더 잘 보여서 약 500미터를 도보로 더 걸었다, 위엔 하늘구름 발아랜 흰 구름의 실상을 보고 석양을 보았다. 출발 시 부터 두어 시간 만에 동쪽에 있는 힐로(HILO)에 와서 밤이 되어서 캐슬 힐로 하와이언(CASTLE-HILO-HAWAIIAN)호텔에 투숙했다. 섬 중앙을 가로질러 온 것이다. 운전을 잘하지 못하면 이국에서 정해진 시간에 많은 곳을 볼 수 없을 것 같다. 문 닫기 전에 호텔 안 식당에서 미국식 식사를 하였다. 매우 피곤한 일정이었다.

### 다섯째 날

호텔 힐로에서 일찍 기상했다. 어제 밤에 허기진 배를 채웠던 퀸즈 코트(QUEEN'S COURT)라는 식당에 다시 갔다. 밤에는 몰랐는데, 여왕의 뜰(마당)이라는 이름처럼 아침에 보니 식당 분위기도 밝고 경치도 멋졌다. 뷔페식 식사 후 친절한 여종업원으로부터 '샤카샤카' 하며 이곳 인사법을 배웠다. 종업원을 보면서 손을 흔들며 '샤카샤카' 하니 자연이 웃음이 난다. 기분이 업 되어 웃음꽃을 피우며 승차해서 칼스미스비치로 향하여 해안에 있는 거북이를 구경하고 약30분 달려 빅아일랜드의 두 번째 명소인 화산 국립공원으로 갔다. 해발 1247m의 '킬라우에아' 화산 분화구를 보기 위해 관리소 부근에 주차시키고 입장료(자동차 1대 25불, 보행자 1인 2불)를 지불하고 수 백 명의 외국인 관광객과 같이 흩어지며 걸었다. 돌밭 같은 평지 여러 곳에서 가스가 섞인 것 같은 소량의 더운 수증기가 분출되고 있다. 스팀 벤트(STEAM VENT)라고 한다. 냄새를 맡으며 돌 틈 사이에 있는 곳을 들여다보기도 했지만 갑자기 폭발하면 어쩌나 할 정도로 불안함도 생긴다.

'킬라우에아' 분화구는 5개의 화산이 융합해 한 개의 섬을 이룬 활화산인데 지금도 활발히 화산 활동을 이루고 있다. 직경이 12K인데 축구장 10개를 합친 면적보다 넓은 구릉이다. 구릉 안에는 2018. 5. 9. 분화한 '할레마우마우분지'도 있고 깊어 보이지는 않는데 약 50m밑 부분에 목재로 도로를 만들어 트레킹을 즐길 수 있게 해놓았다. 우리는 많이 걸어 피곤해 쉬려고 조금 올라와 화산 옆 호텔에 들어갔다. 활화산 바로 옆에 호텔이라니 경이롭다. 입구에 영적 영감이 있다고 하는 화산의 여신 펠레(PELE)의 그림도 보고, 차도 마시며 조금 쉬었다가 승차 이동했다.

분화구에서 해안으로 뻗어 있는 체인 오브 크레이터스 로드

(CHAIN OF CRATERS ROAD)에서 드라이브를 즐겼다. 넓은 화산 용암이 흘러내린 법면에 나무 한 점 보이지 않고 검붉은 용암이 덥힌 산 도로인데 긴 갈지자로 되어 있다. 관리소가 있는 해변에 도착해 약 200m의 바위 길을 걸어갔다. 용암이 해변 낭떠러지로 흘러내려 옆에서 본 코끼리 같은 모양이 굳어서 된 것 같다. 멀리서 보았으나 자연산 작품이 분명했다. 홀레이 씨 아치(HOLEI SEA ARCH)라고 한다. 조망하는 곳이 위험해서 잠시 보고 내려갔던 길로 돌아왔다. 차량으로 왕복 1시간이 넘는 코스로 광활한 빅아일랜드의 진면목을 볼 수 있는 곳이었다. 돌아오는 길에 화산 작용으로 나무는 불에 타 없어져 구멍 만 있는 모습도 보고 200번 도로를 약 2시간 달렸다. 빅아일랜드에서의 두 번째 숙소인 킹스 샵(king's shop)이 있는 '와이 콜로아' 빌리지 내의 힐튼(Hilton) 호텔에 도착했다.

### 여섯째 날

오늘은 힐턴 빌리지 내를 관광 및 쇼핑하는 날이다. 이곳은 관광할 곳이나 숙박 시설 뿐 아니라 필요한 것은 다 있다. 특히 구내 몇 ㎞나 되는 먼 곳까지 갈수 있는 자체로 운영하는 트램(king's Trail)이 있어 노약자 뿐 아니라 장애인도 관광에 지장이 없도록 만들어 놓았다. 사방팔방 갈 수 있는 도로는 물론 트램과 같이 나란히 걷는 길도 있고 소형 운하도 있다. 먹거리 볼거리 즐길 거리 등 지나친 표현일지 몰라도 관광 천국인 것 같다. 그러나 나는 가이드가 밀어주는 휠체어에 많이 의존했다. 미안

했지만 어쩔 수 없었다. 그간 많이 걷기도 하였으나 피곤 할 때는 염치 불구하고 타고 다녔다. 이 글을 쓰며 생각하니 땀 흘리며 밀고 다니던 장면이 오버랩되어 고마운 생각이 든다.

힐튼호텔 체크아웃 후 가이드와 아내가 킹스 샵에서 쇼핑을 하고 비행기 출발 시간 전에 시간이 남아 '와이피오' 계곡의 폭포를 보고 왔다. 코나 공항에서 밤늦게 소형 비행기로 호놀룰루 공항으로 날아왔다. 다음 날 오전에 인천으로 출발해야 하기에 호놀룰루 공항 근처의 숙소에서 잠을 자기로 예정되어 있었다. 택시는 많은데 가이드가 출발 전 예약한 숙소까지 가겠다는 택시는 없다. 맥없이 10여분 기다리는데 50대 기사 한분이 다가와 저도 한국 사람인데 이 시간에 그렇게 가까운 곳에 갈 택시는 없다며 딱한 것 같아 자신이 모셔 드리겠다고 하였다. 가이드는 고맙다고 택시료 배 이상의 팁을 주고 비행장 주변 허술한 여인숙 같은 곳에서 간단히 씻고 잤다.

### 마지막 날

오늘은 비행기를 타고 한국으로 되돌아가는 날 이라고 아내는 새벽부터 부산하다. 집 주인이 말하는데 비행장으로 가는 봉고차가 집 앞쪽에서 출발한다고 해서 그 시간에 나갔더니 10여명의 귀국 인사와 같이 탑승하고 공항에 왔다. 출국장은 입국장과 달리 화려했다. 넓은 쇼핑센터를 걸어 다니면서 손주들에게 줄 쇼핑도 하고 여유로운 시간을 보냈다.

나는 비즈니스석에서, 아내와 가이드는 일반석에 앉아 귀국했다. 우리는 제일 늦게 비행기에서 내렸다. 공항 입구에 오니 누가 신청한지 공항 직원이 휠체어를 가지고 기다리고 있었다. 휠체어를 보니 여행 중 나에게 잘해준 가이드에게 두 번 화를 낸 것이 생각나서 공항 직원이 보는 앞에서 머리 숙여 사과 드렸다. 여행 가방을 찾아 공항 대합실에 나오니 둘째딸과 사위가 마중 나왔다. 나에게 인사하고는 딸이 가이드를 보고 "아버지 모시고 다니느라 고생 많았지?"라고 말하니 가이드는 웃으며 대답한다.

"아버지가 생각보다 잘 걸어서 큰 고생은 하지 않았어요."

우리는 공항을 출발하여 아들을 서초동에서 하차시키고 자기 차로 즉시 K대 의대로 출근하는 것을 보고 잠실로 갔다. 생로병사의 진리를 심취하게 느낀 여행이었다. 무주상 보시를 더 많이 해야겠다.

# 장가계 관광

## 관광 제1일 - 2007. 4. 5. 목요일 맑음

처남, 동서 내외와 같이 관광차 장가계로 출발한다. 날씨가 쾌청하여 마음이 가볍다. 아내와 같이 새벽 3시에 기상하여 준비하고 새벽 4:30에 아들 승용차에 올랐다. 공항을 향하여 한강변을 달려간다. 네온사인과 가로등이 한강을 비추니 잔잔한 물결 위에 불기둥과 불빛 춤이 아름답다. 인천국제공항에 도착하니 05:20이었다. 10번 GATE에서 진해 동서 등 친척 11명과 가이드 1명 동반키 위해 추가한 G방송국 K씨 부모님 등 일행을 만나 인사하고 환담하는 중에 굿모닝 여행사 강릉 가이드 김규창 과장이 우리들의 출국수속을 마치고 우리에게로 왔다. 그를 따라 J14문으로 탑승했다.

중국동방항공사(China East Air Line) MU 2053편 150인석(비즈니스 석 8석, 이코노미 석 142석)의 작은 비행기다. 07:45출발, 47분에 이륙했다. 이륙하자마자 인천해안 부근이 내려다보이는데 고도가 높지 않으니 구름도 아름답지 않고 낮은 구름 속을 나니 캠코더가 무용지물이다. 작년 미국에 갈 때 좋은 하늘 구름 사진을 담지 못했기에 이번엔 꼭 찍으려 했는데, 아쉬웠다.

08:45 제주도 상공을 통과한다. 비행기내 모니터가 고장나서 고도・속도・풍향 등을 알 수 없다. 스튜어디스에 물으니 고도 12.000이란다. feet's인 것 같다. 스튜어디스는 예쁘고 늘씬한 키의 한국여인과 중국아가씨 2명 1조로 적색과 청색계통 옷감에 황색실로 꽃그림을 수놓은 투피스 옷을 입고 입구에서부터 친절히 안내하여 주니 좋은 인상을 준다. 그들의 배식으로 기내식을 먹었다. 밥알이 날아갈 것 같으나 친절에 취해 맛있게 먹었다.

밥을 먹고 멍하니 하늘을 바라보며 몇 년 전 북경과 백두산을 관광했던 때가 생각난다. 그때도 부부 동반한 우리 일행 14명은 모두 60대 초반인데 생전면식 없는 70대 부부가 동행하게 되었다. 가이드 한 명을 대동하기 위하여 추가한 인원이었다. 그러나 우리는 우리 일행과 똑같이 친절히 대해주었다. 그런데 그분들은 연길공항에서 여권을 분실하였다. 백두산까지 관광은 했으나 북경에 와서 귀국할 수 없어 그 두 분만 남겨놓고 오게 되었다. 일행 여인들은 그사이 정이 들어 모두 눈물을 흘리며 헤어진 일이 있는데 그 후 그분들은 약 1주일간 여관에서 기다리다 여권을 재발급 받아 귀국했다고 한다.

세월은 유수와 같구나. 오늘 출발하는 14명 중에 내가 고령자에 속한다. 혹시 나에게 그런 일이 닥치면 어쩌나 하고 생각해 본다. 정신 차리고 행동하는 수밖에 없다. 캠코더는 목에 걸고 디카는 손목에 걸고 메모지와 펜은 들고, 찍으며 기록하며 다녀야 되니 전쟁터에 간 CNN기자도 그렇게 하고 다니지는 않았을 것 같다. 신로심불로라는 말과 같이 속된 말로 "놀고 있다" 그래서 걱정이 되어 여권을 아내에게 보관토록 했다. 그러니 마음이 한결 편하다. 오늘 우리 일행은 나보다 연장자가 남자 2명, 여자 1명이니 다소 위안이 되기는 하지만 정신 차리고 다녀야겠다고 생각한다.

이 생각 저 생각하는데 벌써 장사에 도착한단다. 09:55 장사 국제공항에 도착했다. 시계를 보니 우리나라와 시차가 1시간 차이었다. 그래서 시간을 변경하지 않고 그대로 쓰기로 했다. 최근에 국제공항이 되었다는데 입국심사 하는 곳이 협소하고 어두웠다. 가이드가 그들을 보고 손가락 짓을 하거나 웃지 말라고 주의를 준다. 입국 심사하는 공무원들이 체격이 작고 왜소해 보인다. 세 곳에 앉아 점검하는데 근엄한 표정을 하고 있다. 첫인상이 중요한데 꼭 그렇게 해야 하나? 의구심이 든다. 미국 갈 때처럼 혁대 풀고 신발까지 벗어들고 검사하지는 않았다.

현지 가이드가 굿모닝이란 팻말을 들고 있기에 그 앞으로 갔다. 35인승 버스에 탑승해 장사시 투어가 시작된다. 현지 가이드의 자기 소개말에 의하면 우리 교포 3세 이철주라고 하고 운전자는 석씨인데 중국인이기에 석 따거라고 부르라 해서 방 따꺼, 신 따거, 안 따거, 손 따거, 이 따거, 길 따거, 피 따거, 공 따거 하며 모두 한바탕 웃었다. 따거는 형이란 뜻으로 상대방을 존경해주는 호칭이란다.

호남성은 우리나라 남북한 크기인데 인구는 6,440만 명으로 한족이 90%다. 옛날 오(吳)나라가 있던 땅이다. 실은 양자강 줄기지만 중국에서 두 번째로 큰 호수라는 동정호수 남쪽이라 해서 호남성이라 했다. 북쪽은 호북성이다. 장사시는 호남성의 수부로 경기도 정도 크기이고, 인구는 630만 명 정도이다. 수천 년 전부터 인간이 살던 곳인데, 장사라는 지명의 유래는 시내를 돌아가는 큰 강을 상강(湘江)이라 하는데 강 중앙에 긴 모래섬이 있어 장사(長沙)라고 부르게 되었다고 하며 상강 변을 지나는데 긴 모래섬을 손짓하며 가르쳐준다. 공항진입도로는 편도 2차선으로 중앙분리대는 폭 1.5m 정도 넓이인데 시멘트 등으로 견고하게 만들었고 그 위에 화분을 나열해놓아 보기 좋았다.

가이드는 중국에 대한 설명을 한다. 중국은 반사반자(半自半社) 국가로 대륙은 암탉 모양으로 생겼는데, 4개 직할시(북경, 상해, 천진, 중경)와 31개 성으로 되어있으며, 56개 민족, 13억 5천만 명이고, 갑부가 1억 명(세대)이 넘는다고 자랑스럽게 말한다. 동북 3성의 흑룡강성이 있는 북쪽 끝과 남쪽 끝 하이안과 기후 차는 60~70도라 한다. 자동차 번호판에 湘12345G라고 되어 있는 것은 상(湘)은 호남성의 약칭이고 G는 장사를 뜻하는 것이란다.

중식 전에 첫 번째로 보여 주는 곳이 세계지창(世界之窓)이라고 각국의 상징적인 건물을 축소하여 만들어 놓은 곳인데 입장료는 5위안(元)이었다. 높이가 약 7m 되는 다빈치상의 조각 밑에서 킥킥거리며 사진을 찍는 중국인 아가씨들이 특이해 보였다. 모노레일로 약 10분 돌아보고 나왔는데 우리나라는 경복궁이 있다고 하나 나는 보지 못하고 나왔다. 아직도 공사 중인 곳이 있어 어설픈 면이 보이더라. 중학생들이 단체 수학여행 온 것 같은데 여유로워 보여 장래가 밝아 보인다고 일행 중 한 분이 말한다. 3량을 견인한 무괘도 모노레일 자동차가 좁은 구내도로를 요리조리 사람들을 피하여 가며 운전하는데 위태로워 보인다. 중국의 3대 학살처로 천진, 장사, 남경을 꼽는데 장사는 천진대학살에 이어 두 번째로 많은 사람이 희생된 곳으로 공산당 숙청을 위한 장계석 군이 시가지를 불태우고 20여 만 명을 학살한 지역이란다. 그 다음은 일본군에 의한 20여 만 명이 죽음을 당한 남경대학살을 3대 학살로 꼽고 있다고 한다.

우리는 다시 승차하여 식당으로 이동했다. 우리는 일만 명이 동시에 식사할 수 있는 세계에서 제일 큰 식당으로 기네스북에 오른 호서루(湖西樓) 2층에 올라갔다. 과연 궁궐같이 큰 식당이었으나 깨끗하거나 윤기는 흐르지 않고, 화장실이 세수간(洗手間)이라 표기되어 있다. 소변기는 없고 남녀공용 대변기가 있는 화장실이 스무 칸이 있는데 한 칸의 문을 열고 들어가니 밑면 구멍이 개폐식으로 되어 있다. 사용하면 열리고 사용하지 않으면 자동으로 닫힌다. 아마 악취를 제거하기 위한 것 같다.

중국식 식사를 하고 내려와 사진 한 장씩 찍고 버스에 승차하여 다음 관광지인 김구 선생 기념관(당시는 휴양지)으로 이동했다. 시내 가까운 곳의 악록산(岳鹿山) 중턱에 있었고 바로 옆에 악록산사라는 사찰도 있었다. 차에서 내려 약 5분간 걸어올라 갔는데 소향나무라는 백여 년 되어 보이는 큰 나무 여러 그루 중 돌담에 끼어 있는 나무 하나에 직경 1m 되는 옹이가 튀어나와 있는데 누르면 튀는 원리를 알 것 같다. 약 50m 걸어가는데 젊은 여자들 6~7여 명과 남자 2~3명이 길을 가로막고 찍지 말라 해도 카메라로 우리를 찍는다. 호객하는 여자들은 화장도 하지 않고 머리는 땋은 상태이고 복장은 허름한데 웃음도 보이지 않고 눈에서는 돈을 벌어야겠다는 의욕이 넘쳐나서 섬뜩한 느낌마저 들었다.

가볍게 물리치고 김구 선생 기념관에 들어가니 대지는 백여 평 되어 보이고 30여 평 되는 와가 단독주택이었다. 거실(회의실)과 나무 침대가 있는 침실, 식탁과 밥그릇이 있는 취사장 등이 옛날 그대로 보존되어 있는데 이곳에서 항일독립 운동을 구상하고 지휘하던 곳이라 생각하니 자연히 머리가 수그러진다. 잠시 묵념을 했다. 사진 등 유품 몇 점이 있고 교포 2세 같은 중국인 아가씨가 서툰 우리말로 안내와 설명을 해주는데 관람료를 받아 운영하는 것 같아 우리 일행 중 처조카가 대표로 만 원 권으로 헌금했다. 참배하고 나와 옆 건물인 악록산사까지 이동하는데 어느 사이 만들었는지 우리 일행 각자 사진을 넣은 열쇠고리를 제작해 가지고 무리를 지어 따라오며 혹은 길을 막아서서 '천원' '아저씨 한개 천원' '싸다' 하며 팔아달라고 한다.

가이드로부터 들은 이야기도 있어 사지 않고 악록산사로 이동하여 법당에 들어가니 삼존불이 있는데 그 앞 좌우에 중앙을 향해 가섭존자와 아난존자 같은 조형이 협시하고 있는데, 유불도교가 융합된 사찰인가 자세히 보려하나 열쇠고리 이동 상인에

질려 그대로 내려오는데 처조카가 우리 사진이 들어간 열쇠고리를 그대로 두고 올 수 없어 보시하는 샘치고 세 개 천 원씩 전부 매입해 우리에게 나누어 주었다. 스님 2분이 법복을 입고 경내를 포행하는 것이 보인다. 상인들에 쫓겨 도망가듯이 내려와 버스에 올라 다음 관광지 장가계로 이동했다. 패키지 투어여서 시간이 촉박해 주자가 교육했다는 안록산서원을 관광하지 못한 것이 서운했다.

장상(張常) 고속도로로 시속 100㎞노선인데 4시간 소요된단다. 우리나라 중앙고속도로 같이 생긴 도로로 갓길이 있는 편도 2차선의 깨끗한 고속도로였다. 중국에는 1~6급까지 도로가 있는데 이 도로는 2급이라 한다. 통행료는 한화 5만 원정도 된다고 하는데. 시멘트 포장이고 통행 차량은 적었다. 도로변에 꽃나무와 대나무가 많이 눈에 띈다. 옛날에 중공을 죽의장막이라 한 것이 생각난다. 화물차 통행이 많다. 화물차도 외형을 보니 노후된 차량이 많다. 약 1시간 넘게 달리니 넓은 들이 나타난다. 평야 지대를 거의 한 시간 달려 도로변엔 흰 벽에 뱃집 형의 진회색 와가로 된 2~3층 건물의 농촌이 나오는데 거의 비슷하게 건축되었고 깨끗해 보이는데 고속도로 건설 시 일제히 지은 것 같다. 가끔 오래되고 사람이 살지 않는 건물도 보인다. 우리 차에 5세 정도 되는 아이를 데리고 편승한 장 씨라는 중국인에게 물으니 익양시(益陽市)라고 중국어로 적어준다.

이정표에 원강-자강(沅江-資江)을 지났다. 도로변 야산에 우리나라 분묘 같이 잔디로 잘 조성된 분묘는 보이지 않고 흙이나 돌로 봉분을 조그맣게 만들었는데 비석은 없고 분묘 앞면에 시멘트 벽돌 같은 것으로 약 1m 높이로 쌓아 놓은 것도 있었다. 분묘 옆엔 풀이 무성하여 분묘인지 잘 모르겠는데 붉고 푸르고 흰 천이나 반짝이 종이 같은 것을 약 1m 높이의 싸리 꼬챙이 같은데 메어 달고 분묘 위나 옆에 꽂아 둔 것이 보인다. 우리 차 뒤쪽에 편승한 중국인에게 손짓발짓하며 물으니 '那是墓地, 中國人有在, "清明" 矛前后 '挂清'之 風俗, 卽 紀念死去的 辛人' 라 적어준다. 중국인 풍속인데 청명일 전후해서 재물을 많이 들어오게 하고 편안하게 해달라고 조상들에 비는 풍습인 것 같다. 약 보름간 두었다가 소망을 적은 종이와 같이 태우는데 우리가 제사 후에 소지(燒紙)하는 풍습과 비슷하다.

휘발유 1L에 5원(元)이고 우리가 타고 가는 소형버스(35인승)는 운여통영(運旅通永) 소속 湘G, Y1155호였다. 넓은 들이 있는 곳이 보여서 어디냐고 물으니 상덕시(常德市)라고 써준다. 도로변 가옥에 전선이 연결된 집이 별로 보이지 않아 물으니 전기가 없는 집이 많았는데, 우리나라 드라마 '대장금'이 상영되고부터 TV를 시청하려는 집이 많아져서 전기 가설이 많이 늘었다고 한다. 그러고 보니 좌측에 고압선 전주 설치 공사가 한 참이다. '有電視机 洗衣机 電冰箱草'라고 적어준다. 전기가 있어야 TV도 보고 세탁도하고 냉장고에 신선한 야채도 넣어 둔다는 뜻인 것 같다. 고속도로변에 야생동물 보호망은 잘 설치되어 있는데 까치집은 전혀 보이지 않고 새들도 보이지 않는다. 이모작을 하는 지방이라 못자리 준비를 하는 곳도 눈에 띈다. 직파도 한단다.

휴게소는 없고 1시간 정도 간격으로 주유소가 있어 그곳에서 휴식을 하였다. 주유소의 화장실이 예전 우리나라 군훈련소 화장실 같다. 상장(常障) 고속도로 IC 자리시(慈利市)입구를 통과했다. 폐가가 자주 보이는데 이주농가 건물이 확실한 것 같고 농토는 전답 공히 척박하게 보인다.

장가계시 40㎞전방부터는 산이 나타나고 터널도 한곳 지났다. 20㎞전방부터는 돌산이 많이 나타나는데 19:25 장가계시에 도착했다. 한고조 유방이 한나라를 통일 후 일등공신 한신을 두려워하여 죽였는데 한쪽 팔 역할을 한 장량마저 죽이려하자 장량이 미리 알고 이곳 청암산으로 숨었다. 이곳 토가족이 장량의 편에 서서 항전하므로 검거할 수 없게 되자 물러가면서 장가가 사는 곳이라 인정해서 장가계라고 하였다.

상강과 원강보다는 적으나 장가계 시내를 흐르는 '이수'라는 강이 있다. 저 멀리 강가에 3~4명의 빨래하는 아낙네들도 보여 시골 풍경을 자아낸다. 저녁 일곱 시 반이 지났으나 봄이라서 그런지 어둡지 않다. 낙조토홍 궤벽산(落朝吐紅 掛碧山)인데 가을이 아니어서 기러기는 없고 흰 구름만 흘러간다. 장가계시에 한국인이 일 년에 40만 명이 다녀간단다. 이렇게 많이 관광 오는 것은 산이 있고 산을 좋아하기에 오는 것인가? 장가계시 발전기금은 한국인의 호주머니로 이루어진다 해도 과언은 아니란다. 도처에 고층 아파트 공사가 하늘 높은 줄 모르고 오른다. 한글로 제대로 된 안내책자 한권 보이지 않으나 영어 안내서는 잘 되어 있는데 서양인은 보이지 않는다.

중국은 여관을 주점이라 표기 하는데 우리는 장가계 시내 경호대주점 '景豪大酒店(JING HAO HOTEL)'에 도착했다. 별 네 개 호텔로 본관은 8층 건물인데, 우리일행은 6층 602~610까지 배정받았다. 나는 609호 침대 방에서 투숙했다. 샤워기가 1.8m 높이에 고정되어 있었고 냉 온수 조작이 잘 안되어 사용이 불편했다. 복도와 방음이 잘 안 되었고 방안에 냉장고도 없다. 우리는 여기서 삼일 동안 숙박해야한다. 2008년 하계 올림픽이 개최되면 더 많이 발전될 것이고, 시설도 개선될 것이다.

### 관광 제2일 - 2007. 4. 6. 금요일 맑음

09:30 소형버스로 장가계 시내에 있는 호텔을 빠져나왔다. 중국 속담에 '남보다 한 발 먼저 뛰거나 한 발 뒤에 가라'는 말이 있는데 오늘 우리는 한 발 먼저 가기 때문에 천자산 관광을 여유롭게 즐길 수 있다는 가이드의 말에 소풍가는 초교생 같이 마음이 들뜬다. 사과나무 같이 생긴 10년생 정도 되어 보이는 가로수가 도로변에 식재되어 있는데 가로수 밑 부분 약 1m 높이로 백색으로 도색이 되어 있어 밤에는 야광 효과를 내어 교통사고 예방과 병충해 예방을 겸하고 있단다. 효과적인 것 같다.

오늘도 아침부터 저 멀리 이수 강가에 아낙네들 3~4명이 빨래하는 풍경이 여전하여 정겹다. 중국에선 사랑하는 남정네가 있으면 상대방의 발을 살짝 밟는 풍습이 있는데 오늘 관광하다가 발을 밟혀도 오해하지 말고 잘 사귀어 한국으로 데려가라고 즐겁게 해준다. 4월부터 장마철이 다가오는데 연간 2개월 정도 날씨가 좋고 그 외는 불순하여 충분히 즐기는 관광을 할 수 없는데 좋은 달을 선택해 오늘같이 쾌청한 날에 관광을 하게 되어 복 많은 분들이라고 사기를 돋구어준다. 관광 중 중국 복식을 한 여인들과 사진을 찍으면 돈을 주어야 되지만 사진 찍기 좋은 자리에서 찍을 때도 돈을 요구할 때는 주지 말라고 한다.

산골에 도로를 개설한 1차선 포장도로를 달린다. 노목곡(老木峪)이란 2.4㎞ 길이의 터널을 지나니 백장협이란 곳이 나온다. 산을 절단하여 도로를 만들었고 협곡인데 신선이 살 것 같은 가파른 절벽 산이 좌우에 나타난다. 버스 내에서 얼굴을 창문에 밀착시켜 하늘을 쳐다봐도 정상을 볼 수 없을 정도다.

한참을 달려 무릉원(武陵苑)이란 9층탑 같이 생기고 궁궐 크기의 흑색건물 앞 광장에 하차하였다. 입장하기 전 우리끼리 사진을 찍는데 우리말을 한마디도 못하는 동승하고 온 처녀 사진사가 뒤따라 다니며 찍지 말라고 해도 계속 사진을 찍는다. 현지 가이드가 소개하니 어쩔 수 없이 동승시킨 것이다. 우리말로 인사만 해도 정이 들어 더 많이 찍었을 것 같다.

무릉원 풍경명승구는 천자산 자연 보호구, 장가계 국가 산림공원, 삭계욕 자연 보호구로 구분되는데, 세 곳 다 보려면 4일 정도 소요되기에 천자산만 보기로 했다. 천자산은 천문산과 같이 개발이 늦어 자연 보존이 잘되어 있는 보호구역이다. 무릉원 건물은 천자산 관문으로 공항 통과하는 것보다 더 까다롭다. 지문을 찍고 통과한다. 카드 1매를 주는데 분실하면 무조건 6만원을 배상해야 한단다. 입장료는 한화로 4만 원 정도다.

우리는 조금 이동해서 천자산 계단을 올라가 관광객을 위해 노래도 부르고 춤도 추는 공간을 만든 조그마한 마당에서 쉬다가 케이블카가 오기에 약 2㎞정도 되는 천자산을 6인승 케이블카를 타고 위, 아래, 옆으로 목이 빠지라고 돌려 보면서 정상에 올랐다. 천자산엔 요즈음 1일 8~9천명이 관광하러 온단다. 뾰족뾰족한 바위가 위용을 자랑하고 있는데 바위 위와 옆면에 큰 소나무가 뿌리를 내리고 자란 것이 신기롭다. 해발 1261.2m되는 정상에 오르니 산과 시내가 한눈에 들어오는데 사진을 찍고 관광객에 밀려 갈지자로 줄을 길게 서서 기다리다가 소형버스에 올라 이동했다. 천자산 지역은 369평방㎞ 넓이에 3,103개의 기기 미묘한 석봉과 아름다운 폭포, 호수, 공원 및 동굴 등이 있어 과연 천하제일 기산이라 하겠다.

이 고장 출신이고 1세대 공산 혁명동지라는 와룡장군의 높이 6.5m, 무게 9톤인 동상이 있는 곳에서 붓을 세워놓은 듯한 어필봉을 바라보니 붓끝 같은 여러 개의 바위가 하늘을 찌르고 있어 그야말로 절경이더라. 수천 개의 봉우리가 바다를 이룬다는 '천대서해', 봉우리가 선녀와 같다는 '선녀헌화'를 감상하며 시한 수를 읊어본다.

구름 속 천자산을 삭도(索道)로 올라가니
발아래 촛대바위 구름 위 선녀 바위
바위 위 소나무 숲을 신선이 심었구나.

\- 천자산에 오르며

경치가 아름다워 사진에 담으려니 현지 사진사와 같이 온 사진사가 우리보다 먼저 찍는다. 손을 저어도 마찬가지다. 그들도 회사에서 오더(order)를 받아 오기에 어쩔 수 없단다.

살구꽃 나무, 복사꽃 나무와 이름 모를 나무들이 꽃을 피워 온 산천 여기저기에 덮고 있다. 무릉도원이 어디냐 묻는다면 여기가 무릉도원이라 하겠다. 십여 일 전만 해도 눈이 왔다고 한다. 설해목이 쓰러져 있는 것을 보니 눈이 많이 온 것 같다. 잡상인들은 이 높은 곳에도 있다. 이곳 야외에도 상인들 약 20여 명이 일렬횡대로 좌판을 앞에 놓고 한 발지국도 앞으로 나오지는 않으나 팔 물건을 들고 밤 5공기 천원! 삶은 고구마 6개 천원! 아저씨 아주머니 싸다 싸다하며 우리가 가는 데로 파도치듯 일어섰다 앉았다하며 소리친다. 질서가 조금 있는 것 같다. 산경치는 아름답고 강남 갔던 제비가 올 때가 되었는데 보이지 않는다. 우리는 천자한식뷔페식당(天子快餐韓國廳)에서 제일 먼저 식사를 해결했다.

12:40 셔틀버스를 타고 원가계로 이동했다. 세 번째로 타는 버스다. 위험해 보이는 꼬불꼬불한 1차선 도로를 따라 내려오는데 그 높은 곳에도 복숭아와 살구꽃은 계속 보이고 두어 채의 인가가 신선이 사는 집 같이 보인다. 우리는 하차하여 걷기 시작했다. 아찔한 절벽을 아름다운 바위가 넘어지며 20m 간격을 연결한 자연교각인 '천하제일교'에서 언약을 지키자는 뜻으로 걸어놓은 수천 개의 자물쇠를 배경으로 비디오를 돌렸다. 원가계

제일경이다. 아름다운 절경에 정신을 잃는다는 '미혼대'를 구경하고 기이한 봉우리와 암석이 한 폭의 산수화를 연상케 하는 십리화랑, 천산 바위가 수풀 같이 하늘을 찌르고 있다.

우리는 4회째 소형셔틀버스에 탑승하여 조금 내려와서 하차하여 걸었다. 걸어오면서 좁은 인도변의 노점상에서 장가계원가계 사진첩 한 권을 천 원에 샀다. 나중에 진해 동서는 두 권에 천 원, 처조카는 세 권에 천 원씩 샀다. 물건 살 줄 알고 돈 쓸 줄 안다고 칭찬해주었다. 우리는 높이가 335m되는 절벽에 백용상제(白龍上梯)란 엘리베이터를 타고 1분 58초 만에 내려왔다. 엘리베이터는 26인승인데 두 대였다. 올라가는 관광객도 있다.

반 인공호인 보봉호로 이동했다. 수심이 평균 72m이고 제일 깊은 곳이 119.2m라 한다. 버스 도착 지점부터 언덕길을 걸어가는데 가마꾼 20여명이 가마를 타고 가라고 하더니 일행 중 잘 걷지 못하는 한 분을 향해 그분이 서면 서고 가면 뒤따라오며 집중공략한다. 우리 일행은 그분 옆에서 노래를 부르며 건재함을 과시 하며 걸었다. 종내 그들은 허탕을 쳤다. 나는 보봉사를 오르려다 일행과 거리가 멀어져서 뒤돌아 뛰어 내려왔다.

걸을 힘도 있지만 가마를 타지 않는 이유는 다음과 같은 일화 때문인데, 도중에서 비용을 더 요구해서 최대 10만원까지 지불했다는 이야기가 있기 때문이다. 그 후 가마(輪子: 죠즈)를 타지 않는다는 가이드의 말이다.

산길을 45분간 걸어 올라가니 약 30인승(정원표시가 안됨)되는 유람선 3~4척을 접안 할 수 있는 조그마한 선박 계류장이 나타난다. 우리는 유람선에 다른 한국인 일행과 같이 30여 명이 탑승하고 유람을 했다. 배가 약 10분 정도 가니 우측의 수상(水上) 정자(亭子)에서 아가씨가 서서 노래를 부르는데, 남자를 그리워하는 노래라고 한다. 돌아서 나오는데 이번엔 젊은 남자가 물 위의 작은 배에서 노를 저으며 노래를 부르는데 여자를 그리워하는 노래라고 선박 안내자가 우리말로 재미있게 설명을 잘해준다. 가이드가 이번에 관광객에게 노래를 시켜 처조카와 처형이 신나게 한마디씩 불렀다. 하선하여 도보로 가파른 산길을 내려왔다. 우리는 현지 가이드 안내로 40분간 차 공부하러 보봉호 입구 유원지 한 상가 건물에 들어갔다. 차 종류 중 보이차, 오룡차, 야생차, 흑차, 용정차, 화차 등에 대해 설명하는 곳으로 차를 판매하고 있었다. 우리 일행 3명이 몇 통씩 구입했다. 우리는 잡상인들을 뒤로하고 버스에 올랐다. 장가계 시내까지 35㎞인데 40분 만에 호텔에 도착해서 시장하던 차 현지식을 게눈 감추 듯 먹었다.

석식 후 발 마사지 체험을 한다기에 호기심이 생긴다. 난생 처음으로 해보는 것이기 때문이다. 예전에는 발을 학대했으나 요즈음은 중하게 여겨 발 마사지가 보편화되었다. 장소는 우리가 투숙하는 호텔 3층인데 의자 8개를 배치해 놓고 23세 전후 유부녀 같은 분이 20세 전후 되는 아가씨를 손님 숫자대로 데리고 들어와 세숫대야에 더운물을 떠와서 씻어주고 크림 같은 걸로 발라주고 마사지를 약 1시간가량 해준다. 세련된 여자들은 아니지만 성의껏 해주니 상쾌하나 팁 줄 걱정을 한다. '오천 원

줄까, 아니야 일행이 다 보는데 약속을 지켜야지' 갈등이 생긴다. 마사지 요금은 약 2만 원인데 회사로 입금되니 아가씨들에겐 얼마씩 배당되는지는 모르나 별도의 팁을 주어야 한단다. 전에는 1~2천원이었는데 한국인 졸부가 와서 마사지 해보고 자기도 만지기 싫어하는 발을 정성껏 마사지해주니 감격하여 팁을 5천원, 심지어 1만원까지 주어 그들끼리 싸움을 하는 등 버릇을 잘못 들였다고 하며 한국인 가이드가 삼천 원씩 일률적으로 지불하여 한국인이 봉이 아니라는 것을 보여주라고 한 말이 귓전을 울려온다. 삼천 원씩 주니 더 달라는 인상이다. 돈 이천 원에 얼굴을 마주 보지 못하겠더라. 눈을 딱 감고 나왔다. 여자 일행들도 통일했다. 나오며 보니 받은 팁도 팀장 같이 나이 조금 든 여자가 거두어 갔다. 호텔에 들어와 샤워하고 잠을 자려는데 복통이 발생해 밤중에 고생을 했다. 아내가 옆방에 알려 동서내외가 와서 수지침을 놓고 애써준 덕택에 새벽이 되니 진정이 되었다. 비상약을 가지고 다녀야 하고 수지침을 배워두면 좋을 것 같다.

### 관광 제3일 - 2007. 4. 7. 토요일 맑음

모닝콜 전에 항상 일어난다. 속이 불편해서 아침을 죽 한 그릇으로 달렸다. 오늘은 황룡 동굴을 관광하는 날이다. 08:25에 버스로 출발했다. 백색 싸리 꽃 같은 꽃이 많이 핀 도로를 따라 한참 달려갔다. 어제 지난바 있는 노목곡추도(老木峪隧道: 터널)를 지났다. 터널 안의 가장자리에 약 50㎝되는 인도 같은 곳을 여자 한 명이 걸어 나간다. 중국에는 1~6급까지 도로가 있는데 이곳이 3급 도로로 통행료는 4,000원이란다. 백장협 계곡을 지나 무릉원과 보봉호 입구를 통과했다. 얼마쯤 더 가서 마을 입구에서 내려 약 500m를 걸었다. 우리가 걸어가는 비포장길 우측에 일률적으로 두어 평씩 되는 판자 집으로 된 간이상점이 약 100여 개소가 다닥다닥 붙어 있고 역시 천 원, 천 원 하며 매입을 부추긴다. 구매하려는 이 없이 삼삼오오 각개 약진으로 황룡동굴 입구를 향하여 걸어갔다.

동굴은 우리나라 삼척지방에 있는 동굴과 같은 석회석 동굴인데 동굴 내에 2만 명은 수용할 수 있고 제일 넓은 곳에 12,000명을 수용 가능하단다. 날씨가 흐려 캠코더 사용은 포기 했다. 입장료는 대인(大人) 80위안, 반표(半票) 41위안인데 동굴 입구를 걸어 들어가니 하천이 흐른다. 이 동굴은 생성된 지 약 1억년이 된 동굴인데 우리나라와 달리 석순(종유석에서 흘러 떨어지는 물방울을 탄산석회가 물 또는 이산화탄소가 증발하기 때문에 생기는 죽순 모양의 돌기 물)이 자라는 동굴이란다.

20인승 동력선이 대기하고 있는 곳에서 서로 손을 잡아 주며 흔들거리는 동력선에 승선하였다. 약 10분간 달리면서 동굴 내 장관을 감상한 후 선박에서 내려 희미한 조명의 동굴 안을 걷기 시작했다. 행복의 문과 장수의 문을 만들어 놓고 희망하는 곳으로 들어가면 소원성취 한다고 써놓았는데 장수 문을 택했다. 욕심을 부린 것이 부끄러웠다. 12만 년 전에 넘어졌다는 노송관(老松觀: 와송기관)이란 도깨비 방망이 같이 생긴 몇 톤짜리 종유석이 누워 있는 것과 궁전 같은 것도 보고, 기기묘묘한 형상의 석회석을 감상했다. 전문가가 아니어서 종유석(돌고드름)으로 된 것인지 석순으로 생선된 것인지 짧은 시간에는 분간하기 어려웠다. 그중에 표면은 울퉁불퉁 하지만 한아름 정도의 석주(돌기둥)같이 생긴 것이 높이는 19.2m인데 20만년 자란 석순이라 한다. 한화로 1억 원 보험을 가입했다는데 유관으로 보니 천장에 거의 닿아 있는 것 같은데 완전히 붙으려면 6만년 정도 기간이 필요하다고 한다. 연한 것이 강한 것을 이긴다는 노자 도덕경이 생각난다. 물방울이 돌에 구멍을 뚫기도 하지만 돌을 키우기도 하는 그 위력을 다시 생각하게 한다.

석순은 100년에 1㎝, 종유석은 260년에 1㎝자라고 석순 자라는 속도는 천장 높이와 관계가 있단다. 우리는 요철의 길을 오르내리며 어떤 곳에선 장님 같이 더듬거리며 걸어서 11시경 출구로 나왔다. 우리가 조금 걸어오는데 행상인 여러 명이 좁은 길을 가로막으며 물건을 사라고 하나 과일 몇 개 사먹고 다시 버스에 올라 다음 장소로 이동했다.

장가계 국가지정 지질전람관(地礦陳列館)이란 곳의 옥공예 전시관을 구경했다. '피수'라는 동물 모형이 입구에 있는데 욕심 많은 동물을 상징한 것으로 용왕의 9번째 아들로 태어났다고 해서 눈길을 끌었다. 우리 일행은 춘천 옥을 생각하며 몇 분이 구입했다. 그곳에서 나와 창덕궁(昌德宮)이란 곳에서 한식 된장찌개 백반으로 중식을 하고 또 35인승 버스로 부근에 있는 338년 전에 개업했다는 동인당 계통의 어수당(御壽堂) 한약방에 40분 공부하러 갔다.

사무실 같은 곳으로 안내되어 의자에 앉게 한 후 흰 위생복을 입은 50대 남자 1명이 들어와서 교포인데 한의사라고 자기소개와 동시에 체질의학에 대한 이야기를 하고 흰 위생복을 입은 젊은 남자 1명과 여자 1명이 뒤따라 들어와서 검진을 하고 상담을 해준다. 처음엔 머뭇거리다가 몇 분이 검진을 받기에 나는 슬며시 밖으로 나왔다. 밖에 나와 보니 넓은 대지에 단층으로 지은 상당히 큰 건물이다. 흰 위생복을 입은 사람들 5~6명이 여기저기에서 흥청거리며 앉아있는 것이 보인다. 우리 일행은 진찰도 받고 한약도 구입한 것 같다.

상행위를 한다고 하면 반응이 좋지 않아 공부라고 한다는 설명을 듣고 14:30 한약방을 출발하여 천자산 십리화랑(十里畵廊)으로 이동했다. 어제와 같이 2차선에서 4차선으로 확장 포장 공사를 하는 약 1㎞ 되는 구간을 통과하여 무릉원에 도착했다. 어제 구입한 카드를 제시하고 다시 지문을 찍고(요금은 더 지불하지 않음) 들어가서 버스를 타고 천자산 능선 쪽으로 가지 않고 좌측 골짜기로 향하여 달린다.

위와 아래에 기암괴석의 절벽의 2차선 시멘트 도로인데 위험해 보이나 곡예운전으로 교행하면서 상호 인사는 절대로 하지 않는다. 터널과 좁은 도로 공사구간을 지나는데 곡각지에서 공사 중인 관계로 서로 보이지 않아 전화로 교통정리를 하는데 전화하는 정복 입은 공무원이 의자에 비스듬히 반 눕다시피 앉아있는 태도가 볼만하다. 손가락으로 까딱거리며 통행신호를 하는 것이 불쾌감을 줄 뿐 아니라 승객에게 혐오감을 준다. 신호 받고 교행해 가는데 자동차로 끝까지 갈 수 있는 곳인데 도중에 하차시켜 모노레일을 탑승하게 만들었다.

입장료는 전인(全人) 33위안이다. 모노레일(電赵倣覽車)은 6인승의 소형 궤도열차 5대를 연결해 놓은 것이다. 십리회랑(10miles nature valley)은 약 10분 운행하여 도착했다. 손가락 바위(食指峰)도 다시 보고 세자매봉(三姉妹峰)도 아래에서 쳐다보니 장관이다. 큰언니 봉은 아이를 업고 있고, 둘째는 임신 중인 형상을 했다. 우리는 세자매봉을 배경으로 사진을 찍었다. 지팡이 한 개 천 원, 장가계 사진첩 한 권 천 원, 찐 고구마 5~6개 천 원, 모자 1개 천 원, 귤 한 봉지 천 원, 밤 5공기 천 원, 천 원하며 외쳐대며 달려든다. 그것이 구경거리다. 이동 상인에 익숙해졌는데도 구경을 제대로 못하고 모노레일 타고 되돌아와 버스에 탑승하여 약 십리 정도 떨어진 곳에 있는 수록사문(水綠四門)으로 이동했다.

버스회사는 경구배보객운(景區环保客運)인데 10여 대의 버스가 정차되어 교대로 운행한다. 주차장은 비교적 정돈되어 있다. 수록사문은 절벽 밑을 약 4,990m를 산책하는 코스인데 우리는 약 710m까지 약 30분간 걸어갔다가 되돌아왔다. 가마꾼들이 사람을 태우고 힘차게 달린다. 오천 원! 오천 원! 하며 외친다. 가마를 탈 사람은 가마꾼 한 사람당 얼마인지 확인하고 타는 것이 좋을 것 같다. 도로변에 드문드문 나무에 이름표를 달아놓았는데 宜昌潤楠 灯合樹 李 大十榁櫻 小果冬青 楓場 昔家各이수 등등의 명찰이 달려있다. 우리나라엔 없는 풍종인 것 같은데 이름이 무엇이고 수종은 무엇인지 설명을 해주시는 안내자가 있었으면 좋을 것 같았다.

되돌아와서 한국산의 부침개도 사먹고 쉬는데 광장에 십여 세대 상가 중에 한글명의 간판이 절반은 된다. 그중에 노래방을 운영 하는 집이 한곳 있었다. '외할머니 집'이란 간판 아래 '경북 울진 장씨家'라고도 되어 있는데 고향집 같은 느낌이 든다. 광장이 울려 퍼지게 점포 앞 옥외에 설치하여 놓고 한 곡 부르는데 천 원씩이라고 써 붙이고 유인하니 마이크를 잡을 한국 관광객이 줄을 섰다. 역시 한국인은 노래를 좋아하는 민족임이 틀림없다. 우리 일행 중 노래를 잘 부르는 처남댁이 몇 곡 불렀다. 관광객 백여 명의 시선이 집중된다. 해군 장교 출신이고 제일 고령인 동서가 평소엔 여행을 싫어하던 분이 우리가 언제 단체로 여행을 또 와 보겠냐 하며 춤도 덩실덩실 춘다. 보는 우리도 너무 즐거웠다. 여행은 보고 듣는 것도 중요하지만 단체여행 시는 친목이 중요하므로 우리 모두 기쁘게 동참했다. 처가의 모임이라 시가의 모임보다 한결 더 허심탄회하게 즐기는 것 같다. 17:10에 버스로 출발하여 호텔로 돌아왔다. 창덕궁 식당에 도착하여 한식으로 먹는데 고춧가루를 너무 많이 넣어 음식이 조금 매웠다. 호텔 302호실에 모두 모여 그간 경과보고 겸 모임을 갖고 파티 후 각각 자기 방으로 돌아갔다. TV에 한국어 방송이나 한글 자막 방송은 보이지 않는다.

신선을 만나려고 아흔아홉 굽이 돌아
하나 없는 천계단을 오르고 올랐더니
뚫어진 바위구멍에 무심한 바람만 반기네
- 천문산

관광 제5일째 - 2007. 4. 9. 월요일 맑음

오늘도 모닝콜 전에 일어나 고국으로 간다는 기쁨과 헤어진다는 아쉬움이 교차해 중국 땅을 한 번이라도 더 밟아 보려고 아내와 같이 장사시내를 걸었다. 6차선 주도로 외에 2차선 넓이의 보조도로가 있고 그 가에 인도가 있다. 교통질서는 칼끝 같지 않고 여유로워 보인다. 새벽부터 오토바이 와 자전거 물결이 밀물같이 밀려 나온다. 자전거지만 힘차게 페달을 밟고 생활전선으로 향하는 시민들 모습에서 밝은 미래를 보는 것 같다. 1시간 가량 시내를 산책 후 호텔로 오니 모두 기상하여 로비에서 서성거리고 있다. 호텔에서 뷔페식으로 식사를 하는데 먹음직한 음식이 많아 잘 먹었는데 일부는 소화불량으로 먹지 못 하는 분도 있었다. 생각해 보니 생수 탓인 것 같다. 우리나라에서 가지고 간 생수나 중국 오차물을 가지고 다니며 마신 일행은 이상이 없었다. 식당에서 녹차는 얼마든지 마실 수 있다.

09:30에 호텔 출발, 10시에 장사 공항에 도착했다. 한국, 홍콩, 대만 방향 출국심사장이다. 30여 평 출국심사장인데 관광객 수에 비해 협소했다. 면세품을 살 수도 있어 양주 등을 사는 사

람들도 있는데 참깨는 이모작 참깨일 수도 있다며 매입을 꺼린다. 서양인 여자 2명을 처음 보았다. 약 1시간가량 대기하다가 간단히 수속을 마치고 11:55에 이륙하여 14:45 인천 국제공항 도착. 회자정리(會者定離)라는 말을 생각하며 서로 그간 정들었던 추억과 아쉬움을 뒤로하고 손 흔들며 아들 차에 올랐다. 차 문을 여니 시원한 바람이 얼굴을 스친다. 역시 공기는 국산이 최고다. 며칠 전 개통했다는 김포-인천국제 공항 간 운행하는 전동차가 경쾌하게 달린다. 손자들에게 여행 기념품은 모형 전동차를 사도록 현찰로 주어야겠다. 또 이번 여행으로 내 마음을 얼마나 비웠는가. 체중을 달아봐야겠다.

# 오사카, 교토

– 첫째 날(16일) 금요일 맑음

무술년 설날 아침 국외 자유여행을 떠났다. 우리 내외와 아들 가족 네 명이 MB 189인승 관서행 비행기에 몸을 실었다. 일본 여행은 9년 전 북해도로 패키지 효도 관광 후 두 번째고, 외국 자유여행은 작년 대만 여행 후 두 번째다. 모두 아들 며느리 손자들과 동행했다. 헤르만 헷세의 말과 같이 "여행을 떠날 각오가 되어있는 사람만이 자기를 묶고 있는 속박에서 벗어날 수 있다"고 했다. 홀가분한 마음으로 산천을 내려다보며 날다가 동해 바다 위를 날고 속력을 높이니 구름바다 위를 날아가니 서유기에서 삼장법사가 된 느낌이 든다.

요즈음 젊은이들이 연로한 부모와 여행 다니길 좋아하지 않는다고 하나 아들은 손자 교육상 필요하다고 동행을 요구했다. 기력이 없어 외국여행을 지양하는 늙은이도 많겠지만 다리 힘이 있을 때 손자들에게 추억거리를 만들어 주려면 같이 가는 것도 좋을 것 같아 동행했다.

교도는 옛 일본 수도고 오사카는 일본 제1의 상업도시라 볼거리가 많을 것 같아 기대에 부풀었다. 일제 시 우리 국민을 혹사시키고 독립운동가를 학살하는 글과 영상 등을 보았기에 사진 한 장 글 한쪽도 남기기 싫어 쓰지 않았다. 그러니 나만 손해 보는 것 같아 지피지기는 백전불패란 말이 있듯이 일본을 이기려면 그들을 알아야한다. 그래야 이길 수 있기 때문에 다시 마음을 고쳐서 이번엔 기록하기로 했다. 언어 소통이 잘되지 않아도 보고 듣고 느낀 것은 기록할 수 있을 것 같다. 자유여행은 가보고 싶은 곳을 가볼 수 있어 좋은 면이 있다. 특히 외국의 초행길엔 안내책자를 구매해 이용했더니 몇 번 관광한 것 같이 편리했다. 90분 만에 간사이(關西) 국제공항에 내렸다.

공항에서 예약한 숙소로 가지 않고 옛 수도인 교토로 먼저 향했다. 교토는 AD 794년 나라(奈良)에서 천도 시부터 실권은 없었지만(실권은 막부라고 하는 곳의 무사들이 장악함) 덕으로 다스린다는 덴노(왕)가 1868년 도쿄로 천도 시까지 있던 곳이다. 16세기말 무사 도쿠가와 이에야스가 집권 시 막부도 있던 곳이어서 명실공히 천여 년 동안 일본인을 다스린 수도로 손색이 없고 국민의 과반수가 국내 여행지로 제일 가보고 싶은 곳이란다.

현재 일본을 찾는 외국인 관광객 중 상당수가 교토를 찾지 않는다지만 일본을 알려면 교토와 오사카를 가봐야 된다고 생각을 했다. 이곳을 다 보려면 한 달도 모자랄 것 같다. 우리는 일정이 짧아 관광객이 많이 찾는 지역 몇 곳만 보기로 했다. 한큐선

지하철을 타고 가와라마치역에 도착했다. 막내 손자는 초등생인데 할아비 가방을 끌고 다녀도 싫은 내색을 보이지 않으니 마음이 편했다.

성인 1인당 4천 엔 정도 되는 버스 겸용 전철표를 매입해 전철인지 지하철인지 구분치 않고 이용했다.(이하 지하철로 통일) 일본은 철도교통이 JR, 사철(私鐵), 지자체철도가 있는데 보통, 급행, 특급, 직통특급 등이 거미줄 같이 건설되어 경쟁하고 있다. 또 철도회사별로 역명을 사용하므로 지명이 같더라도 위치가 다른 경우가 있다. 난바역의 경우 JR 난바역, 간데스 난바역, 난카이 난바역, 지하철 난바역 식으로 역 앞에 철도회사 명을 붙이고 있고 같은 한자라도 음독과 훈독이 있어 다르게 발음하니 참고해야 한다.

스크린 도어가 없는 대신 정모를 쓰고 용모 단정한 역무원이 혼잡한 시간엔 역구내 필요한 곳에서 안전운행을 돕고 있어 초행자에게 도움이 되었다. 보안관 근무제도는 없는 것 같다. 전철은 8~10량을 견인 운행하는데 그중 한량은 여성전용이다. 구걸하는 장애인은 없고 잡상인도 없었으며 노약자석을 우선좌석(優先座席) 혹은 활애석(活愛席)이라고 표시되어 있다. 물건을 올려놓는 선반은 없고 가방 몇 개를 보관할 수 있는 시설이 객차마다 중앙 한곳에 있어 조금 불편했다.

난바역, 우메다(梅田)역 등 큰 역을 환승 시에 간단히 쇼핑을 했다. 지상과 연결된 한큐(阪急)역 백화점을 쇼핑하고 하원정역(河原町驛)에 도착해 가방 3개를 화물 보관소에 보관 후 지상에 올라갔다. 제일 먼저 임제종 상국사파인 금각사(臨濟宗 相國寺派인 金閣寺: 鹿苑寺)로 가려고 버스 정류장을 찾았다.

시내중심가 차도는 편도 2차선이고 중앙선은 백색 실선인데 차선이 깔끔하지 않았다. 운전석은 차량우측에 있고 택시는 거의 검은색 중형이었고 승용차는 소형차가 많았는데 경적을 울리며 운행하는 차는 없었다. 내가 한국에서 규정 속도를 지키고 자가용차를 운행하는데도 일부 중형차 운전자가 뒤에서 경적을 울리며 다그치던 생각이 났다. 일본은 퇴직 고관들도 소형차를 운전하고 소형 주택에 살고 있다는 기사를 읽은 적이 있는데 그들의 근검절약 정신과 공중도덕심을 확인할 수 있었다.

일본 전통 복식인 기모노를 입은 여인들이 삼삼오오 짝을 지어 걸어가는 것이 보여 일본이란 걸 실감했다. 시 당국에선 교토를 옛날 수도 같이 보이는데 손색이 없는 도시로 만들려고 기모노를 입은 사람은 교통비와 박물관 입장료를 무료로 해주기에 입고 나오는 사람도 있단다. 건물은 저층의 오래된 목조건물을 많이 보존하고 있었으며 백봉신궁(白峯神宮)이라든가 불교대학 건물 등이 있고 상국사, 은각사, 청수사, 금각사 등 유명사찰 등이 있어 고도(古都)이고 불교국가였음을 한눈에 알 수 있었다. 현재도 국민의 80% 이상이 불자라 한다.

시내버스와 도보로 약 한 시간 이동하여 금각사 4거리에 도착했다. 행정구역은 교토시 북구 금각사정(町)1번지로 좌측 멀리 있는 기누가사 야마(衣笠山)와 우측에 보이는 히다리다이몬지 야마(左大文字山) 사이 아래쪽 평지의 교고치(鏡湖池)란 호수변에 있는 사찰이다. 3층 목조 건물로 규모는 크지 않으나 지붕을 제외한 2, 3층을 금으로 도색되어 있다.(그림을 보니 3층 내부까지), 무로마찌 시대의 대표적인 지천회류식(池泉迴流式) 정원인데 국립 특별 사적지와 특별 명승지로 지정되어있고 1994년에 세계 문화유산으로 등록되었다.

이 사찰 총문(總門: 정문)엔 정모를 쓰고 하늘색 정장을 한 경비원 2명이 친절히 안내를 하는데 고령자가 많았고 남자들이었다. 입장권은 8X25cm 크기의 백지 중앙에 금각사리전어수호(金閣舍利殿御守護)라고 세로로 쓰여 있다. 좌우와 하단에 '집안이 안전하고 복이 찾아와 운이 열리라, 교도의 북산 녹원선찰 좋은 일이 뜻과 같이 이루어지라' '家內安全' '開運招福' '京都北山' '鹿苑禪寺' '如意吉祥'라고 행서체로 쓰고 녹원선사 낙관인이 찍혀 있는 것이 부적 같이 특이했다. 가격은 3백 엔이었다. 부처님 사리전(舍利殿)으로 임제종 선사(臨濟宗 禪寺)였다. 아시카가(家) 3대(代) 장군이 1397년 사이온지 가문으로부터 물려받아 산장을 조성했단다. 요시미치의 법호인 로쿠온 인도노 에서 앞의 두 글자를 따서 로쿠온지(鹿苑寺)라 명명하게 되었다고 한다.

금으로 도색한 사리전(舍利殿)을 위시해 고리(庫裡: 사찰의 부엌), 방장(方丈: 주지의 방), 사경장(寫經場), 경호지(鏡湖池), 에도시대 다실, 은하천(銀河泉), 용문폭(龍門瀑), 백사의 총(白蛇の 塚), 셋카데이(夕佳亭), 후도도 불당(不動堂) 등을 산책길 따라 약 한 시간 걸으면서 관람하였다. 저 세상의 극락정토를 이 세상에 만들어 놓았다는 곳이다. 외국인이 많아선지 참배객은 없고 관람객이 입장료 내고 구경하러 오는 곳인 것 같았다. 그러나 그 아름다움을 서경(敍景)키 어려웠다.

킨가쿠 로구온지(금각, 녹원사) 경내를 관람 후 일반 버스로 약 30분 이동해 기요미스테라(淸水寺)로 향하였다. 뒤로 승차해 앞문으로 하차하는데 하차 시 요금을 낸다. 동대로통(東大路通)에 이르러 버스에서 내려 절까지 폭이 5~6m되고 1㎞ 정도의 포장된 도로였으나 기요미스자(淸水坂)라는 오르막길을 약 30분간 걷는데 돌계단도 있어서인지 힘들었다. 우리나라 3년 고개와 같은 전설이 있는 길이라고 말했더니 장손이 할머니 옆에서 동행한다. 절반쯤 걸어가니 멀리 5층 정도 되어 보이는 검은 탑이 위용을 자랑하고 있는 것이 눈에 들어온다. 도로 양면엔 저층의 목조 상가에 과자류와 인형과 일상용품 등 소품을 깔끔하게 진열해 놓고 관광객을 기다리고 있다.

청수사는 오토바산야마(奇羽山: 기우산) 중턱에 있으며 약100m 높이의 절벽위에 15m 높이의 나무기둥(139개라 함)을 받치고 건축했는데 못을 사용치 않고 지은 사찰이란다. 778년에 연진(延鎭)이란 스님이 관음상을 모신 것이 시초인데 그 후 도구가와의 도움으로 재건축한 사찰이다. 당시 건축기술론 우수했다고 생각해 본다. 호칸지(법관사) 5층탑에 이르니 '야시카'라는 고구려인의 흔적이 남아있어 '야시카 노트'라고도 하는데 당시 우리나라가 선진국이어서 문물을 전해준 것이 자랑스러웠다. 사찰 앞에 이르러도 우리나라 같은 일주문은 없었으며 부도나 사천왕문도 없었다. 큰 사찰인데 스님들은 보이지 않고 혼도(本堂) 안쪽에 관음상이 있고 두세 명의 참배객이 기도하는 모습이 보였다. 본당 앞에 성불하려고 투신하는 곳이 있다고 하나 주변 경관이 아름다워 멀리 녹색 풍치(風致)만 보면서 지났다.

청수사 본당을 지나 기우산 7부 능선을 끼고 절벽 밑쪽으로 돌아내려가니 조금 전 지나온 청수사가 절벽 위에 까마득히 올려다 보인다. 내려다보는 전망도 아름다웠지만 본당을 쳐다보는 경관도 일품이었다. 과연 국보로 지정됨에 손색이 없는 곳이었다. 다 보지는 못 했으나 당탑도 15곳이 있단다.

넋을 잃고 가다가 문득 앞을 보니 우측 기우산에서 흘러나오는 샘물이 있는데 음우롱(音羽의 瀧)이라는 곳으로 관광객이 모여 있다. 지붕만 있는 건물에 세 가닥의 대나무통 수로가 관람객 머리 위를 지나 왼쪽 작은 연못으로 떨어지게 시설해 놓았다. 가모(鴨)강의 수원인데 갈증으로 목이 말라서인지 낙수를 1m길이의 국자로 받아 마시고 간다. 첫 번째 낙수는 수명, 두 번째는 사랑, 세 번째 물을 마시면 학업이 성취된다는데 우리는 인파에 밀려 세 번째 낙수를 받아마셨다. 우연이지만 내 맘과 일치했다. 욕심을 부려 다 마시면 효험이 없다고 하며 이 샘물 때문에 관음사가 청수사로 개명되었단다.

18시가 되니 문을 닫는다고 방송이 나온다. 한국인 관광객도 많은데 한국말 안내방송이 없는 것은 섬사람의 편협심인 것 같다. 택시와 인력거가 손님을 기다리고 있었지만 문을 닫기 시작하는 상가거리를 수십 명의 관광객과 같이 버스정류장까지 걸었다. 인왕문(仁王門) 근처로 내려오니 벚나무와 붉은 삼층탑이 보이는데 벚꽃이 필 시기의 야경은 환상적인 장면이 연출될 것 같다. 세계문화유산에 등록됨에 손색이 없는 곳이다. 손자들은 피곤함직한 데도 어깨동무를 하고 웃으며 대화하고 잘도 걷는다. 나는 저만할 때 동생들과 저와 같이 사이좋게 지냈는가? 자문해 보니 그렇지 못했다. 잠깐 사이지만 참회(慙悔)의 마음으로 반성하며 주문을 외우며 참회(懺悔)했다. "옴 살 바 못자 모지 사다야 사바하" 3회 버스로 이동 후 전철로 히가시야마(東山)역 외에 몇 개역을 환승 후, 교토역 구내식당 동양정(東洋停)에서 함박스테이크로 석식을 하고나니 시계가 19;50을 가리킨다. 지하철을 이용해 숙소로 왔다. 4층 건물의 2층인데 넓은 거실과 TV 등 가구가 정갈하게 정돈되어 있고, 방 3칸에 침대 4대가 우리를 반기고 있었으며 주방과 다용도실, 화장실, 욕실도 반짝여서 외부에서 보는 것보다 온기가 느껴져 숙면할 수 있었다.

- 둘째 날(17일) 토요일 맑음

오늘은 어제 다 보지 못한 귀족들의 별장과 사찰이 많아 관광지로 유명한 교토의 서쪽에 있는 아라시야마(嵐山)를 관광 후 오사카 중심가를 투어하기로 했다. 한국산 햇반과 라면으로 조식을 맛있게 먹고 밖으로 나와 투숙한 건물 외부를 보니 창문과 도로가 접해 있는 4~5m너비의 골목길 구옥이었다. 덴진바시스지라는 곳으로 주택과 상가가 혼재된 지역으로 소란스럽지는 않았다.

가납종합병원(加納綜合病院) 앞을 지나갔다. 아들, 며느리가 의

료업에 종사하고 있어 가보고 싶었으나 시간 절약을 위해 그대로 지나갔다. 조금 걸어가 마루타마치(丸太町) 지하철역에서 승차해 도리마루(烏丸) 역에서 환승했다. 사철인 한큐~ 아라시야마선(線) 특급열차를 이용해 아라시야마로 갔다.

가추라역을 출발하여 아라시야마역에 도착했다. 가방 3개를 코인으로 보관함에 넣어놓고 밖으로 나오니 나무숲이 무성한 야산이 눈앞에 서 있다. 아라시야마공원 옆을 걸어서 중심가로 향하였다. 500m쯤 걸어가니 수심은 깊은 것 같지 않으나 하폭이 200m 정도 되는 하천이 있는 풍경이 전개된다. 갑자기 강바람이 불고 세우(細雨)가 내려 잠시 불편했으나 기분은 나쁘지 않았다. 달이 다리를 건너는 것 같이 보인다는 도게츠교(渡月橋)라는 크고 아름다운 나무다리를 건넜다. 요즈음 보기 어려운 목교로 길이는 200m 남짓해 보이는데 세우에 물안개가 낀 산천과 어우러져 풍치가 돋보였다.

시내에 들어서 관광 안내판을 보니 작은 지역에 임제종의 대본산 텐류지(천룡사)를 위시해 사찰이 15개소나 있어 불교가 번창하던 국가였음을 알 수 있었다. 일본 최초 사원이라는 천룡사 정원 입장권을 500엔에 구입했다. 불상을 참배하는 것보다 정원을 구경하러 오는 사람들이 많았다. 경로우대는 없었다. 적은 액수의 우대를 받는 대신 혹시 업신여기지 않나하는 노인의 자격지심이 없어져 어깨가 펴진다.

관광객 수백 명이 참배하는 곳인 정면엔 들르지 않고 좌측 문쪽으로 향하기에 뒤따랐다. 호수주변에 백여 년 넘는 적송 등 수목과 기화요초를 아름답게 식재해 놓은 정원길 따라 1시간가량 관람했다. 이곳엔 웅장한 불교 목조건물도 보였고 정원을 구경하기 편하고 볼거리도 많이 만들어 놓았다. 후문의 돌쩌귀가 녹이 쓸지 않은 것을 보니 그들의 문화재를 사랑하는 마음을 알고도 남을 것 같았다.

후문을 나오니 높이 20m 정도 되는 대나무 숲인 치쿠린(죽림)이 하늘을 찌르기 경쟁을 하고 있다. 우리나라 대나무보다 마디가 흐려 보였다. 세 사람이 걷기엔 조붓한 대나무 숲 사이 산책길을 많은 관광객과 같이 걸어갔다가 갈림길에서 뒤돌아 나왔다. 중심가로 오는 도중에 개인 저택이 있는 곳엔 사도(私道)가 있어 차량통행을 금하고 있었는데 힘깨나 쓰던 사람이 살아오고 있는 집들인 것 같았다. 큰 나무가 우거진 속에 야궁신사(野宮神社)가 있다. 기도하러온 것 같은 여인들이 많이 보였으며 미니 유카타(캐주얼한 일식 전통복장)를 입고 있는 여인도 보였다. 인력거 몇 대가 손님을 기다리고 있었고 대학입학 기원, 취업기원 등이 게시된 것을 보니 우리 문화와 별 다른바 없는 것 같았다.

500m 정도 걸어 나오니 남 청용사와 큰길이 보였고 도로 좌우에 상가지대가 형성되어있다. 음식점, 과자가게, 인형가게, 생활용품점 및 간식거리와 기념품 등을 깨끗이 진열해 놓고 손님을 기다린다. 순두부 맛집을 찾아갔더니 손님들이 길게 줄을 서서 기다리고 있다. 출출하지 않아 식도락 거리를 지나 가랑비를 맞으며 목교를 건너 역을 향하였다. 공원 내에 5~60년생 벚나무 수십 그루가 있는데 두 그루가 꽈배기처럼 꼬여있어 연리지

를 생각나게 했다. 일본판 황제와 귀비의 사랑 이야기가 숨어 있는 것은 아닌지 물어보려고 했으나 언어 소통이 되지 않은 탓인지 아는 분이 없어 발걸음을 재촉했다.

회화 실력이 충분한 장손자가 영어로 알아보기 싫어해서 내가 일본인 같은 분에게 짧은 영어로 몇 사람에게 물어 보았다. 상대방이 웃으며 한국인이라고 해서 나도 웃고 말았지만 한국 관광객이 많다는 것을 증명하고 있었다. 혹시 일본인에게 물어서 모른다고 하면 반드시 'sorry'나 '스미마생'이라고 말했다. 지하철을 타고 오사카시 우메다(梅田)역에 하차해 맛집을 찾아갔다. 한큐(阪急) 지하 백화점 부근은 지하4거리 몇 곳이 가까이 있어 혼잡해 우리는 서로 잃어버리기도 했다. 그 후부터 장손자가 눈에 불을 켠다.

백화점 9층에서 환승 후 12층 M식당에 갔더니 장어구이가 고가여서 옆의 취상사(吹上舍)라는 식당으로 옮겨 소고기 샤브샤브와 닭고기(地鷄親子丼) 덮밥으로 늦은 중식을 했다. 1인분 1,459엔이다. 손자들은 지역 특산물인 동그랑땡 같은 '오코노미야끼' 맛을 보려고 몇 개 사먹었다. 그런데 이 식당에서 특이한 점을 발견했다. 우리가 손님이 많아 홀 모퉁이 식탁의 의자에 앉아 음식을 주문하려고 카운터를 향해 호출했더니, 20대 중반의 남자 종업원이 달려와서 무릎을 홀 바닥에 거의 꿇다시피 굽히고 주문자인 아들과 눈높이를 같이 하고 주문을 받아 갔다. 물컵 한 개 추가 주문해도 자세가 같았다. 손님을 왕으로 대접하고 있다. 이에 아들은 '도우모(고맙습니다)'라고 답해주었다.

9년 전 북해도에 갔을 때 H호텔에 숙박했는데 당시 오백 명 이상을 동시에 수용할 수 있는 큰 식당의 종업원 모두가 친절해 '사장님이 좋은 분이겠네요.'라고 여종업원 보고 엄지손가락을 펴 보이면서 보디랭귀지를 겸해 의사를 표현했더니, 그 여종업원은 그 옆에서 앞치마 두르고 고무장갑을 끼고 고객이 먹고 남긴 음식을 잔반통에 쏟으면서 빈 그릇을 수거하고 있는 40대 중반의 남자를 힐금 쳐다보며 웃는다. 이에 의아해 하는 나를 보더니 저분이 사장님이라고 엄지를 펴기에 존경스러워 사장 여부를 확인하고 인사를 드린 일이 있지만 갑질의 횡포로 사회문제가 되고 있는 우리나라와 비교하니 손님에게 친절함과 오너의 겸손함을 배울 점이 있는 나라라는 것을 알 수 있었다.

지하철로 예약한 숙소를 찾아갔다. 피곤해 외부를 살펴볼 여유도 없이 바로 실내에 들어가니 간밤에 숙박한 숙소와 판이했다. 1~2층에 좁은 침실 각 한 칸에 침대는 없고 네 명이 누울 수 있는 냉방에 침구는 있었으나 중고 온풍기 한 대뿐이었다. 4인이 앉아 식사할 수 있는 공간의 주방과 화장실은 사방 80㎝ 정도로 비좁았다. 화장실 바닥에 물이 있어 들어갈 수 없어서 관리인에게 연락했더니 미안해하며 즉시 고쳐주고 갔다. 그런데 고맙다는 표시를 '도우모'보다 'thank you'라는 말이 먼저 나온다.

욕실은 처마 밑 가건물 같은 곳에 깊이 110㎝ 정도 되는 스테인리스 스틸로 욕조를 만들어 땅에 묻어놓고 사용하고 있다. 키 작은 아이나 여인들은 깊어서 사용하기 힘들 정도인데 간신히 들어가 샤워를 했다. 손자들은 사용치 않았으나 이런 곳도 있다는 것을 보여 주었다. 아들네는 야간에 구경을 더 한다고 나갔는데 늦게 귀가한 것 같았다. 하나라도 더 보겠다는 정신이 좋다.

– 셋째 날(18일) 일요일 맑음

좁고 추운 방 출입구 쪽의 이불 한쪽을 걷어 올리고 세배를 받았다. 작일이 설날인데 세배는 설날에 하는 것이지만 대보름 전까지는 해도 무방하다는 어른들의 얘기를 들은 바 있다. 절을 받을 때마다 과연 절을 받을 만한 일을 했는가 생각해 본다. 제대로 한 것이 없이 용돈 몇 푼으로 어른행세를 한 것 같아 사양했더니 아들이 손자들 교육상 필요하다고 해서 세면도 제대로 못하고 큰절을 받았다. 충분한 수면을 못한 손자들은 말없이 눈을 비비며 따른다. 외국에서 우리의 풍습인 세배를 받으니 손자들에 대한 감희(感喜)가 새롭다. 두고두고 추억담이 될 것 같다.

오늘은 270만 명 정도 산다는 일본 제2의 도시이고 맛의 고장이며 상업도시인 오사카 시내를 관광하기로 하고 조식 후 09시 숙소에서 나왔다. 오사카성은 오사카의 상징 건물로 그곳에 가면 꼭 보아야할 곳이다. 약 300m 걸어서 천신교근역(天神橋筋驛)에서 지하철을 타고 팔미남행역(八尾南行驛)에서 환승, 다노마치욘조메역(谷町四丁目驛)에서 하차했다. 대판역사박물관과 호고구신사(豊國神社) 건물이 눈에 들어오기에 보고 싶었으나 들르지 않고 오사카성의 천수각으로 바로 갔다. 이 성은 나고야성, 구마모도성과 같이 일본 3대 성 중의 하나로 입장료는 600엔인데

제행무상과 친절의 교훈이 생각나게 했다

도요도미 히데요시(豊臣秀吉)는 천민 출신인데 상전인 오다 노부나가를 잘 만나 전국 통일 후 권력을 과시하려고 약 3년간 심혈을 기울여 1583년에 건축한 건물이다. 해자 폭이 50m~100m 되어 보이고 수심도 깊어 보이는데 요도가와(庭川)를 이용해 전국에 있는 영주들의 지원으로 2중 해자를 만들었단다. 섬 안에 8층의 철옹성으로 지은 건물이다. 오사카 전투서 완전 파괴된 것을 1626년 이에야스가 히데요시의 천수각보다 크게 지어 규모가 지금의 5배나 되었다는데 전쟁과 벼락 및 풍수해로 파괴된 것을 몇 번 재건하고 1931년엔 철근 콘크리트로 복원하였다. 또 전쟁으로 소실된 것을 종전 후 재건하여 현재에 이르렀다. 약 1톤에서 5톤이 되어 보이는 수천 개의 자연석을 다듬어 건축했는데 입구 정면엔 약 50톤은 되어 보이는 큰 돌 하나가 있다. 돌이라기보다 바위를 그보다 작은 돌과 같이 축성했다. 규모에 감탄하기보다 백성의 고혈과 장병의 목숨과 바꾼 건물일 것이라고 생각을 해보았다.

도요도미 히데요시는 무력으로 일본을 통일하고도 반대 세력의 제압과 영토 확장하려고 성을 쌓고 임란을 일으켰으나 5년 만에 도구가와 이에야스(德川家康)의 거짓 평화공세에 속아 예순한 살에 가족과 같이 피살되었고, 막부는 100년도 지탱하지 못했다. 더욱 분통 터지는 일은 거짓평화 제의를 해 권력을 빼앗은 이에야스가 "적장의 말을 믿는 바보는 죽어야한다."고 떠들고 다녀 히데요시는 지옥에 가서도 눈을 감지 못하고 있을 것 같다. 그들도 동족끼리의 싸움이었는데 동족의 분단국인 우리에게도 시사하는 바가 크다.

오사카성의 행정구역은 오사카시 중구 오사카정(町)1-1호이고. 천수각 1층 입구에 들어가니 안내 여인이 많은 사람을 안내하고 있다. 우리가 한국인인 것을 알아서인지 '걸어서 오르지 말고 7층까지 엘리베이터로 올라가서 내려오면서 관람하라.'고 친절하게 안내한다. 계단을 보니 두 명이 겨우 비켜갈 수 있는 좁은 계단이었다. 고령자를 배려하는 것 같아 내규가 그렇다하더라도 친절해서 고마웠다. 또 엘리베이터 내의 안내 여인은 7층에서 승객 모두 내리게 하고 우리 내외를 8층까지 오르게 하여 내려오면서 편하게 관람할 수 있었다.

8층은 옛날 흔적은 보이지 않고 스테레오 스코프가 설치되어 있는 전망대에서 한 바퀴 돌면서 성 주위를 조망하니 자연과 인공물, 현대와 고대가 공존하고 있는 곳으로 지진이 빈발하는 나라여서 높은 건물이 없을 것으로 알았는데 많은 현대식 고층건물이 원근에 아름답게 보였다. 7층은 히데요시의 생애관으로 일대기를 19개 장면으로 묘사했다. 6층은 회랑으로 출입을 금하고 있고 5층은 미니어처로 전쟁장면을 인형으로 만들어 놓았고 여름 전투장면을 병풍에 그려놓았다. 4층은 전국시대 자료전시장이었는데 3층과 같이 사진 촬영 금지지역이었다. 3층은 그 시대 역사자료실로서 황금다실이 있었다. 2층은 성곽정보 코너다. 천수각은 1665년 낙뢰로 파손되어 276년 만인 1931년에 복원공사를 한 외에 수차례 보수공사를 한 때문인지 외부는 아름다웠다. 청기와 용마루 끝에 화재 예방을 위해 황금잉어를 물구나무

서게 연출한 것과 호랑이 조각 작품 등은 복제품이지만 일품이었으나 내부는 생각보다 볼거리가 미흡했다.

정면으로 나와 천수각을 배경으로 인증사진을 폰에 담았다. 외국 관광객 외에 일본인도 많은 것을 보니 이곳이 오사카 시민의 휴식 공간을 겸한 것 같다. 10대 젊은이 십여 명이 죽도반환요구운동협의회에서 제작한 '2월 22일 죽도의 날'이라고 인쇄된 조그마한 비닐봉지 속의 휴지를 우리에게 배부한다. 멀리 이곳까지 와서 죽도(독도) 반환운동을 하는 젊은이들의 애국심을 보니 반국가 운동을 하는 우리나라의 일부 젊은이를 생각하게 한다. 정문을 나와 좌측으로 돌아가니 푸른 물이 큰 강 같은 해자가 나오는데 오리 몇 마리가 짝을 지어 한가롭게 수영을 하고 있고 우측엔 꽃망울을 터트리려는 수십 년 된 매화나무 숲을 끼고 걸었다.

내호 선착장에서 약 30분 기다리다가 승선 시간에 따라 요금이 다른데 우리는 20분 코스의 대판수상버스인 AQAUA-LINER 승선권을 구입해 승선했다. 크루즈 관광이라 하기엔 거리가 짧았으나 호수를 달리니 시원해서 잠시나마 피로를 풀 수 있었다. 배에서 내려 지하철로 난바역에 하차해 대판 번화가인 도톤보리로 갔다. 도톤보리 강을 따라 맛집들이 늘어서 있다. 지하에 있는 맛집 기무가스를 찾아갔다. 신호우관광협회(神戶牛觀光協會) 추천식당이라선지 30분간 밖에서 기다렸다가 소고기덮밥과 돈가스를 먹었다. 이 식당에서도 주문 받을 때 손님과 눈높이를 같이했고 식사가 끝나니 문을 닫는다. 근무시간 단축을 위해서 휴식하는 것 같다. 여행 시엔 생리현상 해결이 중요하다. 도톤보리 관광 중에 이 식당을 몇 번 잘 이용했다.

식사 후 미나미 오사카의 중심가로 나갔다. 난카이 난바(南海難波)역은 간사이(關西) 국제공항으로 가는 출발지 역이다. 이 역엔 많은 인파 때문에 길을 잃기 쉬웠다. 여행을 가면 볼거리 먹을거리가 즐길 거리가 맘에 들어야한다. 스시의 맛을 보려고 스시(초밥)의 원조집 원록수사(元祿壽司)에 가니 이곳도 상가앞 도로까지 줄을 서서 기다렸다. 우리 식구 6명이 들어가서 3인분 시켰는데 식사 시 필요한 기본물품은 모두에게 주면서 싫어하는 기색이 없이 친절히 대한다.

중식을 간단히 먹고 나서 우동 국물 맛이 일본에서 제일 좋다는 원조 우동집 이바이(今井)로 갔다. 이 식당에서도 기다리다가 6명이 들어가 3인분 시켜 먹었는데 역시 친절히 대한다. 대나무 소독저를 손님의 수대로 내놓고 이쑤시개 한 개라도 포장되지 않은 것은 내놓지 않았다. 작은 식당의 음식 맛이 식사 후에 먹었는데도 일품이었지만 위생관념도 대단해 원조다웠다.

맛집에서 나와 도톤보리 강 교량 위에 관광객 여럿이 옆 빌딩에 붙어있는 마라톤 골인하는 장면의 그림을 배경으로 사진을 찍기에 손자들도 몇 장 찍었다. 도톤보리 신사이바스지 상가를 쇼핑했다. 상가 노폭이 8~10m 되는데 멀리서 보니 통행인의 머리 부분이 파도와 같이 출렁거린다. 말 그대로 인파가 시루 속 콩나물 같다. 우리는 인파에 밀려가다가 GU라는 5층 규모의 상가에 들어갔다. 며느리가 4층 남성복 코너에 가서 손자의 청

바지 1매를 구입 후 수선하느라 시간이 걸리는 것 같다.

우리 내외는 고객이 2층으로 오르내리는 1층 계단구석에 앉아 쉬다가, 우리 옆에서 옷을 판매하는 여종업원에게 화장실 위치를 물었더니, 2층, 4층에 여자화장실이 있고 남자용은 3층에 있다고 친절히 가르쳐준다. 아내는 용무 후 손자들을 만나려고 고객들이 많이 이동하고 있는 2층 복도에서 기다리고 있는데 안내해준 20대 중반의 여종업원이 내가 한참 동안 혼자 있는 것을 보더니, 아내가 무슨 일이 있는가 하고 옆의 종업원에게 상품을 봐 달라하고 2층으로 뛰어 올라가서 아저씨가 그 자리에 혼자 계신다 하고 아내를 데리고 내려왔다. 아저씨라 호칭하며 자기 고객이 아닌데도 친절해서 경로사상이 투철한 국민인 걸 느꼈다.

쇼핑을 하고나니 오후 5시가 되었다. 폭이 약 30m 수심은 5m 정도 되는 도톤보리천(道頓掘川)에서 20여 분간 유람선을 탔다. 승선표에 크루즈 티켓이라고 되어 있지만 큰 배는 아니고 30인승 정도의 소형 보드식 무개선이다. 안내하는 중년여인의 멘트와 제스처가 친절하고 재미가 있어 무슨 말인지 잘 알아듣지 못해도 외국인 탑승객 모두 웃으며 즐거워했다. 나와 같이 기념사진도 찍었다. 강바람이 시원하게 얼굴을 스치는데 안내여인의 가식 없는 웃음과 친절이 더하니 짧은 시간이었지만 하루의 피로가 풀리는 것 같다. 손자들은 다꼬야끼 6개들이 한 통을 400엔에 사서 먹으며 배를 탔다.

석식할 때가 되었으나 한 곳을 더 보기로 했다. 우메다 스카

이빌딩(空中庭園)으로 향하였다. 많은 사람들과 같이 약간 어두운 길을 약 20분간 땅만 보고 걷다 보니 갑자기 불을 밝힌 커다란 괴물 같은 것이 앞을 가로막고 입을 벌리기에 그 안으로 빨려 들어갔다. 고속으로 35층까지 오르고 환승해 42층에 올라가서 사방을 돌며 오사카 시내를 하향조망(下向眺望)하니 경관(景觀)이 볼만했다. 원근의 큰 건물에 사람이 거의 없을 터인데 모든 건물에 불이 켜져 있었다. 30분 구경하고 30층 정도에서 내려 쇼핑을 하는데 종업원들이 퇴근하려는 것 같아 서둘러 내려왔다.

시장기가 돈다. 피곤해 멀리 가지 않고 하늘공원 지하상가로 갔다. 식당 몇 집 등 10여 개 점포는 문을 닫았는데 한 식당엔 동서양인 약 30여 명이 줄을 서서 기다린다. 나와 아내는 피로해 옆집 문 앞의 의자에 앉았다. 아들과 손자들이 줄을 서서 약 한 시간가량 기다리다가 들어가니 홀 안에도 10여 명이 의자에 앉아서 기다린다. 기름 냄새가 코를 찌른다. 그러나 좁은 공간이지만 썰렁한 바람을 맞으며 밖에서 서 있는 것보다 편했다.

3대가 식당업을 하는데 고기 빈대떡과 같은 것을 만드는 유명한 맛집이었다. 실내는 허술했으나 옷에 기름 냄새가 배지 않게 하려고 나무통으로 만든 의자에 뚜껑을 열고 그 속에 겉옷과 핸드백 등을 넣고 식사 후 꺼내 입거나 가지고 간다. 벽에는 음식을 먹고 간 많은 고객들의 메모와 사진 및 그 나라 화폐나 그림 등이 붙여있었다. 다른 분들이 식사가 끝난 자리에 안내 받고 가서 또 기다리다가 먹는다. 맛이 좋을 수밖에 없다.

우리는 음식을 만드는 것을 10여 분 이상 구경하며 기다리는데 1대 할아버지 요리사가 종이 명함을 돌려준다. 고의는 아니지만 오래 기다리게 하고 종이만 주니 짜증이 날 지경인데 손자들은 말없이 기다린다. 음식이 식성에 맞지 않았을 것 같은데 손자들은 먹을 만했다고 할머니에게 대답한다. 석식 후 23시경 숙소부근 옥천원(玉泉院)에 가서 온천욕 후 귀가하니 새벽 1시가 된다.

– 넷째 날(2월 19일) 월요일 맑음

귀국일이라 04시경 기상했는데 어린 찬용이는 끝날까지 잘 따른다. 출근 시간이라 역무원이 혼잡한 역구내에서 원활한 소통과 안전을 위해 노력하고 있다. 지하철로 두어 시간 만에 공항에 도착했다. 승무원의 친절한 안내로 비행기에 탑승해 1시간 반 만에 인천 공항에 내렸다. 남가일몽이란 고사와 같이 구름 속에서 잠시 잠든 사이 일본에 갔다 온 꿈을 꾼 것 같다.

# 미국, 캐나다 여행

미국 동부(워싱턴 DC. 뉴욕 주. 메릴랜드 주. 델라웨어 주. 뉴저지 주. 나이야가라 주.) 캐나다(10개 주중 토론토 주. 오타와 주. 몬트리올 주. 퀘벡 주) 미국 서부(켈리포니아주. 네바다 주. 아리조나 주)

(아들과 며느리가 보내준 여행이고 경비가 700만 원 썼는데 기록이라도 남겨야 되지 않겠는가. 움직이는 버스 내에서 기록하여 가이드의 말을 전부 속기를 못하고 귀국해서 보니 무슨 뜻인지 몰라 아쉬운데 모르는 것은 삭제하였다. 미국은 주를 하나의 국가로 보아야 한다. 그러니 10여 개국을 여행한 것과 같다.)

– 첫째 날(06. 7. 5)

날씨가 궂어 비가 오는데 북한에서 세계 각국이 반대하는데도 미사일 5기를 발사하여(그 후 확인한바 7발이었다) 톱뉴스로 TV에 흐른다. 마치 전쟁이라도 나지 않겠는가 하는 분위기다. 아들이 바빠서 못가기에 잠실 정현이 집에서 자고 정남이가 미화 천불 교환한 것을 받고 아내와 같이 10:50 조 서방 승용차로 인천공항으로 출발했다. 둘째 딸도 같이 환송 차 따라왔다. 약 5~6년 전 구경와 보고, 또 아들 며느리 성용이 여행 후 귀가 시 마중 나와 보고 출국은 처음이다. 굉장히 넓은데 현 청사 건너편에 지금과 같은 청사를 또 신축중이란다. 명실 공히 동양에서 제일 큰 공항이 될 것 같다.

국제공항 3층 출국장 만남의 장소 서쪽 끝 L과 M 사이 5번 테이블에 있는 여자 가이드 김효진 만나 안내 받고 K13번으로 가서 출국 수속을 받고 50개 게이트 중 49번 게이트 이코노미 출구쪽 의자에 앉아 있다가 12:30경 북경행 한승만 이란분의 여권을 습득하여 신고하여 찾아주었다. 나의 탑승권은 UA892기 40B석이고 아내는 40A석이다. A석은 창가여서 좋았으나 여객기 좌측 뒤에서 세 번째 좌석이니까 그야말로 말석이다. 내 나이에 장거리 비행하려면 일등석엔 타지는 못해도 비즈니스석(2등석)엔 타야 된다는 것을 전번 유럽 여행경험으로 알았지만 단체 투어니 어쩔 수 없는 일이다.

탑승하며 두루 살펴보니 70세 가까운 사람이 몇 사람 보이지 않는 것 같다. 일등석은 약 35석, 2등석은 약 50석, 이코노미석(3등석)은 약 280석 정도이고. 조종사 포함하여 승무원은 15명 정도인 것 같다. 우리나라 칼이나 아시아나기보다 분위기가 그렇다. 우리나라 비행기는 요금이 더 비싸서 투어회사에서 외국 비행기를 이용한단다. 승무원들은 남자들로 나이가 40세는 넘어들 보이고 동양인과 서양인이 반반인데 우리측 레인에 서양인 남자 2명이 담당하여 언어관계가 불편했고, 솔직히 여자 스튜어디스보다 음식을 주는데 기분이 못하다.

13:35 출발 은빛 솜으로 된 구름 속으로 들어간다. 은빛 구름 위를 오르니 젊은 부부들 디카에 담기 바쁘다. 14:20경 원주 상공 통과 14:35 강원도와 동해 경계지점 통과 고도9.448m 비행거리 437㎞ 일본과 한국 중간지점 3,000ft지점에서 흔들림, 화씨-29도, 목적지까지 5.384mile 등등 각종단위로 표시하고 일본해안 가까이 가서는 햇빛이 비쳐 눈이 부셔 밖을 잘 보지 못 했다.오사카 상공과 동경 상공을 경유하여 태평양 바다 위를 나른다.

십여 년 전 유럽 여행시 공항에서 중식을 사 먹고 탑승하여 기내식을 주는 것을 먹었더니 소화가 잘되지 않은 경험이 있어 점심을 사먹지 않았더니 시장기가 도는데 15시 기내식 하고 나니 16시, 음료수는 사이다, 주스, 와인, 물, 펩시 등 여러 가지를 요구 대로 양껏 마실 수 있다. 과자도 주는데 약간 짰다.

기체가 가끔 흔들리는데 글을 쓰지 못하겠다. 구름바다는 사막의 모래 파도 같이 아름답다. 고도 3,500ft 10,668m에서 안전벨트 불이 켜졌다. 구름평선 저 멀리 만리는 되어 보이는 것 같다. 모래사막 같은 구름이 완만한 산맥을 이루고 있다. 17시경 되니 승객 모두가 창문을 내리고 취침에 들어간다. 나도 창문을 반쯤내리고 글을 썼다. 히말라야 산맥 같은 구름이 보인다.

한 배를 탔다. 운명을 같이 했다는 말일 것이다. 비행기가 없던 시절에 생긴 말일 것이다. 사람이 살다보면 국내든 국외든 여행을 하게 되고 그럴 때마다 교통수단이 비행기가 될 수 있고 자동차도 될 수 있고 열차나 기타 운송수단이 되기도 하고 도보도 될 수 있다. 제일 안전한 것은 도보이나 산업화에 따라 교통수단의 발달로 위태로운 것은 아무래도 비행기가 아닌가 한다. 그러고 보면 한 비행기를 탔다는 말이 더 실감이 난다. 위험부담을 안고 미국과 캐나다 15일간 비행기와 고속버스 여행길에 오른다. 300여명 넘게 타고 가는데 일행은 13명+동부만 관광하는 25명 등 모두 38명이다. 모두투어이기 때문에 아직 얼굴을 알지 못한다.

여행은 아는 사람들끼리 하는 것이 즐겁다. 하나투어라는 푸리스틱 종류의 표지를 달고 가이드 따라 출발했다. 처음엔 누구누구인지 모르다가 미국 샌프란시스코 도착 후 하나투어 피켓 앞에 서서야 알게 되였다. 제일 연장자로 71세 된 혼자 온 할아버지와 동행하며 마도로스 했다는 할아버지 부부, 나보다 한살 아래인 천주교 신자내외 등 25명과 도중에 또 만난 대구에 살며 미국 딸네 집에 온, 나보다 한 살 적고 불자인 내외 그 외 젊은 분들이 많았으나 끝까지 귀국을 같이 할 분은 60대 어머니와 중학교 다니는 여학생을 동반한 40대 홍콩 사는 여인, 딸을 동반하고 서초 산다는 50대, 대학생을 동반한 50대, 상일동에 산다는 여대생 자매, 여대생 2명과 우리 내외 등 13명이 될 것 같다. 창밖을 보아야 구름밖에 없으니 잠이나 자야 하겠다. 그래도 놓치기 아까워 차양문틈으로 밖을 보니 넓은 벌판과 구릉의 구름 위를 간다. 우리가 있는 곳은 맑은데 구름 밑은 흐릴까 비가 올까?

계속 쪼그리고 앉아 있으니 허리와 다리가 아파 아들이 가르쳐준 대로 복도를 몇 번 걷고 앉았다 섰다를 몇 번하니 조금 덜하다. 다시 앉아 밖을 보니 수만 마리 양떼를 생각게 하는 구름, 17:30경이 되니 낙조토홍 괘백운(落朝吐紅 掛白雲)이다. (大銀島精進白雲上) 낙조 시 구름은 은회색 비행기 위에 검푸른 구름 같은 데가 있고 멀리는 푸른 구름이 보인다. 구름이 육지라면 호수 같은 수면이 보이는데 태평양인 것 같다. 17:45경 머리를 비틀어 비행 방향 뒤쪽을 보니 낙조에 구름산 밑으로 노을이 보이는데 바닷물이 핏빛이다. 장관이다. 큰 공룡이 피를 토하는 장면이 연출되고 있다. 밑을 내려다보니 온천지가 진회색 구름으로 깔려 있다. 처음부터 구름 위를 나니 서유기 생각이 난다. 삼장법사와 손오공 저팔계 사오정이 구름 위를 날지 않았던가. 몇 백 년 후에 사람이 구름 위를 나는 것이 현실이 되었다. 또 안전벨트에 대한 멘트가 나오고 불이 켜진다. 6번째다. 19:00경 일자 변경선 통과 출발 후 5시간 만이다. 잠깐 눈을 붙였는데 계속 잠이 오지 않는다.

8시간 정도 지나니 통로에 왕래하는 승객이 많아진다. 다리 운동 스트레칭이다. 나도 일등석까지 걸어갔다 왔는데 수필책 같은 것을 보는 분이 몇 분 있다. 책을 안 가지고 온 것이 후회된다.

수필소재를 구상하나 생각이 나지 않는다. 기체가 요동하니 불안만 고조된다. 좌석 앞 모니터에 미국서부 샌프란시스코가 나온다. 승객 2/3은 동양인 특히 한국인계통인데 이코노미석이고 1~2등석엔 미국인 계통의 인간들이 편히 누워서 자며 간다. 비행기 나래 끝의 표지등만 반짝이고 하늘의 별빛은 보이지 않는다. 내 시계는 23시인데 옆 좌석의 처녀가 창문을 열기를 요구해서 열어보니 동쪽이 불그스름 해온다. 해가 뜨기 시작한다. 하늘 더 높이서 천상 가까이서 아침 예불 독송하니 더욱 가피를 받을 것 같다.

22:30 일출 붉은 바다 위의 일직선 아름답고 눈이 부셔 앞을 보지 못하겠다. 우리나라 시간은 5일 23:10인데, 5일 07:00으로 16시간 전진되었다. 빵과 음료수 과일로 기내식하고, 혈압약은 저녁에 먹기로 했다. 미국 대륙 샌프란시스코가 가까워지니 구름이 걷히고 푸른 바다가 나타난다. 우리나라 시간 24:20(현지시간 08:20) 샌프란시스코 공항 도착했다. 푸른 바다 위에 넓고 눈 솜 같은 구름이 환영하듯 등등 떠내려간다. 한눈에 내려다보니 숲이 많은 도시 같다. 미국 출입국 공항이라 심사가 까다롭다. 입국 심사 후 짐 찾고 실내를 500m가량 걸어가서 세관신고, 출국심사, 보안검사(신발과 벨트까지 벗고) 87번 gate(90개 게이트 중) 국제공항에 내렸는데 국내공항으로 가기 위해 건물 통로로 약 0.5km 걸어서 왔는데 한 뼘의 공간도 없이 흑갈색 카페트가 깔려 있다. 물론 우리나라 공항에도 카페트가 깔려 있었다.

국내여객운송기여서 약 100인승 남짓 탑승하는 여객기였다. 쌍발 여객기에 탑승했다. 12:00 뉴욕행이다. 날씨는 구름 약간 있었으나 맑은 날이다. 게이트 50개가 있는데 국내여객선이라 그런지 비행기는 UNITED와 united national기만 이착륙한다.

차량이지만 물건운반 기름 주입 등 힘들고 어렵고 더럽고 하기 싫은 일은 남미계나 흑인이 많이 종사하고 동양계도 있었다. 백인은 보이지 않는다. 그래도 천직으로 알고 열심히 하는 것이 아름답다. 좌석은 26 DEF가 끝인데 3등석은 대우를 받지 못한다. 예를 들면 식사를 요구해도 준비한 것이 앞부분에서 다 떨어지면 다른 것을 먹어야 한단다. 우리 앞쪽에 젊은 부부가 시아버지 같은 분과 4세, 1세 되는 아이를 동반하고 있는데 유아가 기내에서 소리 내어 자꾸 우는데 남편 같은 분은 눈길도 주지 않고 할아버지도 별관심이 없는데 어머니는 뒷사람이 들리지 않을 정도로 타이르는 것이 인상적이었다. 공중도덕보다 육아를 더 중요시 하는 것 같다. 14:25 이륙했다.

시에 강이 있어 아름다웠다. 경지 정리된 들판이 아름답다. 말석 스피카 밑이어서 5시간 넘게 방송공해 받으며가니 스트레스가 쌓인다. 방송이 나오나 알아듣지 못하니 더욱 그렇다. 하늘과 땅이 맞닿은 지평선을 하늘에서 보는 장관이라니 땅은 뽀얗다. 구름평선인가. 몇 시간을 가도 평야다. 뉴욕과 한국의 시차는 13시간이다.

산 정상 한쪽 면에 흰 눈 같은 것이 약간씩 있고 저수지가 백색, 황색, 청색의 색깔을 판별할 정도로 낮게 비행한다. 큰 저수지에 물이 말라 있는 것도 보인다. 뭉게구름이 이동하는 것은 장관이다. 푸른 하늘 아래 비행기 그 밑에 뭉게구름 그 밑에 검은 뭉게구름 그 밑은 땅, 럭키산맥을 넘을 때는 잠에 취해 보지 못하고 약 2시간가량 뉴욕으로 날아갔는데 끝이 보이지 않는 넓은 농토가 보이고 경지정리를 잘하여 바둑판과 같다. 사방으로 뻗은 도로가 일직선으로 수 십리 아니 수 백리는 되는 것 같다. 정말 부럽다. 스크린지도가 없어 어딘지 모르겠다. 아쉽다. 인근엔 농가는 보이지 않는다.

17시가 되니 호수인가 바다인가 나타났다. 드문드문 섬도 보인다. 바다 가운데 외로이 고래 같이 생긴 섬 위를 지난다. 가지가지 구름이 사람, 짐승, 성, 물고기 모양 등 눈으로 여러 가지 형상을 만든 것 같다. 종류가 수천 종이다.

샌프란시스코 시간으로 19:00 뉴욕 JFK 국제공항 도착, 우리 일행 38명+20명은 가이드(김영삼)를 만났다. 그의 안내로 버스에 탑승하여 뉴욕 퀴인스 시 코리아타운 도착해 교포가 운영하는 설악가든에서 석식을 하고 나와 정문에서 사진도 한판 찍었다. 설악가든에선 된장찌개백반 8.99$, 갈비냉면 11.95$을 받는다. 뉴욕에는 교포가 60만 명이 산단다. 가이드는 자기 이름이 김영삼인데 우리를 상도동팀이라 명명하였다. 관광버스에 다시 승차하고 약 100분 이동했다. 성수기가 접어들어 승객이 많으니 가이드가 힘이 난단다. 이동 중 허드슨 강 밑 약 100m에 있다는 약 2.2㎞ 길이의 화란터널을 지나 뉴저지 주 '힐튼 뉴욕 에어포트 호텔'에 도착 방 배정 받았는데 1009호실에 여장을 풀었다. 호텔은 깨끗했다. 하나투어가 숙박시설은 제대로 잡는다고 한다. 피곤해서 샤워 후 즉시 취침했다. 가이드가 기상하고 나올 때 필히 팁을 2불씩 놓고 나오라고 강조한다. 우리는 민간 외교관이라는 것을 잊지 말자고. 방청소 하는 분들이 팁으로 생활하는데 우리 풍습은 아니지만 로마에 가면 로마 풍습에 따라야 한단다.

– 제2일째(7월 6일) 목요일

06시 모닝콜, 07시 호텔식, 08시 뉴욕 합류 팀과 같이 대형 버스에 탑승하여 워싱턴으로 향발, 버스투어가 시작된다.(뉴저지 주- 메릴랜드 주-델라웨어 주-워싱턴 주- 버지니아 주 투어계획)

뉴저지 주는 미국 50개주 중 45번째 큰 주로 한국 타운이 있고, 프린스턴신학대(이승만 졸업)가 있고, 한국인 25만 명 거주하는데 주로 세탁업, 생선장사, 꽃가게, 손톱 가게 등에 많이 종사한단다.

화장실을 Restroom라 표시, 돈 바꿀 때도 싱글싱글 웃으며 우리말로 하면 무슨 뜻인지 알아차린다. 미국은 기온을 화씨로 사용(화씨온도 빼기 30 나누기2를 하면 섭씨기온이 된다) 95번고속도로 1차선은 예비차선이었고, 6~8차선인데 평균 속도제한 표시가 65mile(110㎞), 마을 있는 곳에서는 35나 40~50마일, 주요 기간 도로 외는 과속 측정 카메라가 없단다. 예산이 많이 소요되기에 대신 위성 추적한단다. 도로는 전부 번호로 표시되어 있는데 끝자리가 홀수는 남북간 도로이고, 짝수는 동서간 도로이다. 고속도로 출구도 순서대로 번호를 부여하였다. 호텔방도 홀수는 홀수대로, 짝수는 짝수대로 방 배치함. 우리는 뉴저지 턴 파크 도로(95번 도로)로 이동했다. 휴게소가 몇 백리 가도 보이지 않는데 필요하면 exit 진입하여 마을에서 돈을 쓰라고 휴게소를 가급적 만들지 않는단다. 중앙분리대가 시멘트벽으로 되어 있는데, 중앙분리대 대신 상하행선 사이에 공간을 띄워 놓은 곳도 있다.

11시경이 되어서 고속도로 휴게소(주유소 겸한) 도착하여 자동차 주유도 하고 모두 볼일 보고 쇼핑도 했다. 나는 돋보기 1개를 구입했다. 노점상인데도 가격이 15$인데 그중 세금이 1.62$라고 계산해서 영수증을 준다. 놀랐다.

미국을 양파 같다한다. 썰면 눈물이 나고, 벗기면 속살이 보인다. 속살을 보아야 한다. 2중 고속도로가 있는데 14차선~8차선으로 되어 있다. 도로변은 숲으로 우거져있다. 인디언의 이름을 딴 써스케나 강은 넓은데 흙탕물이었다. 메릴랜드 주(MARY LAND) 깃발은 글씨 중앙에 조그마한 국기가 있는데 과거 식민지 시절 영국의 메릴랜드 가문이 지배한 땅과 가문을 상징한 깃발이란다.

몇 시간을 가도 예비도로에 차량이 다니지 않는다. 우리나라 갓길과 같은 길인데 너무 대조적이다. 워싱턴은 깃발 천국이다.

1달러엔 조지 워싱턴 대통령 얼굴도형이 있는데 재미있는 내용을 설명하는데 놓치고 말았다.

5달러엔 링컨 대통령 얼굴이 있다. 미국 대통령 중 키가 제일 큰 대통령(196cm)으로 엔과 사별하고 토토와 중매 결혼했고 링컨 메모리얼(기념관)에 36개 기둥은 당시 36개주를 상징한단다. 10달러엔 알렉산더 해밀턴의 초상, 20불엔 앤드류 잭슨 6대 대통령, 언리온스 전쟁에 대승한 장군이었다. 대통령 관저는 조지 워싱턴이 설계하고 1791년부터 신축했으며, 영미 전쟁 때 그을린 자국을 없애기 위해 6대 대통령 때 백색 도색을 실시하였는데 그 후부터 백악관이라 칭하게 되었다. '성조기의 유래'는 프렌스 스코키의 시(詩)인데 다 불타고 없는 전쟁터에 무엇이 펄럭이고 있어 자세히 보니 성조기였다. 이에 「성조기여 영원 하라」는 시를 지었는데 그것이 국가로 채택된 것이다.

50달러엔 링컨 대통령 시절 북군 총지휘관으로 게티스 버그에서 남군을 항복시킨 율리시스 S 그랜트.

100달러짜리엔 벤자민 프랭클린의 초상화- 독립선언서를 기초한 사람으로 대통령은 하지 않았다.

2달러엔 3대 대통령 토마스 제퍼슨의 초상화로 미국엔 별로 유통되지 않고 한국은행 등에 많다 함.

지폐는 워싱턴 DC에서만 발권하며, 주전은 16개 스테이트에서 주조한다. 우리나라 풍산금속이 1불짜리 주화 자재를 공급해주고 있다.

110개국 언어가 공존하는 100만 정도의 도시 정치의 도시, 한국인이 10만 정도 거주? 흑인이 많은 도시, 워싱턴 시내 길을 50개주 이름을 딴 50개 스테이트 길이 있다. 쇼 윈도우가 있는 상가가 없는 도시, 1781 설계자 디엘 빵빵이 설계, 워싱턴 대탑의 높이 164m인데 근년에 완공하였다. 미국은 천장에 불이 없고 밑에서 쏘아 올리는 문화임, 돈 셀 때 우리는 내 것 내 것 하는데, 그들은 니 것 너 것 하며 밖으로 센다. 개를 부를 때 손가락을 아래로 하는데 사람을 부를 때는 손가락(손바닥)을 위로 한다. 우리는 그와 반대다. 12:45에 도착하여 궁전

(palace) 식당에서 한식 뷔페로 중식하고 13:45워싱턴 향발함.

가이드의 이야기는 계속된다. '미국을 움직이는 힘'이란 제목의 멘트(자동차 번호판 밑에 주마다의 특색을 기록함을 말함. 그 후 미국 시카고에 사는 친구에게 그것을 무엇이라 하는지 메일로 확인한 바 state-motto라고 하였다)를 하는데 델라웨어강의 델라웨어 메모리얼 브릿치를 지나는데 강물이 탁하였다. 장어와 미꾸라지가 많은데 우리나라 고기의 3~4배나 더 크다고 한다.

뉴저지 주(garden state): 농장이 많고 전원도시가 많은 주
캘리포니아 주(golden state): 금문교가 있는 주
마이애미 주(sun shine state): 햇빛이 많은 주
워싱턴 DC(capital state): 수도가 있는 특별도시
뉴욕 주(the empire state): 엠파이어 빌딩이 있는 주
버지니아 주(president state): 역대 대통령을 많이 배출한 주
델라웨어 주(the frist state): 제일 먼저 연방정부에 가입한 주
아리조나 주(grand 캐논 state): 그랜드 캐넌이 있는 주
이리노이 주(land of lincoln state): 링컨의 땅이 있는 주

2일전 미국 독립 240주년 기념행사를 했단다. 수도는 제일 먼저 1784년에 뉴욕에 정하였다가 필라델피아로 옮겼다가 1791년에 워싱턴으로 이전하여 현재까지 내려오고 있다. 워싱턴 DC는 크리스털 콜럼버스에 의해 포터매 강을 중심으로 사방 16㎞ 평방의 구획을 정하였고 헌법에 특별한 시라고 명시하여 있고, 뉴욕을 중심으로 남쪽을 남부, 북쪽을 북부라 한다. yankee라

는 말은 노예를 부리며 잘 살던 남쪽의 잘 배우고 돈 많은 사람들이 북쪽의 못 배우고 돈 없는 노동자들을 하대하던 말이다. 그런데 남북 전쟁에 남쪽이 패하였다.

어머니의 눈물을 잘 알면 성공한다. 워싱턴 대통령은 젊은 시절 마도로스가 되려고 어머니에게 인사하고 돌아서 나오는데 어머니께서 말은 없었으나 인상이 그만두라는 뜻이 있다는 것을 알고 그만두게 되었는데 그 뒤 독립전쟁과 시민전쟁을 성공적으로 이끈 훌륭한 군인이 되고 초대 미국 대통령까지 되었다.

우리는 델라웨어 주를 경유하여 대서양의 길목인 체사피크만을 볼 수 있는 볼티모어 키 브리지 경유 워싱턴에 도착했다. 뉴저지 주 고속도로 14차선의 2중 고속도로도 있는데 보통 8~6차선이었다. 도로변은 정원도시답게 계속 숲이고 1차선은 예비차선이다. (메릴랜드-델라웨어-워싱턴) 메릴랜드에서 워싱턴까지는(1시간 반) 중식 후 시내 관광(국회 의사당, 스미소니언박물관, 한국 참전 기념탑, 백악관, 제퍼슨 기념관, 링컨 기념관 순)

미국 국회의사당 건물은 조그마한 언덕 위에 있었는데 들어가 보지는 못했다. 우리나라 모과나무 비슷한 큰 나무에 모란꽃 같은 꽃이 피어 있는 나무가 특이했다. 미국인에게 물어보니 맥노엘이라는 나무라고 했다.

스미소니언이란 유럽 사람이 평생 와 보지 않은 미국에 천문학적인 돈을 희사했는데 이에 미국에서 16개나 되는 박물관을 지었는데 그중에 하나인데 세계에서 제일 큰 다이아몬드를 위시해 1억 2천만 개나 되는 유물을 전시해 놓고 있었다. 1일 평균 4천명이 관람하는데 16시까지 관람하며 대형 곤용의 뼈를 그대로 복원되어 있는 것이 특색 있었다. 너무나 관람객이 많아 발 디딜 틈이 없을 정도였다. 어린아이들을 한번 구경 시킬만한 곳이었다.

백악관으로 이동했다. 백악관에는 허드렛일을 하는 사람들이 45명이나 되는데 10년 가까이 일하는 코모토드 주방장이 연봉이 10만 불 가량 된단다. 백악관 지붕 위에 2명의 경비원이 보인다. 백악관 울타리 가까이 관람객 수십 명이 들여다보고 있어도 단속하는 사람이 없다. 백악관 건너 큰 나무들이 우거진 넓은 광장에서 조금 쉬었다. 백악관 건물 옆에 큰 건물이 있는데 경찰차가 들락거리고 경비 하는 것도 보인다. 백악관에 들어가기 전에 예심 하는 곳이란다. 소방차가 약 500m 떨어진 곳에서 경종을 울리는데 모든 차량이 질서 있게 피하여 주는 것이 보기 좋았고 질서를 지키는 국민다웠다.

제퍼슨기념관으로 이동하여 강가에 있는 기념관 부근에서 약 3백 미터 걸어가서 관람했다. 강 건너는 버지니아 땅이라 한다. 다시 링컨 메모리얼(기념관)으로 이동했다. 수백 개의 계단을 올라가서 의자에 앉아 있는 링컨 동상을 보고 내려왔다.

6·25참전용사 기념장에 갔다. 김영삼 대통령 때 조성했다는데 약 1천 평 정도의 야외 공지에 우의를 입은 19명의 완전 무장한 미군이 두 줄로 전진하는 모습인데 그 숫자는 38선을 의

미한단다.

6·25전쟁 참전 미군 중 54,246명이 사망했고, 유엔군은 628,884명이 사망했다고 기록해 놓았다. 남의 나라 전쟁에 자유를 위해 젊음을 초개와 같이 버린 불굴의 용사들을 생각하니 마음이 숙연해지지 않을 수 없었다. 가이드의 선창으로 '대한독립 만세'를 삼창하고 다시 이동하여 포토매 강 건너 펜실바니아 펜타콘 경유 말볼 공장 리치몬드를 경유했다.

워싱턴, 버지니아, 메릴랜드는 가까운 지역으로 이곳에 교포가 약 7만 명이 드문드문 사는데 아남데일의 한인촌에 있는 만나도(Mannado) 식당에서 해물 특식으로 석식하고 메릴랜드, 게티스버그 경유하여 힐튼호텔에 도착해 여장을 풀었다. 쓰며, 보며, 찍으며, 말하며, 걷고, 쇼핑하고, 화장실가고, 남보다 먼저 버스에 오르고도, 시차관계로 잠이 엄습하나 버스 내에서 잠을 한잠도 안 자니 피곤할 수밖에…. 샤워 후 즉시 잠자리에 들었다.

– **제3일째**(7월 7일, 금요일)

03시까지 눈을 뜨고 있다가 잠이 약간 들었으나 05시 자동 기상하여 세수하고 불경하니 모닝콜이 울린다. 옛날 기차 기적소리가 울린 것이다. 07시 early check out했다. 아침식사 못하고 출발, 이동 중 김밥으로 때우고 나이아가라로 이동한다.(약 7시간소요) 아내는 시차 적응이 안 되어 버스만 타면 잔다.

대형버스에 채양과 커튼이 없어 좋았으나(규정상 설치하지 못하게 되어 있음) 그물망이 없어 가벼운 걸 넣을 곳이 없어 불편하다.

오늘은 앞에서 우측으로 세 번째에 앉았다. 차내에선 no drink, no food, no smoke다. 우리와 같이 연로한 분들이 다섯 팀이 있어 그분들을 앞에 앉게 배려해주었다.

06:05 출발, 아침 해가 뜨지 않았으나 동쪽이 훤하다. 한국에서 동쪽으로 왔는데 또 동쪽에서 06:10 해가 뜬다. 알고 보니 중국계 미국인이었다. 시민권을 가진 건지 영주권을 가진 건지 알지 못하겠으나 마음에 들었다. 말은 많지 않아도 재미있는 사람이다. 38명+16명이 캐나다로 향발했다. 호텔 마당에 클로버, 질경이 등의 풀이 우리나라 똑같은 풀이 많다. 버스가 돌아 나오는데 우리가 잠잔 호텔을 멀리서 다시 보니 고속도로 인터체인지 부근의 15층 건물로 백색이었다.

메릴랜드 땅 게티스버그 고속도로 6차선(예비 차선 제외) 지명의 끝에 버그라고 되어 있는 것은 독일이나 네덜란드인이 살던 곳이란다.

중앙분리대는 없고 약 10m 간격으로 잔디가 있거나 가끔 멀리 떨어져 있는 곳도 있다. 보통 편도 2차선이다. 예비도로는 없고 갓길이 있다. 어제와 같이 이름 모를 나무숲길이다. 가이드가 혼자 온 74세 최고령 할아버지가 우측 앞좌석에 앉았는데 짝이 맞지 않아 늦게 승차 잘하고 아들이 하버드대 졸업한다는 할아버지 부부에게 양보해 달라니 아무 말 없이 양보해준다. 그 후로 미안해서인지 최고령 할아버지를 보호할 겸 혼자 온 젊은 여대생과 같이 앞좌석에 계속 앉게 해주더라.

약 30분 갔는데 해가 동쪽에 있는 것을 보니 북쪽으로 가는 것 같다. 가끔 IC가 나오는데 마을은 주로 진회색이나 흑색으로 벽은 백색인데 거의 다 단층 건물이었다. 펜실바니아 주 게티스버그 시가 나온단다. 도로변은 옛날 남북 전쟁터였단다. 어제 뒤쪽에 앉은 분들을 앞쪽으로 앉게 하라고 가이드가 멘트 했는데도 젊은 여인 2명이 좌측 3번째에 그대로 앉아 떠들고 있어 신경 쓰인다. 작일 내가 말을 해보니 애국심이 없고 그야말로 싸가지가 없는 사람들이었다.

옥수수, 콩, 감자가 일등국민의 주식이다. 속도 제한 표지판이 50㎝평방의 백색 사각판에 speed limit 55 miles라 표시되어 있다. 뷔페 픽업 조금씩 먹어야겠다. 06:45 패밀리 레스토랑 도착. 식사 후 1불씩 팁 놓는 것을 잊지 않았다.

식사 후 나이아가라로 가는데 도로변에 조랑말 양육장도 보이고 수수농장도 있는데 밀농사는 추수를 다했다. 초지는 잔디밭이다. 너른 농장이 윤작을 하는 건지 땅이 남아 그러는지 휴간한 곳도 있었다. 'WELCOME to 필라델피아' 표지가 보인다. 애팔래치아 산맥으로 들어간다. 고속도로를 2시간 오니 평면 교차로가 나온다. 오토바이도 다닌다. 펜실바니아 서스케나 강 교량을 넘었다. 펜실바니아에 들어와서는 편도 3차선이다.(갓길은 제외) 중앙분리대는 1m 높이의 시멘트 콘크리트, 다른 고속도와 같이 배수구가 없다. 철도 박물관이 있단다. 써스케나강 폭은 수백m~1㎞는 되어 보인다. 숲 속을 흐르는데 깊이는 알 수 없는데 강폭을 봐서 깊은 것 같다.

현지(미국)투어 신청자 16명에게 바람의 동굴 옵션 40불씩 수

령했다. 차내에서 신발을 벗지 못하게 해서 다리가 아프다. 펜실바니아는 70%가 산악이고 구릉이어서 낮은 언덕에 주택이 많다. 삼오 킹 댐 부근 주유소에서 버스가 주유하는 동안 물 구입했는데 불친절하다. 기름 값은 우리나라의 절반 정도이다. 마을 내에 약 5백 평 규모에 비석과 십자가가 있는 공동묘지도 보인다. 매표소도 보이지 않고, 경사도로가 조금씩 나타난다. 고속도로변에 잡꽃이 노랑 보라 등이 우리나라와 유사한 것이 많이 피어 있다. 고속도변에 국도와 같이 가는 곳도 있는데 시속 35mile 전후이고 석벽도 보인다. 자갈이 있는 소하천도 보인다. 주변주택엔 울타리가 없다. 조그마한 연꽃 저수지가 도로변에 있어 이채롭다.

corning 16miles '창고 세일 장'이라고 중고물품 판매상들이 있는 곳이 있는데 주택들이 옹기종기 있고 집 앞에 중고 물품을 진열하여 놓고 팔거나 물물 교환한단다. 이곳에서 약 5분거리의 조그마한 교량을 건너니 뉴욕 땅이다. 11:20 뉴욕 입구 편도 1차선이다. 조금 가니 삼성 코엘(그릇) 에리아에 들어섰다. 코엘대학도 있단다. 북으로 가면 exit번호가 높아진다. 코엘 에리아 부근에서 40번 exit로 나와 12시에 BATH Town 도착. BIN BIN CHINESE BUFFET에서 뷔페식으로 중식.(117 liberty street BATH,NY 14810 tel:607-776-2223) 12:40 출발, 백색 야영차량들이 100여 대가 잔디 언덕에 주차되어 있다. 야생동물 보호망이 설치된 곳이 보이고 교회 뜰 안에 공동묘지가 보인다.

소금공장(염화칼슘) 지역을 통과했다. 미국은 소방관과 경찰관이 대우 받는 곳으로 선망의 직종이고 영웅시까지 한단다. 마을을 지나니 속도가 느려진다. 동리 앞길인데 횡단보도가 없고 시속 35~45마일이다. 도로변 도랑물은 흐리고 지저분하다. 도로변에 큰 나무가 많은데 수종을 모르겠다.

유명한 SIX FLAGS(어린이 놀이시설 체인 시설)를 통과, 14:30주유소에서 버스 주유시 우리는 물값이 싸서 6병을 2불 13센트 주고 구입했다.

90번 고속도로 출발(미국에서 제일 긴 고속도로) 뉴욕은 1,250만 명 정도인데 버펄로 100만 명, 한인 2천여 명, 나이아가라엔 약 30명 정도 거주한단다.

나이아가라를 구경하면 3년은 젊어진단다. coat 아일랜드(염소의 섬) 그랜드 아일랜드 세 자매 아일랜드 등이 있다는데 가보니 별것 아니다. 적은 다리 통과하고 큰 다리 통과하니 폭포수 안개가 보인다. 나이아가라 마을에 도착하여 바람의 동굴이라고 명명한 미국측 폭포를 견학했다. 훈련소에 입소하는 분위기다. 열로 서서 우의와 신발을 타는데 문수가 맞지 않아 외국인 동양인 할 것 없이 바꾸려고 아우성이다. 우의는 비닐이고 신발은 여자들 덧버선 같이 생기고 고무제품으로 작아서 발을 조인다. 약50m의 지하 엘리베이터를 타고 내려가니 산 뒤에서 폭포가 쏟아진다. 사진 몇 장 찍고 폭포수에 물벼락을 맞으려는데 바람이 세차게 불어 아내는 싫다고 하며 다른 곳을 돌고 왔다. 인산인해가 되어 구경도 제대로 못했다. 모두들 소낙비 맞은 병아리 꼴로 돌아온다. 약 20명 이상씩 탑승하는 엘리베이터가 2대식 2

곳인데도 만원이 되어 한참 기다리다가 먼저 간 일행과 합류했다.

니아갈 니아갈(천둥의 소리란 인디언인의 말)이 나이아가라로 전음되었다. 북미5대 호수(휴론, 슈피리 안, 이라, 온타리오, 미시칸) 24만 평방km에서 흘러 나이아가라로 들어온단다. 미국쪽 poll은 원래 현 위치에서 11km 아래쪽에 있었다. 지금도 하루 0.6cm씩 침식되어 올라간다. 미국쪽 끝부분에 침식되지 않게 방지 장치를 해 놓았다 한다함. 미국쪽 높이는 54m이고, 캐나다 쪽은 약 51m다. 캐나다쪽의 폭은 766m이다.

1812년 영미 전쟁 때 미국이 져서 캐나다에 땅을 빼앗겼다. 나이아가라 폭포부근의 땅이 거의 다 미국 땅인데 돈은 캐나다가 번다. 미국쪽이 10%이면 캐나다쪽이 90%이다. 캐나다에 가서보니 미국쪽 폭포는 게임이 안 된다. 모든 것을 버리기 위해서 여행을 떠나라고 하나 넓은 땅을 보니 욕심이 절로난다.

16:30 코드 아일랜드 출발 듀봉 석유회사 발전소 바라보며 경유- 90번고속도로- 포도농장- 루이스 타운(국경마을)에 이르니 꽃바구니를 전주에 현수하여 놓은 것이 아름다웠다. 1812년 미군이 침공했으나 영국에 패하여 빼앗긴 땅이라고 강조한다.

17:00경 Z보트장에서 일행 절반 이상이 100불씩 주고 보트를 타는데 나는 아내와 같이 피곤하고 더워서 선착장에서 쉬기로 했다. 아내가 만류하는데 힘들어 계류장 나무판자 위에 나 혼자 누워 있다가 타지 않는 일행과 합류하여 환담하며 일행이 오기를 기다렸다가 출발했다. 선착장 옆 언덕의 음식점에는 외

국인 관광객이 수십 명 맥주도 마시고 음식도 먹고 있었다. 나이아가라 부근에 한국식당이 정원 식당과 폭포횟집 등 2개소 밖에 없단다.

우리나라 사람으로 제일 처음 나이아가라를 구경하고 기록을 남긴 사람은 조선 고종 때 영국 에드워드 7세 대관식 참석차 가던 이종응이 1905. 7. 2. 구경하고 임금에게 보고한 문서인 서차록과 셔유견문록에 기록되어 있다. 순 한문으로 쓰여 있는데 후손이 잘 번역하여 보존하고 있다한다.

18:45 캐나다 국경 통과 10불 통과라는 말이 있는데 캐나다 쪽으로 가는 것은 1대당 10불씩 받고 형식적인 검문으로 통과시키지만 미국쪽으로 올 때는 정밀 검색을 한단다. "헤이 방긋방긋 오케이" 하란다고 모두 웃었다. 하라는 대로 했는데 나를 보고 무엇이라고 질문하기에 알지 못해 가이드를 쳐다보니 무엇이라고 대답하니 통과시킨다. 무엇이라고 하더냐고 한즉 언제 귀국하느냐고 물었단다. 처음 알았는데 정치, 행정 등은 캐나다인이 하지만 캐나다는 영국 땅이란다.

월풀(물이 3일간 돌다가 내려간다는 원형의 풀)에 가서 일행 중 절반이 100불씩 주고 헬기 투어, 경비행기 투어하고 캐나다 한인이 경영하는 식당겸 토산품점에 들렀으나 운전기사 제리가 소리를 지르는 바람에 모두 올라가서 식사를 했다. 내일 개업하는 집인데 우리가 먼저 개업 테이프를 끊은 셈이 되였다. 한식으로 맛있게 먹고 미국쪽을 보면서 캐나다 나이아가라로 갔는데 아직 해가 많이 남아있어 자세히 볼 수 있었는데 정말 장관이었다.

멀리서보니 폭포에서 떨어지는 물의 힘으로 물보라가 약 100m 높이로 올라 폭포가 보이지 않는다. 천둥의 소리가 들리는데 가까이 가보니 넓은 마당 앞에 수백 톤의 검푸른 물이 수십 길 낭떠러지로 떨어지고 있는 것이 아닌가. 모두 환성을 울린다. 관광객 수백 명이 폭포를 서로 내려다보겠다고 해서 사진 몇 장을 겨우 찍고 어두워지자 OAKS호텔로 향하였다. 이 호텔은 바로 폭포가 눈앞에 보이는 호텔로 1217호실에 배정 받아 내려다보니 정말 감탄사가 나온다. 캠코더로 찍으려 하다가 시원치 않아 피곤하지만 아내와 같이 폭포로 내려갔다. 관광객이 초저녁보다 더 많아 캠코더로 찍을 수 없어 되돌아왔다. 넓은 광장에서 밴드악단의 밴드소리와 사람들의 소리가 아우러져서 축제분위기다. 또 오색조명을 미국측과 캐나다측 폭포에 비치니 무지개색이 되어 아름다운데 불꽃놀이가 금상첨화였다. 아내는 잠자기 아깝다며 폭포를 내려다보고 있는데 나는 샤워를 했다. 목욕탕도 이때까지 보지 못한 대형 세모의 탕으로 시설이 너무 좋았다.

### - 제4일째(7월 8일. 토요일) 온타리오주(나이아가라)

옛말에 굴러온 돌이 박힌 돌을 빼낸다는 말이 있다. 한마디도 틀리지 않는다. 원주민 인디언이 살고 있던 땅을 영국 등 유럽인들이 빼앗은 것이다. 일찍이 일어나 폭포를 찍으려고 했으나 늦잠으로 06시에 기상하여 허둥지둥 지름길인 줄 알고 내려갔으나 길을 잘못 들어 되돌아왔다. 오는 길에 투숙한 호텔을 배경으로 캠코더로 찍는데 앞에서 오던 4명의 외국인이 다 찍을 때까지 비켜서 있어 고마웠다.

07:30 일행 버스 탑승. 재리의 버스가 또 온 것이다. 재리는 미국명이고 중국명은 施加瑞(시가서)라 한다. 차량 번호판은 백색판에 메사추세트 17751 bus라고 된 판 안의 우측상단에 10㎝ 정도의 황색 직사각형 내에 06이라 표기됨. 버스 옆면엔 operated by IVY tours. INC라고 적은글씨로 쓰여 있는 외 동부관광버스처럼 요란한 광고 글이 없는 백색대형 버스다. 오늘도 앞에서 세 번째 앉아 투어 시작했다. 무지개다리(국경다리) 옆을 지나 직경이 500m 되어 보이는 물굽이 치는 곳(월 풀)으로 가서 조망하고 일행 중 반수는 120불씩 주고 헬기를 탑승하고 나머지 사람들은 쇼핑센터에서, 나는 쇼핑도 안 하고 뒤뜰에서 쉬다가 따분한 것 같아 나이아가라 사진 책 한 권 6불 주고 구입했다. 그리고 이 글을 쓰다.

갈 때도 보았지만 돌아오는데도 전원농장이 잘 정돈되어 있었다. 홀이 36홀에서~48홀 규모의 골프장이 있다고 한다. 보테니칸가든이란 명성이 있는 정원사양성 학교가 있는데 1년에 36명 이상 배출치 않는다고 한다. 전원 길을 달리는데 강 건너는 절벽이고 미국 쪽인데 모제스발전소가 보인다.

플라워 클락(꽃시계) 광장에 도착했는데 시침은 장애자 목발이고 분침은 장애자 지팡이인데 수력 발전의 힘으로 움직이며 15분마다 소리를 울리고 소원을 빌면 성취한단다. 나는 아날로그 카메라가 작동이 되지 않아 가이드에게 보였더니 금방 고쳐놓고 부부가 입맞춤 하면 주겠다하여 할 수 없이 주책을 떠니 박수 소리가 요란하다. 이곳 온도 레이크 마을 통과하는데 기네스북에 등재 되어 있는 세계에서 제일 작은 교회가 보인다. 4명밖에 들어가지 못하는 mini church를 통과하여 아이스와인 공장에 도착, 단체로 지하에 내려가니 나무술통이 이곳저곳에 많이 있고 서늘함을 느낄 정도의 온도였다. 아이스와인은 이름과 같이 살짝 언 포도로 만드는 술인데 '얼었다 녹았다'를 반복한 포도를 영하 10~13도 날씨의 주로 밤에 수확하여 정성을 들여 만든단다. 아이스와인을 소주 컵 한잔 정도씩 주기에 시식 해보니 맛이 좋았다. 달콤함과 레몬이랄까 멜론 향 같은 산미와 당미가 조화롭게 균형을 이루어서 복합적인 감미로움을 느낄 수 있었고 향이 입안에 오래 머물렀다. 가이드가 솔직하게 구매해주면 팔꼬물이 떨어지니 구입해 달라한다. 헌데 한 병에 몇 백 불짜리도 있지만 보통 50~70불이어서 체리 한 박스만 5불에 구입했다. 일행 몇 분은 비싼 와인을 몇 병씩 선물한다며 구입했다. 그 후 들었는데 '랭 리슬 링' 같은 아이스와인은 저렴하게 구입할 수 있다고 했다. 농장이어서 체리가 싼 줄 알았는데 다음날 퀘벡 한인타운에 가니 더 헐값이었다.

에니케쉬장으로 이동 안개 배(숙녀 호)를 타기 위해 maid of the mist에서 매표 후 비닐 우의를 배급 받아 입고 약 300명의 탑승객 속에 우리 일행도 함께 나이아가라 폭포 밑 20m 전방까지 접근하여 물보라를 맞는 등 약 1시간 유람선을 탑승하였다. 정말 기분이 상쾌하였다. 가이드가 미국 쪽 폭포에서 하듯이 폭포 이름을 우리말로 의미화 해서 "나이야! 가라. 나이야! 가라." 하며 외치면 젊어지니 각자 소리치란다. 동양인이나 서양인이나 남녀노소 할 것 없이 소리를 지른다. 외국인들은 무엇이라고 소리를 질렀는지는 알 수 없지만…. 사진도 몇 장 찍었다. 성수기엔 1일 1만 명이 온단다.

한인식당 영빈관에서 한식 김치찌개로 중식하고 토론토로 이동한다. 9EW고속도로 편도 5차선인데 캐나다는 24시간 운행차량은 라이트를 켜야 한다. 당초 차량 출고시 시동과 동시 라이트가 들어오게 만들어져 있단다. 고속도로변이 망망대해 같은데 온타리오 호수란다. 25만 평방㎞이니 우리나라보다 넓은 호수다. 세계 민물의 25%를 가지고 있는 나라, 수백 척의 요트가 한가로이 떠다닌다. 해밀턴 공단의 강판 생산이 한국 포철에 밀려 세계 2위의 생산 공장이 되었다는데 들르지 않고 지나쳤다. 자동차 조립공장 입구의 하늘에 걸린 다리가 멋있다. 토론토는 300만 시민이 살고, 세계에서 제일 높은 CN타워(553.34m)가 있는데 덥기도 하고 모두 오르기를 싫어해 옵션관광을 하지 않았다. 이곳은 불란서가 인디언으로부터 밀가루 40포 현찰 170불을 주고 매입했다는 웃지 못할 실화가 있다. 1901년부터 신흥도시로 성장했는데 우리 교민이 15만 명 정도 산다. 캐나다는 인디언 말로 '우리 마을'이란 뜻이 있고 토론토는 '사람들이 만나는 곳'이란 뜻이 있단다. CN타워 옆에 ROGERS CENTERS 경기장이 있는데 우리가 가던 날 미식축구 경기가 있는지 안과 주변이 인산인해였다. 경기장엔 스탠드 위쪽으로 360여 개 방이 있는 호텔이 있는데 현재는 70여 개 방은 커튼만 열면 구장을 내려다 볼 수 있게 되어 있다한다.

뒷거래(부정부패)를 하지말자는 뜻을 상징하기 위하여 건물 자체에 뒷면의 창을 없이 건축했다는 시청사를 관람했다. 실로 얼마나 청직하게 공무를 집행하였는지는 알 수 없으나 뜻만은 높이 살만했다. 시청사 바로 옆의 주의사당건물을 주마간산격으로 관람했다. 그곳 광장에 예술인들의 서화 예술작품행사가 있어 글씨는 자세히 알지는 못해도 뜻은 충분히 알 것 같은데 소품 한 점의 가격이 비싼 걸로 느꼈다. 관람 후 한글로 방명록에 사인도 해놓고 왔다. 한인촌의 '차이나타운' 식당에서 저녁을 먹었다. 교민식당인데 된장찌개, 비빔밥, 갈비탕, 우거지사골국밥 등 5가지를 취향대로 신청을 받아먹었는데 갈비탕은 소태 같아 그것을 시킨 분들은 거의 다 먹지 않고 한마디 불평 없이 식탁 팁은 내고 나오는 것을 보니 성숙된 국민의식과 여행매너를 알 것 같다. 우리 일행은 물론 다른 팀들도, 외국에 와서 고생한다고 말하며 동포애라 할까 측은지심이 생기고 호기심도 있어 식당 옆 한인촌 슈퍼마켓에서 과일 등을 많이 팔아주었다. 농장에서 5불 하던 체리를 3.90센트 받더라. 호텔(park plaza tronto airport T.416-675-1234) 투숙함. 어제는 아내가 한잠도 못 잤는데 오늘 저녁엔 내가 03시부터 못 잤다. 5일째 되니 고향 생각이 난다. 델타호텔은 고속도로변이어서 커튼 열고 내려다보니 도로변 100m 가량이 공지인데, IC부근인 것 같다. 자동차가 전조등을 켜고 달리고 있고 밤새도록 차량이 질주하는 소리가 난다.

가이드가 정식으로 공개해서 규정된 팁을 요구한다. 동남아나 유럽갈 때와 격세지감이 있다. 그때 공개적으로 가이드 팁 얼마를 준다고 보고하는 자리에서 현지 가이드가 자존심 상하게 했다고 수령을 거부한 일이 있었다. 결국 국내가이드를 통하여 전달하기는 했지만…. 금번 미주 여행 가이드 팁을 계산해보니 1인 98불로 186불을 봉투에 넣으려다 봉투가 없어 프런트에 갔다가 방을 찾지 못해 가이드를 찾아 801호라는 걸 다시 알아가지고 들어와 잤다. 매일 방 호실이 달라지니 착각을 일으키는 것이다. 욕조에 더운물이 나오지 않아 세수만하고 취침했다. 유럽과 같이 땀이 많이 흐르지 않아 좋았다.

– **제5일째**(7월 9일 일요일) 온타리오 주(토론토-킹스턴-천섬: 1000섬) -오타와시(캐나다 수도) 수상 및 총독 관저- 퀘백 주(몬트리올-퀘백시)

04시 기상 새벽기도 하고 나니 모닝콜이 온다. 식사를 하지 않고 08시 출발하는데 호텔방에 소지품을 놓고 나온 사람 때문에 15분 늦게 출발했다. 특이한 것은 횡단보도의 신호등 중 청색이 아니고 백색으로 되어 있었다. 가이드가 아침마다 약 5분간 명상시간을 갖는다. 들뜨거나 지친 마음을 재충전하는 좋은 기회가 되는 것 같다. 아침식사로 김밥을 한 도시락씩 배당 받아먹었다. 별미였다. 차는 고속도로를 계속 달리는데 대형차여서 흔들림이 없어 편안하고 좋다. 킹스턴까지 3시간이 소요된단다. 우리는 수도 오타와로 가는 중이다. 약 30분 달리니 복선 철도에 여객열차가 가는 것이 보인다. 백색 판에 녹색 테두리를 한 열차인데 2층이어서 더 신기로웠다. 고속도로는 편도 5차선인데 가끔 7차선인 곳도 있다.

아침햇살을 받으며 캐나다에서 제일 길다는 고속도로를 서쪽r 에서 동으로(동에서 서쪽으로) 끝없는 평야 길을 달린다. 통행료는 무료라 한다. 노변은 숲과 마을 및 초지의 연속이다. 차량은 많이 다니지 않고 가끔 한두 대 씩 지나간다. 평시에도 이 정도 다닌단다. 그나 추후 도로확보를 위해 4차선정도의 예비도로를 확보하여 놓고 있어 이 나라 긴 안목의 도로정책이 부럽다. 지층이 큰 나무는 자라지 못하게 되어 있어 도로변의 나무가 큰 것은 없었다.

고압선철탑도 약 10m 떨어진 지점에 평행선으로 시설되어 있었다. 일행 중 오늘이 회갑일이라는 정년퇴직 공로 연수차 온 분이 있어 가이드가 축하 인사를 한다. 그런데 가이드가 인사하라는 말을 하지도 않고 다른 말을 하는데 통로에 나와서 마이크를 달라고 하더니 회갑인데 아무것도 줄 것이 없다고 한다. 공무원을 35년이나 한 분의 말치고 부족한 것 같다. 나 같으면 사탕을 큰 봉지로 한 봉지 가지고 있기에 "여러분들이 외국 땅 멀리까지 와서 저의 회갑을 축하해주시니 정말 고맙습니다. 사탕이지만 한 개씩 드리니 맛있게 드시기 바랍니다." 했으면 분위기가 살았을 것인데 아쉽다. 내가 주제넘게 그런 말을 하였더니 한참 후 휴게소에서 일행들이 승차시 한 개씩 나눠주면서 "모자라는 건 몰라"라고 말한다. 내가 오히려 미안하더라.

우리가 며칠 전 구입한 물건상표를 보니 poland spring이란 천연 음료인데 1845년 이래 판매되고 있었다. 제한속도 100㎞인데 우리 차는 100~110㎞ 달린다. 또 3~4선에 집중 운행된다. 킹스턴은 불란서가 건설하였는데 영국인이 처음 수도를 개설했다. 킹스턴, 몬트리올, 오타와, 퀘벡은 프랑스어를 많이 사용하는데 특히 퀘벡은 불란서가 먼저 건설한 땅으로 지금도 불란서로 복귀하자는 운동이 활발한 지역이란다. 몬트리올올림픽도 불란서가 작용하여 유치하게 되었는데 경기장을 잘 사용하지 못하여 적자를 보는 등 부실이 초래되고 있다한다. 주유소에서 잠시 휴식 후 킹스턴 통과, 예비도로 포함 편도 3차선, 침대차가 수십 대가 있는 지역 통과, 세계의 부호들이 별장을 지어놓고 사는 천섬이 있는데 센 로렌스 강은 3,400㎞인데 4천개의 섬 중 170개에 별장이 있다. 가난한 머슴 볼드캣슬이란 사람이 주인에게 잘 보여 무남독녀 딸에게 장가가고 재산상속 받아 세계의 호텔 왕이 되었다. 그래서 캣슬은 자기 처에게 세계에서 제일 멋있는 별장을 이곳에 지어주었는데도 애석하게 요절하고 말았다. 이에 그 별장을 장모에게 주었는데 천섬의 별장 중 가장 멋있는 별장으로 지금까지 전해지고 있다. 우리는 천섬 선착장에서 매표 후 약 100인승 하는 2층 유람선에 탑승하여 약 1시간가량 투어 시작했다. 몇 장 안 되는 천섬 사진첩을 들고 다니며 파는데 거의 다 사기에 우리도 6불이나 주고 샀다. 캣슬의 별장 앞을 지나면서 사진 몇 장 담고 내려왔는데 별장들은 아름다웠으나 우리나라 남해안도 개발하면 그에 못지않을 것 같다.

전기시설을 수중으로 가설하였고 생활하수처리도 분리수거가 잘 되어 있다는데 내려가 보지는 못했다. 내가 안내 유인물을 구하는 것을 보더니 안내유인물 여러 개를 갖다 준다. 버스에 탑승하고 오타와로 향하였다. 오타와는 인디언 말로 '물물교환장소'라는 뜻이란다. 편도 1차선 호반도로변을 지나 편도 2차선의 고속도로 진입했다. 오타와는 비행기제작업, 금융업, 광석업 등이 발달하였고 GNP가 34.000$이나 된단다.

13:40 온타리오 주에 있는 캐나다 수도 오타와 도착, 일방통행길이 많고 신호등은 도로 양쪽에서 굵은 낚싯대 같이 만들어 사용하고 있었다. 깃발 천국의 나라 수도로, 리도 운하를 바라보며 통과 우리나라 명동 정도의 거리인데 자동차는 별로 보이지 않고 시민들이 20여 명 정도 다니고 있다. 국회의사당을 관람하고 사진도 담았는데 영원히 꺼지지 않는 불 앞에 서서 의사당 본 건물을 바라보면 좌우로 양원이 있다. 광장을 걸어 뒤쪽으로 가보니 강과 도시가 아름답게 펼쳐져 내려다보이고 국회가 화재 시 많은 도서를 구했다는 사람의 동상과 여왕의 동상 등이 있었다. 의사당 길 건너 도로변에 1958~1981까지 살았고 소아마비 불구인 사람 TERRY FOX의 동상 앞에 서서 그의 대륙횡단 노력으로 장애인 사회사업이 본격적으로 실시되었다는 설명을 듣고 감명 깊었다. 우리나라도 지금은 많이 개선되었지만 그래도 장애인들에게 불편한 점이 있어 집단행동을 하고 있는 것과 비교하니 요원한 느낌을 받았다. 우리는 '비원'이라는 한식당에서 중식을 하고 같은 건물에 있는 쇼핑센터에서 잣과 호두를

구입했다. 이곳에 몇 년 전 우리나라 대통령이 와서 시민 간담회를 하던 곳으로 이름이 났다한다.

다시 버스에 승차하여 센 로렌스 강(오타와 강) - 리도의 수상 및 총독 관저로 갔다. 캐나다가 영국 땅이기에 관리하러 총독이 임명 배치되어 있는데 지금 총독은 흑인 여자로 정책적으로 흑인여자를 배치한 것 같다. 수만 평은 되어 보이는 곳에 잔디와 수십 길 되는 나무을 잘 조성한 아름다운 정원이었다. 정원 산책로를 한 바퀴 돌고 김영삼과 김대중 씨가 대통령 시절 방문 기념식수가 있다. 김대중 씨 나무는 죽어서 다시 심었다고 한다. 그마저도 기존의 큰 나무들 사이에 시들시들 볼품이 없어 보였다. 관저 내에도 쇼핑센터를 만들어 놓았다.

다시 버스로 이동항공 박물관- 수십 대가 계류 중인 경비행장 바라보며 경유하여 영어가 통하지 않는 곳 몬트리올-퀘벡을 향하였다. 고속도로는 편도 2차선으로 중앙분리대는 6~10m의 잔디로 되어 있는데 몇 사람을 제외하고 전원 취침중이다. 개설 때 공이 있던 개 이야기 비디오를 버스 내에 상영하기에 더 조는 것 같다. 창문으로 햇볕이 내리쪼여도 뜨겁지 않다. 에어컨 바람이 시원하다. 우측 멀리 북미 최대 성당인 성 요셉 성당이 보인다. 주로 들어오니 영어는 없고 불란서어로 모든 것이 표기되어 있다.(1971년에 표기 선언 했다) 시내를 해자 같은 도로로 들어왔다. 몬트리올 시 몽 메리알산 벽면에 있는 성 요셉 성당은 안드레이 브라더(형제)가 기적을 이루어 1912~1964까지 건축한 것으로 에스컬레이터를 2번이나 바꿔 타고 올라가 제일 위층까지 구경하고 내려왔다. 일행 중 신도 내외는 기도도 드린다. 멀리 몬트리올올림픽 경기장이 보이는데 볼 것이 없다고 가지 않았다. 몬트리올의 인구는 500만 명 정도란다. 다시 버스에 올라 노트르담성당으로 이동했다. 창설자 매종 매부의 동상이 있는 공원에서 휴식하고 성당을 바라만 보았다. 다시 버스에 올라 편도 2차선 고속도로를 2시간 달려 퀘벡 시(QUEBEC) 도착, 트로이 베리에 있는 GOUVERNEUR TROIS_RIVER hote에 가방을 갖다 놓고 중국식당 비원에서 뷔페식으로 석식하고 시내구경을 했다.(TROIS_RIVER라는 뜻은 세 개의 강이 합친다는 뜻임) 자동차 앞 번호판은 없고 뒤 번호판에 불란서(옛 조상)를 잊지 말라는 뜻을 차에 쓰고 운행한다.

QUEBEC
731-yjv
je. me. souviens

자유분방한 도시로 여자가 거의 나체로 엉덩이 꼬리뼈 부근에 나비 문신을 하고 다니고 있었고 담배를 물고 다니는 것은 예삿일이다. 레스토랑이나 카페엔 실내 안쪽이 말석이고 창가나 문 앞 인도부근의 자리가 상석으로 자릿세를 더 내거나 비싼 음식을 주문해야 앉을 수 있다. 밴드 소리 나는 곳으로 따라가 보니 실외 광장 밴드합창단의 공연장이었다. 일행 몇 분과 공연을 잠시 보고 여관으로 돌아와 취침하였다.

– 제6일째(7월 10일 월요일) 캐나다 퀘벡시-트로이 리베시-(국경통과) – 미국 뉴햄푸셔 주- 메사추세트(보스톤) – 버크리대학

05시 기상(06시 모닝콜 전), 07시 조식, 08시 출발(퀘벡 주 트로이 리베 시) (GOUVERNEUR TROIS-RIVER호텔에서) 편도 2차선 고속도로 중앙 분리 잔디 공간 약 30~50m 퀘벡 주에 있는 퀘벡 시로 향한다.

고속도로변은 밀밭과 감자밭 같은 작물이 넓게 자라는 도나코라 에리아를 지난다. 불란서가 이 시를 건설할 때 공헌한 인디언 추장 도나코라의 이름을 명명한 것이라 한다. 퀘벡이란 뜻은 인디언 말로 '강폭이 좁아지는 마을'이란 뜻이고 퀘벡은 캐나다에서 제일 넓은 주다. 퀘벡 주와 퀘벡시의 구분을 못해 다소 착각을 했다. 주기(州旗)는 청색 사각판에 백색 십자가를 그리고 십자가 사이에 백색 백합꽃을 그렸다. 또 북미 최대의 불란서이고 신・구 도시가 조화를 이루는 곳이기도 하다.

우리는 버스로 구청사를 보고 이동하여 언덕 위에 있는 샤또 푸론트낙호텔 앞에서 하차하여 도보로 퀘벡 구시가지(올드 퀘벡) 관광에 나섰다. 언덕에서 내려다보니 바다 같은 강이 흐르고, 옆에 있는 푸론트낙호텔이 웅장해서 가이드 보고 500실은 되어 보인다고 하니 잘 모르겠다고 한다. 이 호텔은 초대 총독의 이름을 따서 명명하였다.

우리는 시타델 요새(要塞)로 가려고 했으나 군부대인 22연대가 주둔해 있어 가지 못하고 '뒤푸랑 테라스'로 이동했다. 이곳은 19세기 당시는 환락가인데 지금은 관광객을 유치해 물건을 파는

곳이 되었다. 사창가는 한 집만이 남아 있는데 점포 앞쪽은 생활용품과 옷가지 등을 형식적으로 진열해 놓았다. 산에서 내려오는 가파른 계단으로 당시 고위 인사가 이곳 환락가로 내려오다가 넘어져서 목이 부러졌는데 그 후로 이곳이 '목 부러진 계단'으로 불렸단다. 계단 길이가 수십 미터로 가파르다. 집집마다 3~5층의 돌로 지은 건물인데 정면에 문패와 같이 벽돌 한 장 크기로 1776 등 건축 연도를 조각해 놓았다.

끝부분 마을 아래쪽에 3층 정도 되는 건물의 전체 면에 당시 생활상을 그림을 조화롭게 그려놓았다. 그곳에서 거리의 악사가 바이올린을 켜고 있는데 몇 분이 물건을 팔아 주었다. 공간이 다소 넓어 관광객이 사진들을 많이 찍는다. 다시 되돌아갈 사람은 가고 그대로 갈 사람은 그대로 직진하기로 하고 구경한 후 처음 버스 도착지점에서 만나기로 했다. 우리는 가이드와 같이 직진해 언덕길을 올라가서 우체국과 호텔 앞 상가촌을 구경했다. 그림 작품과 공예품 등이 많았다. 공원 앞에서 조금 쉬다가 아쉬워하는 아내와 나이든 아주머니들을 데리고 일행과 합류하여 버스에 승차했는데 가이드가 가르치는 곳을 보니 알라스카에서 온 우리 버스보다 더 큰 침대 버스가 주차되어 있는 것이 아닌가.

10:35 출발하여 트로이 리베 시로 되돌아와 저녁 먹던 중국집(PALAIS ROYAL)에서 뷔페로 중식하고 13:05 출발, 국경지역으로 이동(2시간 소요) 버몬드 주 입구 고층교량 통과 두 군데 중 동쪽 미국 측 이미그레이션으로 통과 예정(캐나다 입국 시는 서쪽 캐

나다 이미그레이션으로 통과 했지만) 편도 1차선을 약 30분 가다가 갓길 포함 편도 3차선 고속도로 진입했다.

목재 운반하는 대형화물 트럭이 가끔 보인다. 모피와 목재 생산국임을 알겠다. 고속도로 중앙분리대 간격은 30m~50m의 잔디밭이고 인터체인지엔 나무를 식재하지 않았다. 탱크로리의 화물열차가 지나가는데 길이가 500m나 되어 보인다. 열차를 보며 계속 달린다. 주변엔 옥수수 밭이 넓게 펼쳐져 있어 풀 냄새가 향긋하게 나니 고향생각이 지나간다. 우리나라와 같은 가로수는 없고 도로변에서 30~50m 떨어진 부분에 도로와 나란히 자연숲이 가로수가 되어 있었다. 고속도로가 부분 파손을 땜질한 곳이 많아 캐나다 갈 때보다 노면이 많이 나빴다. 리치몬드 안내 표지판이 보인다.

국경지대 도착했다. 국경 면세점 두리후리 shop에서 레드와인 2병을 각 5불씩 매입했다.(MANISCHEWITZ concord 750ml) 모두들 쇼핑을 마치고 떠나려는데 남원에서 온 아주머니가 딸이 여권을 어디 둔지 모르겠다고 한다. 가이드가 몇 시간 전부터 그렇게 챙기라고 강조했는데도 방심한 탓일 것이다. 울며불며 하다가 가방 뒷주머니에서 찾았다. 미국 측 검문소는 엄할 것이라 했는데 모두들 위험물은 없으니 걱정 없고 농산물이나 식품류를 가방 속 깊이 간직했다. 나도 잣 등을 가방밑쪽에 챙겼으나 열어보면 다 적발될 것이다. 적발되어도 어쩔 수 없다고 체념하고 있는데 예비 검문 미국인이 버스 내에 올라와서 우리가 각자 들고 있는 여권을 대충보고 버스 화장실 열라고 하여 검사 후 내려갔다.

모두 긴장하고 통과하는데 짐과 가방은 벌써 레이저로 쏘아 다 검색되었을 것이라며, 오늘 우리가 운이 좋았다고 한다. 검문으로 시간 지연되어 관광을 못하는 경우가 가끔 있다 한다. '방긋방긋 OK' 하며 입술을 깨물고 모두들 웃으며 16:00 국경 통과했다.

버몬트 주(州)로 진입 편도 2차선 93번 root 고속도로로 진입했다. 이곳엔 교민이 약 800명 거주하고 뉴햄프셔 주는 아파레치안 산맥이 있는 곳 중 미드 마운틴 산을 산에서 산으로 계속 내려간다. 2시간을 내려가는 것이 말이 쉬워 그렇지 내리막길을 100㎞ 속도로 계속 내려가 보라 정말 땅이 넓다는 것을 실감한다. 가이드는 계속해서 한국에서 출생하여 현재까지 살아온 인생역정 중 미국에서 고생하며 살아온 이야기를 한다. 지금은 미국에도 건물이 있고 서울 성북구 마아 동에도 3층 건물을 가지고 있는 등 살만하다 한다. 아들딸도 다 성장하여 제 밥벌이 한단다. 처음부터 가끔 미국여자와 산다며 말하기에 정말 미국여자인지 궁금했는데 한국 출신 미국 시민권자였다. 한 국적을 5년 이상 가지고 있어야 영주권을 받을 수 있고, 선거권은 없고, 영주권을 받아도 범법자는 추방된다. 한번 추방되면 평생 입국하지 못한다. 영주권을 5년 이상 가지고 있던 사람이라야 시민권자가 될 수 있단다. 미국시민으로 인정되며 투표권이 있고 정당가입이 가능하고 범죄시도 추방할 수 없고 의법 처리된다. 바위절벽(old face)이라는 곳을 지나니 다시 지역 설명을 빠트리지 않는다. 사람 얼굴과 같은 바위산인데 2003년 수해시 없어졌단다. 이 부근엔 4천ft이상 산이 20개나 있단다.

20시 보스턴 도착, 지하도를 1㎞ 가량 지났다. 베스에비뉴의 적색 벽돌로 된 4~5층 APT에 대한 이야기를 하는데 놓쳤다. 비교적 면적이 적은 메사추세트 주엔 종합대학이 36개나 있단다. 인구는 6~700만 명이고 특히 보스턴은 교육사업 도시이다.

크리스천 사이언스 본부 통과하여 버클리대학 앞 도착, 도로변에 담도 없는 건물이다. 같은 건물로 보이는 곳에 있는 한식 뷔페 '아리랑식당'에서 저녁을 먹었다. 꼽사리 붙어 투어하던 장씨가 우리와 투어 마치고 아들의 하버드대학 졸업식 참석차 간다하니 송별식이라며 회갑 전후 비슷한 연령대 4명이 식당 내에서 가만히 한 잔 하고 인사도 않고 갔다. 미국은 식당에서 음주를 할 수 없게 되어 있어 몰래 마셨다. 의리가 없는 사람이다. 홧김에 서방질이란 말이 있다. 나는 술을 마실 줄 아는 내 나이 또래 네 분을 내 방으로 불러 국경에서 사온 와인으로 한 잔하자고 했다. 그러나 천주교인 배씨라는 분만 와서 같이 마시고 갔다. 다른 분들은 피곤하다며 사양했다.

– 인명록

인동 장씨 61세, 출발 때마다 지각하고 아들이 하버드대 졸업한다는 부부.

장씨 65세, 사위 배를 많이 타고 다녔다는 분 부부.

오씨 78세, 백발할아버지 혼자 여행 와 왕따 아닌 왕따인 분.

배씨 67세, 흰 머리의 천주교인 외국 여행을 많이 했다는 분 부부 .

정씨 67세, 전후 대구 거주 공직 정년퇴직, 딸이 미국에서 잘 살고 있다는 분 부부.

정씨 68세, 홍콩에 거주 하는 딸과 외손녀와 같이 온 할머니.

이씨 61세, 대구, 공무원정년퇴직 연수중인 분 부부.

성 미상 62세, 김포에서 농토 만평과 과수원도 경영하고 쌀 천석 소출한다며 인사시 자랑하였지만 인사성이 없던 분. 농사에 괴로우나 도시계획으로 보상될 날만 기다린다는 분 내외.

성 미상 50세, 제약회사 연구실에 종사하여 말주변이 없다고 겸손해 하는 분 부부.

성 미상 50세 전후아저씨 쌍둥이 처녀 등 딸 세 명과 아내를 대동함.

호주에 살며 12살의 영어 잘하는 아들 대동한 분, 딸 2명 데리고 온 남원댁. 행정고시 합격했다는 딸과 같이 온 50대 아주머니. 군 제대한 건장한 아들과 같이 온 50대 아주머니. 건강한 딸을 대동한 50후반 아주머니. 매일 조석으로 옷 갈아입고 얼굴이 예쁜 혼자 온 여대생, 상일동에 산다는 여대생 자매. 초저녁에 전화 카드가 잘 보이지 않아 숫자 알려 달라하니 전화 걸어주던 여대생 2명, 아주대 의대생(예과 1년생)과 그 모친 등 젊은이가 25명이었다. 대학교수 등 추가 합류한 18명은 같이 다녀도 인사가 없었다.

보스턴 숙박(RADISSON HOTEL MILFORD SOLID HOSPITALITY 246호실) TEL. 508-478-7010

- 제7일째(7월 11일 화요일)

하버드대, MIT공대, 퀸시마켓 관광, 오후 뉴헤이븐 예일대학 관광 초저녁 엠파이어 빌딩전망대 야간 조망.

05시 기상(06시 모닝콜 전인) 07시 조식, 08:45 포스턴 시내 관광차 출발, 학생을 다시 헤아려보니 26명인 것 같다. 먼저 켐브리치 시 하버드대학으로 향하였다. 찰스 강 건너부터 대학입구까지 교통이 정체된다. 항상 그렇다고 한다. 미국 와서 교통정체되는 지역을 처음 통과했다. 우리는 잠시 후 대학 앞에 도착했다. 대학 정문 담 옆에 주차시키고 도보로 들어갔다. 캠퍼스가 몇 만평임에도 역시 도심의 대학은 운동장이 없다. 학생은 약 5만 명이 되며, 1800~1900년도에 건축한 붉은 벽돌의 5~6층 건물이 들어서 있다. 하버드대학 졸업한 역대 대통령이 6명이나 되어 이 대학 출신자들의 자존심이 대단하단다. 입학은 쉬우나 졸업이 어렵다. 입학생의 약 30% 정도가 졸업한단다. 이 대학의 졸업 특색은 6월초만 되면 시간대 별로 대학별 졸업식이 거행된다. 그런데 학교 앞엔 꽃장사와 미장원이 없는 것이 특이 하단다. 하숙비는 대학주변에 렌트 시는 2인 월 250만원이다.

크지 않은 정문을 지나 조금 들어가니 학교를 창설한 하버드 목사의 동상이 170㎝ 정도 높이의 석조대 위에 있다. 동상의 신발이 있는 곳이 닳아 반질반질하다. 어른들이 서서 그 신발에 손을 얹어 놓기 적당하게 되어 있다. 손을 얹고 마음속으로 기도 하면 아들이나 손자가 하버드대학에 입학할 수 있다고 하여 많은 사람들이 기도 했기 때문이다. 우리 일행들도 기도하기 시작한다. 나는 동상이지만 목사 신발에 손 얹고 기도하는 것이 마음에 들지 않아 망설이는데 다른 사람들이 밀다시피 독촉하고 아내도 독촉하므로 얼떨결에 손을 얹고 마음속으로 성용이 하버드대학 입학을 축원하고 사진도 담았다. 하버드대학 도서관등 몇 군데 돌아보고 처음이자 마지막 단체사진을 찍었다. 찍고 나니 몇 사람이 빠져 있었다. 늘 그랬듯이 이곳에서도 껍질만 구경하고 속은 보지 못하고 나왔다. 이곳에서 수덕사 주지스님일행을 또 만났다. 시자 스님께 주지스님과 사진 한 장 같이 찍도록 요청하니 정중히 거절한다. 역시 보수적이다.

정문으로 다시 나와 도로를 건너 하버드 shop에 들어가서 쇼핑을 했다. 성용이 하버드 T 1매를 20불 주고 샀다. 비싸다 우리나라 같으면 5000원~1만원이면 충분히 구입할 수 있는 가격인데…. 성용이를 위해 샀다. 우리 일행은 버스에 승차하여 MIT공대로 향하였다. 찰스 강폭은 수백 미터는 되어 보인다. MIT공대는 하버드와 달리 벽이 흰색인 것 같은데 그 건물이 그것 같고 그 대학이 그 대학 같아 지금 보니 알 수가 없어 사진을 들여다보니 조금 이해가 된다.

MIT 공대 옆 찰스강변 약 1㎞에 큰 가로수가 학교 쪽에 서 있는데 이곳도 역시 나무에 굵은 톱밥 같은 것으로 나무를 중심하여 거름으로 둥글게 덮어 두었다. 찰스 강 건너 쪽에 미국 독립을 위해 시민군이 최초로 영국과 결전을 외치던 광장인데 그것을 기념해 조성한 시민공원이 있다.

조금 후 담도 없는 도로변 5층 정도 높이의 건물 앞에 도착했는데 버클리 음악대학이라고 한다. 버클리는 순수음악을 하는 곳이 아니고 실용음악을 하는 대학으로 가수 최성수는 졸업했는데 가수 비는 졸업을 못 했단다. 조금 옆 같은 건물로 보이는 곳 아리랑식당에 들어가 중식을 했다. 시내는 황색과 붉은 벽돌로 건축한 4~10층 건물이 많다. 푸르덴셜 건물이 서울 강남에 있는 푸르덴셜 건물과 똑같아 내용이야 어떻든 친숙해 보인다.

이곳은 뉴잉글랜드 지방의 금융과 교육의 중심도시이다. 푸리돔 트레일러라고 유적지를 찾아 가는 길 안내를 도로변에 붉은 선으로 페인트 표시하여 두었다. m가이드가 도로를 보라고 말하여 보니 포스턴 마라톤 종점(marathon finish)라고 황색선이 100㎝정도 넓이로 도로를 가로질러 그어 있다. 우리나라 서윤복, 황영조 선수 등 여러 마라톤 선수들이 이곳에서 우승하여 태극기를 휘날리던 곳이란 걸 생각하니 마음이 우쭐해진다.

홀로코스트는 유리 기둥 100만 개짜리 6개(600만개)를 설치한 조형물로 독일인이 유대인 600만 명을 가스실에서 질식사 시킨 것을 추모하기 위해 건설한 조형물이라고 한다. 그런데 지금은 오히려 유대인들이 미국 각계각층 요직과 자금을 쥐고 있고 이에 미국을 등에 업고 레바논 등 인접 국가를 전쟁이란 명목으로 수십 년 째 죽이고 있다. 반성해야 한다. 언젠가 또 보복 당할 것이다.

나도 전엔 이스라엘 민족이 우수하고 어머니 교육이 잘된 국가라고 알았는데 다시 보니 우수하나 역시 나쁜 민족인 것 같다. 메사추세츠 도청도 관광했다. 이곳 중심가엔 흑인은 별로 없고 외곽지대에만 많이 산다. 보수적인 도시이다. 도청에서 약 500m 떨어진 곳에 포스턴 시청 경유 킨스마트 시장에 도착하였다. 이곳은 원래 개인 소유였는데, 1973년 시에 기증하여 시장이 형성되었다고 한다. 우리 내외는 이곳에서도 성조기 붙은 자동차를 구하려고 분주히 다 보았으나 허탕이었다. 난장판 같은 허름한 복도 같은 곳에서 주스 세 잔을 18불 주고 사서 가이드와 같이 나누어 먹었다. 굉장한 바가지다. 시계탑 건물이 있는 보스턴 세관 건물 뒤에 보이는 바다가 대서양이다.

약 1㎞의 지하도를 경유하여 13:45 아이비리그의 대명사인 예일대학으로 약 2시간 반 가면서 가이드는 계속 설명한다. 주력이 대단하다. 약 50이 넘어 보이는 키 작은 사람이 영어 배우러 미국에 오지 말라! 영어 배우는 것은 서울 강남이 더 좋다. 무작정 어학연수 왔다가 실패하고 귀국하는 자가 너무 많다. 오려면 도전 정신을 가지고 오라. 교포가 많이 사는 곳은 피하라. 영어도 배우지 못하고 범죄 소굴에 빠지기 쉽다. 이곳의 대학 졸업자의 초봉이 4만~5만 불이라고 한다.

소나기가 내린다. 우박도 내린다. 고속도로엔 버스가 보이지 않는다. 운전석 뒤 휴식 공간이 있는 대형 카고 트럭이 많고 특수 차량들이 많이 이동한다.

두 시간 후 뉴 헤이븐 도착 예정으로 가는 동안 계속 천둥치고 소나기가 내리는데 뉴욕은 햇볕이 쨍쨍하게 쪼이고 덥단다. 역시 대륙은 대륙이다.

가이드는 자기가 출생하여 현재까지 살아온 인생역정을 소설같이 말한다. 일을 많이 하는 것이 이민의 생활이란다. 하버드 대학은 보수적이나 예일대학은 예일이란 목사가 사재를 들여 설립하였기 때문에 개방적이고 자유 분망하다. 행동적이고 깨끗하다. 건물도 여러 가지 색으로 지었고, 반도 빌트라는 사람이 기숙사를 지어 기증하면서 나의 후손이 이곳에 들어오면 기숙사비는 면제해 달라고 말한 일화가 있다.

뉴 헤브론에 도착하니 비가 그친다. 유치원 1년에 십만 불짜리도 있다한다. 상류 사회에선 우리의 생각과는 달리 많이 때리고 교육을 혹독하게 시킨단다. 예일대학 내에 공동묘지가 있다. 1862년에 아메리카 대륙에 피자가 처음 팔린 곳이고 흑인이 많다. 중앙도서관 내부를 관람하였다. 뒤에 알았는데 이 대학 공대에 민주화 관계법으로 유명한 한국 출신 고흥주 박사가 공대 학장으로 있다한다. 얼마나 영광스러운가. 갑자기 화장실을 이용하고 싶어 도서관 깊숙이 있는 직원 화장실을 이용한 기억이 많이 남는다.

경비의 친절한 안내로 정문내 잔디 위에서 휴식하고 사진도 찍고 정문 앞 도로를 건너는데 모든 자동차가 서행 내지 일단 정지를 해주어 또 인상에 남는다.

16:45에 출발 IC를 나오니 대서양 바다가 나온다. 도심내 잘

정돈된 1천 평 정도의 공동묘지를 통과, 편도 3차선 고속도로 나오니 중앙에 예비 차선이 있다. 95번 고속도로를 이용하여 뉴욕으로 간다. 미국 내엔 가이드가 4만 5천명 정도 있단다. 17번 exit에서 교통사고 연쇄 충돌로 지체되었다. 18시 뉴욕 경계 통과, 퀴인즈 구 허드슨 강 허드슨 브리지를 지나 한인촌 도착했다.

서재웅 선수가 활약하는 매츠 구장을 가르쳐 주는 것을 보면서 맨해튼 미드타운 터널통과(9개 해저 터널 중에 하나임)했다. 캐나다까지 순방 거리는 약 2,500㎞가 된단다. 36번가 우촌식당에서 갈비찜으로 석식 후 엠파이어스테이트 건물 관광, 1층에서 신발까지 벗는 정밀검색을 하고 약 50명은 탑승할 수 있는 엘리베이터를 타고 올라가 2층에서 다시 갈아타고 층 전망대까지 올라가서 뉴욕 시내를 내려다보았다. 사람들로 너무 붐벼 제대로 보지 못하고 사진도 제대로 찍지 못하고 대충 감상하고 내려왔다. 42번가 -41번가 -링컨터널 경유하여 뉴저지 주로 들어가 힐튼호텔 투숙하였다.

– **제8일째**(7월 12일, 수요일)

뉴욕(맨해튼)시내 관광, 타임 스퀘어, 브로드웨이 등 시내를 산책하며 관광.

07시 기상 조식 후 08:45호텔 출발 뉴저지 주 국제공항 경유 뉴욕 입구에서 bus전용 차선으로 달린다. 우측의 3개 차선은 정체된다.

가이드 말에 의하면 국내 경기가 좋으니 나쁘니 해도 한국인 관광객 수가 하나투어만 해도 1일 150명 정도인데 점차 늘어나는 추세라 한다. 뉴욕은 돈 있는 지역 지하철은 깨끗하고 가난한 지역 지하철은 쥐가 들끓는단다. 역시 돈은 벌고 볼 일이다. 말하는 동안 버스는 링컨터널을 통과한다. 링컨터널 위는 허드슨 강인데 100m 지하에 투부 공법으로 1945년에 완공했는데 길이는 약 2km(3개의 hole) 터널내부에는 좌측에 50cm 넓이의 인도가 있고 편도 2차선도로로 된 터널이다.

뉴욕은 191개국 언어 민족이 살고 있다. 한곳에 검은 봉지 쓰레기더미가 차선을 막고 있다. 옛날엔 한인들이 가발 도매와 봉제공장, 미싱업 등으로 돈을 많이 벌었는데, 김대중의 비서실장이던 박지원이 가발공장 하던 곳도 손짓하며 가르쳐준다. 한국인들이 돈을 많이 벌며 살던 곳은 지금은 거의 다 떠나고 그 자리를 흑인들이 앉아 있기도 하지만 중국인 인도네시아인들이 상권을 차지하고 있다. 2~3층엔 모피상들이 많다고 한다.(빅스 에비뉴를 중심으로) 8AVE 통과- 동서구분, 36번가 건물 숲을 지나다. 서남쪽으로는 숫자가 작아지고, 동북은 거리 숫자가 커진다. 좌측은 east, 우측은 west이다 5차선인데 80~90%가 일방통행로이다.

역삼각형 다리미 빌딩, 그리니치 빌리치 통과 워싱턴광장 파신스 디자인학교, 워싱턴 100주년 기념 스퀘어 통과, 오 헨리 마지막 잎새(삐가로 상점), 한국인 초밥집, 젊음의 문화가 숨 쉬는 곳- 소호(SOHO) - 게이들의 바도 있다. 도로공사가 있어 우리는 우회했다. 차이나타운 통과 -역시 중국인들의 상술은 알아주어야 한다. 정말 큰 상가였다. - 시티센터(시디파크라는데 처음수도로 워싱턴이 취임선서 하던 곳이란다)- 울워즈 빌딩(5센트에 판매하였다는 일화가 있는 빌딩) 통과 미국은 광역시청은 작게 짓고 구청은 크게 짓는다.

월가(월스트리트)는 금융 중심가여서 그런지 좌우측 통행이 가능했다. 트리니티 교회(컬럼비아 대학교 전신인 모교) 에디슨 묘 등 공동묘지가 있었다. 도로에 책임 맡는 황소의 상을 조각해 놓은 것도 보았다. 역시 공사중이어서 복잡했다.

뉴욕은 큔즈부로그 부르크린, 부롱스, 스텐, 맨해튼으로 구분되는데, 맨해튼은 3개의 섬으로 되어 있으며, 남북이 12㎞ 동서가 4㎞인데 페트로라는 사람이 연장 2포대와 술 한 병을(24불상당) 주고 인디언으로부터 매입하였다 하나 말도 안 된다. 토론토를 밀가루 140포와 현찰 17불 주고 매입하는 등 땅의 개념이 없던 인디언들을 속인 것이나 다름없다.

F.D.R bridge -가로수는 큰 것은 보이지 않고 자유의 여신상을 보려고 풀턴 어시장을 지나 배 타는 곳으로 갔다. 100인 정도 탑승하는 유람선이 10여 척 보이는데 1회 약 1시간가량 관광으로 운행한다. 우리는 매표하여 승선하고 자유의 여신상을 향하여 달린다. 흑인 검표원들이 급히 표를 절단하다가 액수가 기록된 곳이 없어져서 요금은 알 수 없다. 관광객은 거의 한국인이었다. 유람선 안에서 볼 땐 마치 한국의 유람지 한 곳에 온 것 같은 느낌이다. 가급적 국적별로 승선시키는 것 같다. 유람

선상에서 아름다운 맨해튼을 보며 달리니 기분이 상쾌하다. 돛배 PEKING도 보이는데 원래는 노예 운반선이었다고 한다. 자유의 여신상이 있는 섬은 엘리스 아일랜드(눈물의 섬)라고 하기도 했으며 이민사 박물관이 있었단다. 자유의 여신상엔 "자유에 굶주린 자여! 다 내게로 오라."고 쓰여 있다는데 보이지는 않는다.

날씨는 약간 흐려 있어 사진 찍기엔 썩 좋은 날은 아니다. 자유의 여신상이 가까이 오니 관광객들이 움직이는 유람선상에서 서로 사진을 찍으려고 일어서서 아우성이다. 그중에 나도 끼어 사진 찍겠다고 이리저리 살피고 피하여 가며 찍었다. 나중에 알았지만 사진 담을 시간 약 10여 분간 배가 가만히 서 있는데도 모두 앉아 있기만 한다. 유턴하여 출발지로 되돌아왔다. 뉴욕주 쪽을 보니 뉴저지주보다 더 화려하다. 오는 도중 뉴저지주와 뉴욕주를 연결하는 B.M.W라는 교량과 부로크린 bridge가 멋있어 보여 사진기에 담았다. 정박하는 항구 계류장의 물속의 큰 나무 기둥들이 인상적이었다.

중식은 금강산 식당에서 해결하고 무엇을 먹었는지 기억이 없다. 식사 후 식당 앞에 나와서 통행인들과 거리풍경을 잠시 구경하였다. 8일째부터 기록은 이 글을 정서할 때는 3개월이 넘어 단어만 메모한 것이 무슨 뜻으로 표시한 것인지 알 수 없기도 하여 문장이 매끄럽지 못하다. 뜻도 모르고 정서하기도 한다. 예를 들면 다음 줄에 나오는 에비뉴가 무슨 뜻인지 모른다.

큰길 12개 에비뉴 거리를 홀수는 남에서 북으로, 동에서 서쪽으로 표시하고 짝수는 북에서 남으로 서쪽에서 동쪽으로 표시

되었다. 42번가 통과했다. 맨해튼의 중심지로 그랜드 센트럴 터미널(종합 터미널)은 각 주로 가는 터미널이다. 들르지는 않았지만 이곳은 지하 천국이란다. 911현장에도 갔다. 911사태 시 2,578명이 사망했다고(한국인 11명 포함) 하나 상당히 더 될 것이란다. 녹슨 권총 앞에서 사진 한 장 담고 추모도 했다.

우리는 다시 UN건물로 갔다. 대재벌 록펠러가 기증한 땅이란다. 빠른 속도로 이곳저곳을 돌아보고 나왔는데 1층에 세계 각국의 인물 그림 등이 대형 유화로 그려 전시된 것이 특이 하였다. bridge를 지나 남북의 길이가 4km나 되는 61번가 센트럴 파크를 지나 명품거리를 보고 록펠러 센터에서 쇼핑했다. 석식을 마치니 비가 오기 시작한다. 비가 오기에 멀리 가지 못하고 피로도 하여 가이드의 단골 쇼핑센터인 코스모스 백화점을 안내하기에 들러 한국에선 알지도 못한 유명하다는 SAS신발도 사고 그 외 화장품등 기념품 몇 가지를 샀다.

날이 어두워지자 버스에 올라 링컨터널을 지나 숙소로 돌아왔다.

**– 제9일째**(7월 13일 목요일) 뉴욕 공항- 샌프란시스코 - 시내관광

안약을 지난밤 묵었던 호텔에 두고 와서 넣지 못했다.

03시 모닝콜, 04시 출발, 2일분 팁 4불 놓고 나오다. 뉴저지주에서 뉴욕으로 간다. 뉴욕의 처음 명칭은 뉴 암스텔담이라 했단다. 일행 중 쌍둥이 3형제는 떨어지고, 06시 JFK국제공항도착, 싱가폴 항공기 06:15 탑승, 06;45 이륙, 비가 약간씩 내려 구름이 끼어 구름 속을 날아가다. 일행 중 쌍둥이 3형제 부모,

김포 거주 부부, 의대생 모자 등은 서울로 직행하는 분들(6명)과 헤어지게 되었다. 배씨 부부는 오하이오에 사는 아들집에 간다고 셔틀 트레인을 이용해 다른 국내선 비행기 타러 갔다. 환승하는 사이를 이용하던 가이드도 없고 해서 영어를 잘 못하니 다소 불편했다.

나머지 서부를 관광하는 우리는(14명) 샌프란시스코행 비행기에 탑승했다. 며칠간 동고동락한 일행과 헤어지니 섭섭했다. 정이 뭐인지. 우리는 정년퇴임하는 부부 2명, 모자팀 2명, 모녀팀 2명, 홍콩팀 3명, 명예퇴임 팀 2명, 우리 부부 2명과 안내 1명이었다. 버스비는 없고 가방 1개 들어주는 대가로 팁 1불씩 받는다. 이곳 대기 장소에 쇼핑센터가 있는데 친정어머니를 모시고 온 홍콩팀 아주머니는 남편이 사업을 하는데 돈이 많다고 친정어머니가 가만히 귀띔해 주는데 그래서 그런지 계속 쇼핑한다. 큰 가방을 하나 사서 산 물건을 넣어 끌고 다닌다.

비행기 창가 A석에 앉게 되어 기록하는데 편리하였다. 내 옆 좌석은 홍콩 젊은 아주머니석인데 아내에게 양보해준다. 구름 위를 오르니 쪽빛하늘이 펼쳐지고 아래는 구름 바다와 구름 산이 펼쳐진다.

스튜어디스가 나이든 남자 3명인데 그중에 멕시코 출신인 것 같은 분이 다소 친절하였으나 여자 가이드만 못하다. 07;42 기내식 하다. 영어가 통하지 않아 무조건 아는 말이 치킨이라 시켰더니 맛은 괜찮았다. 음료수는 오렌지주스를 시켰는데 나중에 사이다가 먹고 싶어 주문했는데 통하지 않았다. 다른 사람이 먹는 캔을 보니 영어로 seven up이라고 쓰여 있어 주문하였다.

푸른 바다 위 흰 구름, 솜구름 뒤쪽에서 태양이 빛이고 11시 방향엔 하얀 달이 구름과 조화를 이룬다. 비행기도 희고, 우리 부부 잠바까지 흰색이어서 내 마음까지 희어지는 것 같았다. 그런데 달도 서 있고 구름도 흐르지 않고, 비행기도 움직이지 않는데, 시간은 간다. 묘한 감정을 느끼게 한다. 3시간 정도 날아갔는데 달은 보이지 않고 아래를 내려다보니 바둑판과 같은 밭이 보인다. 가로 세로가 일직선이고 선의 끝은 보이지 않는다. 녹지도 보이고 하천 같은 것도 보인다. 10여 가구 남짓한 마을도 가끔 보인다. 장관이다. 흰 솜구름이 시샘하듯이 넓은 들을 덮어버리는가 했더니 이내 걷어 놓는다. 경지 정리의 밭은 한 변의 길이가 약 1~2㎞는 되지 않겠는가 생각해 본다. 한 개의 정사각형 속에 원형의 녹색 초지 같은 것이 보이는데 궁금증을 더한다. 나중에 알았지만 대형 회전식 스프링클러(분무기, 양수기)다. 건조한 지역이기에 계속 양수 작업을 하는 것이었다.

경지정리가 너무나 잘되어 있다. 정4각형의 농지나 마을을 코너에서 코너로 대각선으로 가로질러 가게 한 곳도 있었다. 4시간 정도 나르니 ET의 피부 같다고 할까 코끼리 피부 같은 것이 보이기에 자세히 보니 나무가 없는 산악지대였다. 잠깐 지나 다시 광활한 바둑판 평야농지를 몇 시간 날아간다. 정말 넓은 나라다. 원주민 인디언들의 옛 땅 영구히 찾을 수 없는 것은 아닐지. 기내를 둘러보니 거의 다 취침한다. 산 정상부분에 초목이 없는 높은 산악지대를 지나는데 골짜기에 백설이 같은 것이 보인다. 무슨 산맥을 넘는지 궁금하다. 이렇기 때문에 KAL나 아시아나를 타야 한다. 할머니가 나에게 나이를 묻기에 주민등록대로 한살 줄여서 말했다. 왜 그랬는지 모르겠다. 나중에는 바로 알려주었지만 나 자신도 속내를 모를 일이다. 젊음이 좋아서인가. 연장자가 주책을 떠는 것이 싫어서인가.

아내는 깨어서 홍콩댁 친정어머니와 재미나게 이야기 한다. 무슨 이야기일까. 약 1시간가량 높은 산악지대를 지나 고도가 많이 낮아지고 황무지 같은 지형을 약 40분가량 지났다. 12:45, 출발한 지 6시간 만에 미국 입국시 한 번 본 적이 있는 샌프란시스코 국제공항 도착했다. 검색이 심해 이미지는 좋지 않다. 다른 비행기와 똑같이 착륙하니 이색적이었다. 입국시보다 검색은 심하지 않았으나 여전히 엄밀한 검색을 하고 나왔다. 한국에서 거리는 8,800㎞. 임시 가이드를 만나 소형 버스에 탑승하니 권혁규씨의 안내로 101번 도로를 이용해 스텐포드대학으로 향하였다.

이곳 캘리포니아는 남북을 합친 한국의 면적에 두 배이고 주 인구가 700만, 시 인구는 80만으로 스텐포드대학의 면적은 1천만평인데 개인 소유 땅을 지주 스텐포드라는 사람이 기증하여 대학을 설립하게 되었단다. 인생은 짧다고 하지만 이분은 영원히 산 분이다. 기부문화가 발달된 국가다. 우리나라도 그랬으면 얼마나 좋았을까. 돈 있는 사람들은 기부를 잘하지 않고 가끔 가난한 할머니가 평생 모은 돈이나 재산 수억~수십억을 ○○에 기부했다는 보도를 보았다. 물론 재벌들은 자기가 살려고 몇 십억~몇 백억을 사회에 환원하고 있기는 하다.

이곳은 1840년대부터 중국의 광동성민들의 이주가 시작되어 2880㎞의 대륙간 횡단 철도공사 당시 이들의 활동이 컸다. 1849년부터 금이 발견되어 서부개척이 가속화되었다. 스탠포드 대학은 1891년에 개교된 명문이다.

팔로알푸 지역엔 한국학생 석・박사만 약 3백 명이 있다. 대학교 학비는 35,000불, 기숙사비는 25,000불이란다. 해서 교육비가 년 1억 원이 소요된다. 집값은 보통 10억 원~20억 원이고 언덕의 그림 같은 집은 20~50억 원이 된다. 초등학교 교과서는 없고 성적+봉사실적+인성교육을 본다. 초등학교 5년+중학교 3년+고등학교 4년 등 12년을 의무? 교육한다. 미국은 5%의 우수한 인력이 있는데 나머지는 이들에게 잘 따라주기에 잘 돌아가지만 한국은 똑똑한 사람이 70%나 되어서 오히려 잘 안돌아 간다. 대학 입구 도로 좌우에 야자수 가로수가 늘어서 있었다. 붉은색 벽돌 같은 석조 건물들이었는데 야자수와 어울려 아름다웠다. 사진 몇 장 담고 내부는 보지도 못하고, 101번 10차선 도로를 이용해 되돌아왔다. 화중지병이라할까, 관광이란 것이 다 이런 것일까? 공항 부근 샌프란시스코 숯불가든 식당에서 가이드가 LA지사 김덕규 차장으로 교대되고, 한식 뷔페로 중식 후 에어트레인으로 OZ. SQ 항공사 팀 48명과 합류하게 되였다. 운전자는 홍콩인 알렌이고 62명 정원의 5억 짜리 대형 버스였다. 동부에서 타보았지만 며칠을 타고 다녀도 피로하지 않다. 몇 명은 가고 우리는 58명이 탑승하게 되었다. 나이 많다고 앞좌석을 양보해준다. 고맙기는 하지만 부담이 된다. 남에게 폐만 끼치는 꼴이 되었다.

캘리포니아, 네바다 등은 원래 멕시코 땅이었는데 1846년 멕·미 전쟁으로 미국이 빼앗은 땅이다. COACH TOUR거리 3.200㎞

14;10 합석하여 출발, 편도 3차선 도로로 가로수가 특이했고 2~3층 가옥이 특이했다. 1906년 대지진을 1916년까지 복구하였고, 각 집 모양이 달랐다.

34개 언덕으로 된 곳 해발 277m 트윈 픽스(쌍두이 봉우리. 우리나라 남산 정도)란 곳은 선전은 많이 해도 별 볼거리가 없다. 나무도 없는 조그마한 산이었다. 바다를 바라보는 전망은 좋았다. 이 도시는 년 300일 안개가 끼는 곳, 편도 1차선으로 간다. 오클랜드 포함 700만 명, 중심가는 70만 명 거주, 영화 타우 링 촬영장소인 밴쿠버 아메리카 빌딩을 지나 동성연애자(게이)들 마을에 들어서니 그들의 깃발인 레인보우 깃발이 나부낀다. 전철, 전동차 인간의 용광로라고 하는 다민족 도시란다. 차이나타운은 미국 내에서 제일 크다. 시청은 1906년에 재건축, 3차선 일방통행 언덕길, 샌프란시스코 전철을(케이블 카) 단체로 요금을 내고 타서 얼마인지 모르나 샌프란시스코 가파른 언덕길을 달려 내려갔다. 전근대식이고 관광용을 겸한 전철로 금방이라도 바퀴가 빠져 나갈 것 같이 덜커덩거리고 수동식이어서 숙달된 운전자만이 운전이 가능했다. 운전기사도 도중에 교대했다. 매달려 가는 승객도 많다. 우리는 도중에서 하차하였다.

차이나타운과 이태리타운 및 롬바더 거리가 멀리서도 보인다. 가로수 수종이 특이하다. 이태리타운이 차이나타운 사람들보다 강하여 중국인을 많이 죽이고 또 괴롭히므로 중국인들이 이태리측 부대장을 죽여 목을 베어 효시하고부터는 중국인을 무시하지 않게 되었다 한다. 차이나타운과 이태리 타운을 지나 15:45 선착장에 도착 600명이 탑승하는 유람선을 1시간가량 타기 위해서다. 베이커루스 유람선을 1인당 21불씩 지불하고 승선했다. 외국인도 약간 명 보인다. 아래위층으로 오르내리며 샌프란시스코를 바다에서 가장 아름답게 감상했다. 사진도 담았다.

트레져 아일랜드 해군 사령부가 있던 섬을 일주하였다. 버스로 금문교보다 먼저 건축한 교량 BAY bridges를 건넜다. 나가는 차는 밑으로, 들어오는 차는 위로 다니는 2층 교량이었다. 앞 바다엔 소형 요트가 100여 척은 되어 보이는데 30여 척이 정박되어 있다. 세계에서 가장길고 아름다운 다리 금문교를 입구 약 100m을 걸어갔다가 왔다. 물론 사진도 담았다. 89년 대지진시에도 이상이 없었단다. 대지진시 우리나라 액셀은 난간에 있었으나 일본차는 떨어졌다고 한다. UC버클리대학 공기가 맑아 제2의 실리콘 벨리라 한다. 인구는 66,000명이다. 관광을 마치고 먼저 왔던 곳에서 버스를 기다리는데 경고 표어가 있다. 'no lding of tour bus engines TO. sec 60.5'라는 표지판이 주택가 한일식당 앞에 게시되어 있는데 관광버스가 공회전을 하면 벌금을 물어야 된다는 뜻이다. 미국이란 나라도 절약과 환경을 많이 생각한다는 것을 알 수 있었다.

– 제10일(7월 14일 금요일), 마리포사 요세미티국립공원

07시 기상 08시 식사 09시 출발(58명 모두 식당과 대합실에서 잘 주무셨느냐고 인사한다.) 5층인 힐튼호텔은 용역으로 운영된다고 한다. 오늘은 샌프란시스코를 버스로 출발 마리포사 대농장과 미국 제2의 요세미티국립공원을 관광하고 돌아오는 길에 캘리포니아 최대 도시인 프리스노를 관광하는 날이다. 99번 도로를 달리기 시작한다. 이곳은 비가 잘 오지 않아 스프링클러로 물을 뿌려 나무 가꾸기를 한단다. 11월, 12월, 1월은 우기 4, 5, 6, 7, 8, 9월은 건기이다. 도시 옆에 네바다 산맥이 있어 풍력 발전기가 3만 개나 있다. 우기가 되면 파란 잔디가 돋아난다. 준사막 지역이어서 150년 전만해도 무용지물의 땅이었는데 양수를 하여 지금은 유를 창조한 곳이다. 아몬드나무 비스타취, 견과류 나무 등이 끝없이 펼쳐진다. 센 아드리아 지진대이고, 이곳도 몽골 계통의 원주민(native american)의 땅이었다.

포장은 되었으나 준사막 도로를 약 1시간가량 달려와 ALL AMERICAN간이 견과류 판매슈퍼에 들러 용무 보고 주위를 보니 토마토 밭이 눈이 보이지 않게 넓은데 물을 끌어들여 재배하고 있다. 캘리포니아는 31번째 주로 쓰리 골드로 유명하다 쓰리 골드는 1. 블랙 골드(기름) 2. 골드(금) 3. 그린골드(수수농장)를 말한다. 인구는 3,800만 명이고 교민은 250만 명이다. 월세(방2 거실1) 월 200만원이다. 도로변에 백색 꽃이 보이는데 유두화라고 한다. 컨테이너박스 차가 많이 운행되는데 깨끗했다. 속도제

한 시속 55㎞(미국은 마일을 쓴다고 하는데?) 미국 법은 융통성이 없다. 99번 도로(1940년대 세크라 멘트-메이 시설=전 주민 공격 피해 시 생존자를 기리기 위해 건설한 도로)화물 열차가 컨테이너 100여 개를 싣고 달린다.

약 5m~7m 높이의 볼품없는 나무 전주가 도로를 따라, 길 너머엔 약 10m 높이의 시멘트 전주가 기찻길 따라 서 있다. 고갯길은 편도 1차선이었다. 고개를 넘는데 중식 후라 모두 취침한다. 차량도 드문드문 다닌다. 한 시간 후 old mill village 4거리 도착 주유소 3곳 등 자동차 용품점이 많은 적은 마을 같다. raleys 슈퍼마켓도 보인다.

…기록 분실…

요세미티국립공원 가는 길 한국인이 경영하는 간이식당에서 한식으로 중식하고 주인 손씨와 인사도 나누었다. 식당 옆 같은 건물에서는 외국인이 슈퍼를 운영하는데 필름 1통 5.99불, eye's cleaner 1개 2불 주고 매입했다. 미리 말하지 않고 계산 시 세금을 공제하는 수법에 속았다. 산중에서 사지 말아야 한다. 잡목이 우거진 산길을 굽이굽이 오르는데 가이드가 나무에 대해 물으면 가이드에 대한 결례라고 말한다. 자연경관을 구경하며 가는 날인데 나무 이름 한 가지도 모르고 간다니 서글프다. 메타세쿼이아 나무가 우거진 무인지경 산속에 소방 파출소 같은 곳이 있다. 소방차 1대와 승용차 5대도 보인다. 아름드리 메타세쿼이아가 수십 미터 높이로 경쟁하며 하늘을 찌르는 산림동굴

길을 약 2시간 운행(편도 1차선)하는데 해가 버스 지붕에 있으니 어느 방향으로 가는지 알 수 없다.

조금 가다가 가이드가 진행방향 좌측을 보란다. 그곳에는 백여 년은 넘은 아름드리나무 여러 개 중 한 나무가 눈에 쏙 들어오는데 반쪽은 소나무이고 반쪽은 메타세쿼이아가 아닌가. 정말 신기하였다. 접착된 부분도 깨끗하고 나무도 위까지 깨끗하게 자라고 있는 것이다. 중국의 백낙천의 시 「장한가」에 나오는 전설의 나무 연리지를 상상의 나무로만 알았는데 현실로 내 눈앞에 전개되고 있지 않는가. 내려서 사진에 담고 싶었으나 차는 그대로 달린다. 정말 섭섭했다.

설해목과 고목들이 산비탈 여러 곳에 많이 누워있다. 해발 1,500m 요세미티국립공원이란다. 해발 5.000feet's 지점 통과하자 산화로 죽은 나무가 흰 뼈만 앙상하게 남아 있다. 손으로 뚫었다는 이우나 터널 1.3㎞를 통과 스페인 장교 모자를 닮았다는 A captain 바위, 면사포 폭포, 요세미티 공원 내에서 하차하여 요세미티 폭포까지 약 300m 걸어가서 얼음 녹은 물을 손에 담가보니 과연 차가웠다. 부근에 외국인(그 사람들 입장에서 볼 때는 우리가 외국인일수도 있다)들이 수백 명 산림욕을 즐기려 와 있고 승용차도 수십 대 주차되어 있다. 날씨는 무덥다. 땀도 흐른다. 간이식당 겸 기념품상이 한 채가 있는데 그곳 야외 의자에 앉아 쉬는데 다람쥐가 도망가지 않는 것을 보니 관광객에게 많은 것을 얻어먹는데 길들여진 것 같다. 산림단속원 남녀 여러 명이 있는데 환경감시 요원인 것 같다. 자동차 공회전하면 단속 대상이 된단다. 교통정리 요원도 2명이 있다. 권위적인 태도는 보이지 않는다. ranger=경찰이라 함.

이곳 캠핑장은 약 6개월 전에 예약을 해야 한단다. 10월만 되면 물이 마른다. 갔던 길을 되돌아오는 길에 4거리 raley's 슈퍼마켓에서 포도 한 봉지를 샀다. 햇빛이 따가워 안약을 넣었으나 시력이 나빠 약 50분 와서 농업도시 푸리스노라는 곳의 중국집(福海=厚德海)에서 저녁을 먹는데 고충이 있었다. 식당에서 약 100m 버스 이동하여 2층의 여관수준의 호텔에 보따리 들고 올라가서 와인파티를 하기로 하고 그대로 잠자고 말았다.

– 11일(7월 15일 금요일) 갈리고- 콜로라도 강- 라프린

WATER TREE INN호텔 06시기상, 07시 조식(작일 석식한 집) 후 푸리스노 08시 출발, 샴페인 때문에 불화가 생겼다. 샴페인을 일행들과 같이 마시려고 했는데 확실히 의사전달을 하지 않고는 가지고 오지 않았다고 신경질을 부린 내가 잘못이다.

L V 車, 요트, DOLLAR이야기를 했는데 놓쳤다.

한국 농민은 1인 1,500평 관리하는데, 미국농민은 15.000평 관리 한단다. 이곳의 5대 농작물은(1, 아몬드(1그루 25불) 2, 피스타추 3, 포도 4, 칼루스 쌀 5, 알파파)이며 도로변에 알파파라는 잔디 같이 생긴 마초가 있고, 유두화도 보인다. 유두화는 독초인데 가로수로 식재되어 있다. 도로에서 멀리 들판을 보니 사과나무 같이 생긴 아몬드나무와 포도밭이 끝없이 펼쳐져 있다. 나무의 밑 부분으로 물을 끌어댄 자국이 있고 어떤 곳은 물을 끌어대고 있었

다. 농약은 비행기로 살포한다.

주유소가 상당한 거리를 두고 있고 그곳에 식당과 간단한 식품 및 잡화 등을 판매하고 있다. 우리 차는 한참 동안 달리다가 도로변에 있는 베이커스 필드 주유소에서 주유하고, 일행은 전원 하차하여 용무를 보고 출발하였다.

한국인 홍수창이란 분이 1회 1불 정도의 기름을 끌어 올리는 기름펌프를 발명하여 유명인사가 되었고 기계이름을 홍수창 펌프라 한단다.

직경이 50m나 되는 움직이는 원형 스프링클러를 가까이서 보았다. 비행기내에서 내려다 볼 때 원형 녹색 잔디 같은 것이 무엇인지 알 수 있었다.

100여 칸이나 연결된 화물열차가 천천히 운행하는 것이 보인다. 풍력발전기를 여러 대 설치하여 회전하는데 움직이지 않는 것도 있다.(회전 날개 약 3m 기둥높이 약10m 로 보임) 사막지대 위에 중고 비행기 판매소가 있는데 비행기 약 100여 대 계류되어 있다. 복선 고속도로로 간다. 그 옆에 사막 선인장이 끝없이 자라고 있다. 우리는 에드워드 공군기지를 바라보며 달린다. 미국은 서부가 있기에 강대국을 유지하고 있다고 하며 서부인들의 자존심이 대단하단다. 무하비사막(화성과 기후가 유사하여 시험대상이 되는 사막)이다.

도중에 가이드 팁과 옵션관광비를 지불하라는데 옵션관광비는 각자 다르겠지만 나는 가이드 팁 120불, 옵션관광비 482불 지급했는데 경비행기만 타지 않고 모두 옵션관광 신청했다.(동부에서 가이드 팁은 180불이었음) 캐나다 건강식품 미국 총판이라고 하나 창고 같은 건물에 들어가 비타민과 sto pain이라 표시된 관절염 신경통과 무좀에도 효과가 있다는 spray식 치료약 2통을 구입했다. 나뿐만 아니라 모두 각종 물건을 많이 쇼핑했다.

교통의 요충지 바스토우에 있는 대형 패션아울렛에서 쇼핑 후 식당으로 이동 시즐러 스테이크(쇠고기)나 바비큐 립(돼지고기) 중 각자 택일하여 중식을 하고 다시 출발하여 1881년에 탄생한 CALICO 은광촌에 갔다. 1907년에 폐광되어 유령도시(Ghost Town)가 된 것을 1951년 월터넛이란 사람이 다시 복구하여 1966년 샌 버나디노 카운티에 기증한 곳으로 은을 채광하다가 폐광이 된 조그마한 야산까지 약 500m 올라가는 좌우 약 50m 간격을 두고 당시 건물같이 마주보게 수리 내지 재건축되어 있는데 수공예점, 레스토랑, 가죽가게, 도자기병 가게, 바스켓사진관, 술집, 1890년대 가게, 잡화상 등 20여 개소를 복원해 놓고 기념품을 판매하고 있었다. 그 외 박물관과 극장, 판잣집, 사격장, 자연석 가게 등이 있고, 중앙 통로 변에 옛날 사용하던 마차와 술통 등을 집 앞에 세워두고 있다. 폐광 후 서부 민속촌으로 재등장한 캘리코 은광촌이라 해서 들렀으나 별로 볼거리가 없고 덥기만 하여 힘들었다. 전성기엔 200만 불의 은과 900만 불의 붕사(硼砂)를 생산했고, 유명한 광산으로는 실버 킹, 오대사, 오리엔탈 비스마크 등이 있었다. 오리지널 건물로는 릴스 설룬, 타운 오피스, 루시 레인스 하우스, r&d 컴퍼니 스토어, 제너럴 스토어, 자연석 가게 등이 있었다. 주말에는 캠파이어와

거리의 유흥행사가 있고, 캠프 그라운드 24시간 오픈한다. 축제로는 10월의 칼리고의 날, 11월에 서부 미술 전시회, 주일에 훌라발루, 5월에 칼리고의 봄 축제 등이 있다고 가이드가 유인물을 준다.

덤불위드 해리스와 전설적인 1883년의 우편배달 개 '도오시' 그림도 있다. 우리는 버스를 타고 오는 도중에 에어컨 고장으로 약 2시간 동안 찜질방 버스로 오다가 다른 버스로 바꿔 타고 네바다 주 콜로라도 강변 라풀린 도착했다. 898호 버스 기사는 陣씨인데 미국명은 제인 알렌이라고 한다. 그도 친절하다. 강 건너는 아리조나주라고 한다. 우리는 RIVER PALMS호텔에 투숙했는데 카지노 호텔이었다. 돈 많은 실버들이 인생 말년을 즐기는 곳이다. 다른 식당과 달리 식당 내에서 담배도 피울 수 있는 곳이다. 대구 사는 골초 양반 이 선생은 식당에서 재떨이를 주니 지금까지 가는 곳마다 조바심내며 피우다가 떳떳하게 피우니 살 것 같다고 한다. 뷔페식으로 석식하고 나니 영수증을 받는다. 사이다를 캘리포니아에선 '스프리트'라고 해야 통하고 뉴욕에서는 '세븐업'이라 해야 통한다. 주스는 어디서나 통하더라. 영어회화를 익숙하게 못하니 식당에서 애로가 있어 같이 간 대학생의 입을 조금 빌렸다. 카지노를 조금해 보고 싶었으나 요령을 몰라 못하고, 강변쪽 전망이 좋은 1121호에 배정받아 피곤해 일찍 취침했다. 엘리베이터가 호텔 중앙부분에 6대나 설치되어 있는 것이 특이했고 빠른 행동이 가능했다. 창문으로 강을 바라보니 휘황찬란하게 불을 밝힌 빙고유람선이 콜로라도 강을 밤새도록 오르내렸다. 강물은 깨끗했고 날씨는 슬프도록 맑았다. 왜 유람선을 타고 흥취에 빠지고 싶지 않겠는가.

이곳의 5대 천국이란 말이 있는데 1. 노인들의 천국, 2. 어린이의 천국, 3. 여성들의 천국, 4. 장애인들의 천국, 5. 동물들의 천국이다. 해서 정치적으로 실버 파워가 대단하다고 한다. 또 애국심 고취를 위해서 어린이들을 이곳으로 관광시키는 것이 바람직하다고 한다. 난 사람보다 된 사람이 되도록 해야 한다.

– **제12일**(7월 16일 토요일) 그곳은 15일임

04시 모닝 콜, 05시 조식, 06시 조식, 06시 15분 출발하는데 체크아웃이 번거롭지 않아 좋았다. 운전기사는 3일째 중국인 기사인데 열심이다.

네바다 주 나폴린에서 강 건너 아리조나주로, 편도 2차선 40번 고속도로를 향한다. 나오면서 보니 카지노 호텔이 10여 개나 보인다. 이곳은 12살 때까지 학교까지 데려다준다. 머리 위에 상투같이 생긴 큰 바위가 보이는데 욕바위라고 한다. 그 고개를 넘어 노인들이 많이 사는 킹맨 마을로 향하였다. 좌측 학교 운동장 같은 곳에 LV차(차내에서 생활하는 차량) 수십 대가 있다. 우리나라엔 망상해수욕장에 많이 있는 차와 비슷했다. 07시 주 경계 지점 통과했다. 녹색 화살표불이 보이면 그대로 통과하란 뜻이란다. 사람은 보이지 않으나 실내에서 감시 카메라로 보고 있단다. 조금 후 우리는 킹맨마을 도착했다. 이곳엔 아직도 Native American(미국원주민=인디언)이 많이 살고 있단다. 마을을

지나니 40번 고속도로가 나오는데 동쪽으로 가기에 계속 해를 안고 간다. 우리나라는 관광버스마다 커튼을 쳐서 앞을 보지 못해서 나쁜데 이 나라는 커튼을 칠 수 없게 되어 있어 좋았다. 앞이 잘 보이니까. 태양으로 인해 운전에 지장이 있으면 투명 차양을 반자동으로 전면 창문을 반 정도까지 내려 가릴 수 있다. 도로를 보니 속도 제한 표시가 75miles로 되어 있다. 차량의 종류가 많은데 일제는 보이는데 한국산은 보이지 않는다.

오늘은 12시간 동안 버스를 타는데 버스 좌석을 팀별로 로테이션 하기로 했다. 기록 유지 관계로 좌석에 신경이 쓰인다. 우리는 B팀인데 윤번제에 의거 샌프란시스코 도착한 첫날부터 타고 다닌 좌측 앞좌석이 우리 팀의 자리가 되었다. 그중에도 내가 연장자라고 앞좌석에 앉도록 배려해주어 우리 팀에게 고마웠다. 계속 사막이고 산악지대를 달리는데 거의 다 취침한다. 사막이라 하나 몽고의 사막과 같은 쌀 모래만 있는 사막이 아니라 토사 잡석과 잡초 선인장등이 어우러진 사막이었다. 도로변에 2m 미만의 앉은뱅이 향나무 같은 것이 많다. 명칭이 '카이반 향나무'라는데 인공식재가 아니고 자연산이란다. 가드레일은 특수한 지역일부에 짧게 설치되었고, 중앙분리대는 약 5m 넓이의 잔디 같은 잡초로 되어 있다.

08:15 휴게소에 도착 쇼핑센터에 들어가니 주인이 '안녕 하세요' 하며 인사한다. 고속도로엔 동물보호 철조망이 1m~1.5m 높이로 고속도로에서 약 20m 떨어진 곳에 고속도로와 평행선을 그으며 설치되어 있다. 멀리 보이는 산도 완만한 곡선을 그으며

몇 십리 펼쳐져 있다. 이곳에서 제일 높은 산은 해발 3,950m이다. 그랜드캐넌으로 가는 백색 여객열차가 있는 윌리엄스 마을 통과(윌리엄스는 사냥꾼의 이름을 따서 지었다 함) 하고 지질학자 이름을 따서 메디포인트라는 마을로 향했다. 소나무가 많은 곳, 죽은 나무도 그대로 둔다. 운석이 떨어진 곳 옆으로 지났다. 아리조나는 마지막까지 아파치가 항전하던 곳이었다.

아메리카 인디언들이 백인들에게 멸망한 이유 ① 원주민끼리 언어가 통일되지 않고 단합되지 않았다. ② 땅의 귀중함을 몰랐다.

감리교 목사들이 추장 제로니온 등 2천 명의 인디언 팔에 동량 줄을 매달고 혹독한 겨울 중부지방까지 끌고 가서 과반수를 죽인다. 잔인한 백인들이다. 1인 얼마씩 받고 원주민을 죽이기도 하였다. 이곳 거의가 국가 땅이지만 폴 세일이라고 개인이 소유하고 있기도 하다. 현재 6백여 개의 원주민 보호구역이 설정되어 있는데 무료하여 술만 마시며 살아 알코올중독자가 많다. 말을 없애는 등 문화말살정책을 쓰고 있다. 편도 1차선 도로가 잘 도색되어 있다. 그 길을 달리며「콜로라도 강과 그랜드캐넌」이라는 서정주 박사의 시를 가이드가 암송한다. 계속해서 인디언 기도문을 재낭송하니 차내가 숙연해진다. 이글 마운틴이 멀리서 보인다. 독수리가 비상하려는 것 같이 생겼다. 저곳을 지나면 그랜드캐넌으로 들어선다.

그랜드캐넌은 북부 중부 남부로 구분하는데 우리는 남부 쪽에서 관광했다. 길이는 445㎞인데 서울에서 부산까지 거리만하다. 13개 지층이 믹스되어 있는데 아랫부분은 멕시코 기후, 맨 윗부분은 캐나다 기후이다. 4천년 전부터 인디언들이 살던 곳인데 400년 전 스페인인들이 알게 되었고 100년 전 1901년 루즈벨드가 처음 왔다 가기도 했다. 1년에 400만 명이 관광하며 미국 땅이지만 이곳을 보고 죽는 미국인은 1/10도 안 된다 한다. 우리가 탄 버스가 통나무집으로 된 게이트 4개소 중 한 개 매표소로 통과했다. 버스 뒷 번호판이 2개다.

CAL APPORTIONED  THE GOLDEN STATE
C P 72792 CALIFORNIA
백색 판에 흑색 글씨 U .S. A

우리는 아이맥스 영화관에서 그랜드캐넌 무비 관람하는 팀과 탑승비 130불을 지급하고 경비행기 탑승 관람자 팀으로 나뉘었는데 나는 아내와 같이 아이맥스 영화관 팀에 따라갔다. 조그마한 영화관인 줄 알았는데 좌석이 약 50명씩 25개 줄이 있으니 약 1,250석은 되어 보이고, 스크린은 대략 가로 30m, 세로 20m의 대형 극장이었다. 내용은 그랜드캐넌 계곡에서 인디언과 백인의 탐험영화인데 미국 호랑이와의 싸움과 굽이치는 계곡 물을 보드를 타고 죽음을 무릅쓰고 헤치고 구사일생으로 탐험하는 장면을 사실적으로 촬영한 입체영화이다. 천둥소리와 같은 음향과 아름다운 산과 물의 경관을 스펙터클하게 표현한 두 시간 정도의 상영인데 10분도 안 되어 끝나는 기분이고 너무나 시원하였다. 그랜드캐넌을 한눈에 다 볼 수 있었다. 우리는 그랜드캐넌 식당에서 뷔페식 식사를 했는데 경비행기를 타고 그랜드캐넌 계곡을 비행하고 돌아온 분들 중 일부는 멀미를 하여 식사를 잘 못 하였다.

우리는 13:05 캐넌을 출발하여 라스베이거스로 향하였다. 왔던 길을 되돌아간다. 윌리암스에서 WEST 40번 고속도로를 오르니 소나기가 내린다. 고속버스 뒷면의 유리가 차단되어 있다. 옆으로 지나가는 화물차는 운전석 뒤가 침실이 있는 장거리 트럭들인데 그 속 구조를 보고 싶다. 컨테이너 운반차량은 1일 8시간 이상 운전치 못하기 때문에 교대로 차내에서 취침해야 하므로 침실이 있다.

끝없는 광야를 달리는데 좌측 하늘 멀리 먹구름이 요동하고 천둥번개가 치는데 천둥소리가 약하게 들리는 것을 보니 몇 백리 떨어진 지점인 것 같다. 몇 백리 우측하늘엔 햇빛이 쨍쨍한 맑은 날씨다. 두 장면을 멀리서 한꺼번에 보니 그야말로 장관이 아닐 수 없다. 오래도록 기억될 것 같다. 소 방목 하는 넓은 초원과 수백 마리씩 도살하는 대형 소 도살장이 공존하는 곳을 통과했다. 쇠고기는 먹어도 기분이 묘하다.

가이드가 안내 코멘트를 잠시 중단하고 콜롬비아사 제작 인디언 추장 제로니노의 백인과 전투역사 VDO를 상영한다. 차는 계속 달려 아침에 들른 맞은편 킹맨지역 주유소에서 휴식한다. 머리빗 한 개를 샀다. 쇼핑하는 분은 많은데 가이드가 가자고 독촉한다. 대접이 시원찮았는가. 시간이 바빴는가? 자동차가 출발하고 앞을 보니 일자길인데 너무 멀어 끝이 보이지 않는다. 지금부터 사막을 2시간 달려야 한단다. 물론 비는 그쳤는데 사막인 역사의 현장에서 아파치 영웅 제로니안의 전투영화를 보니 실감이 더욱 난다. 내가 달리는 이 지점도 아파치 영웅이 말 타고 달렸겠지 하고 상상하니 인생의 무상함을 다시 느끼게 된다.

16:15 지난밤 숙박하던 콜로라도 강변의 작은 휴양도시 라플린 통과 댐과 화력발전소 굴뚝이 보인다. 조금 달리니 라스베이거스 입구이다. 라스베이거스는 후버댐 때문에 건설되었다고 보아도 과언이 아니란다. 인구는 200만 명 정도이고 년 4천만 명이 관광한다. 1931년부터 도박을 합법화한 지역으로 집값이 년 10만 원 정도씩 인상되기도 했다. 마피아 벅씨가 훌라밍고호텔을 신축 개장했으나 실패하였다. 도로변에 흙벽돌 같은 담이 있는 곳을 통과(돌담일 것이다)했다. 시내 들어가기 전 입구엔 1층 주택만 건축된 것이 보인다. 시내에 들어가자마자 야간에 오르면 전망이 좋은데 시간 제약으로 주간에 스타라타스피아(STRATOSPHERE TOWER) 108층 전망대에 올랐다. 탑의 높이는 355m로 미국에서 가장 높은 전망대이다. 전망대에서 박세리의 골프 시합 하던 곳 등 여러 곳을 보고 듣고 내려왔다.

우리는 버스로 조금 이동하여 세종관에서 한정식을 먹었다. 여행 중 내 입맛에 제일 맞는 식당이었다. 우리는 석식을 마치고 버스로 이동하여 1인당 80불의 관람료를 지불하고 주빌리쇼를 관람했다. 입장하는데 카메라와 비디오를 보관하라고 한다. 두어 시간 미만 공연을 하는데 무대와 가수들의 노래 및 무희들의 율동이 너무나 화려하고 웅장하였다. 짧은 거리지만 버스로 이동하여 베네치안 호텔 내에 약 1천 평은 되어 보이는 암 마리아 광장에서 인공의 하늘을 관람했다. 야간인데 어떻게 주간의 하늘과 똑같이 만들었는지 모두들 탄복하였다. 다시 조금 이동하여 벨라스호텔 앞 광장의 분수쇼를 한참 기다리다가 관람객이 많아 앞에 선 분의 어깨 사이로 까치발로 서서 구경하고 호텔로 돌아왔다. 링컨 리무진을 타고 호텔로 들어가는 차가 많기에 무엇인가 했더니 즉석 결혼한 신랑 신부 등이 수십 대의 링컨 리무진을 타고 호텔로 들어가는 것이란다.

우리가 숙박할 호텔로 왔다. 광장 같이 된 넓은 호텔 출입구 전부가 카지노장이다. 창으로 밖을 보니 옆의 건물들이 찬란한 레온사인이 점멸하는 것이 보이는 1810호실에 짐을 내려놓고 샤워 후 우리나라 LG에서 만들었다는 전구쇼 광장을 구경하러 갔다. 프리몬트 스트리트라고 하는데 약 200m 길이의 돔이 있는 도로같이 생긴 광장으로 천장에 4백만 개의 전구를 메달아 놓고 점멸하며 그림과 글을 비추며 광고하는 것이었다. 역시 아름다웠다. 24시부터 약 5분간 관람하고 돌아와 쉬었다. 호텔명은 FOUR QUEENS다. 출입구에 얼마나 카지노 시설이 많은지 출입구를 잘 찾지 못하게 설계하였단다. LASVAGAS는 화류계 여인이란 뜻. 유명한 호텔을 가이드가 소개하는데 파리스호텔, 5,005개의 방이 있는 MGM 그랜드호텔, 어린이 돈 빼먹는 서커스 호텔, 윤 호텔(이 호텔 뒤에서 박세리가 신발 벗고 골프공을 쳐서 우승한 곳) 트레저 아일랜드(보물선) 호텔, 신기루의 뜻을 가진 MIRACE호텔, 주니어 쉬이트들이 많이 오는 리오호텔, 인공하늘로 유명한 베네치아호텔, 우리나라 권투선수 김득구가 시합하다 사망한 시저스 팔레스호텔, 분수쇼하던 벨라스호텔, 뉴욕호텔, 제3위의 록스호텔, 만달라데이오호텔 등 일류 호텔 천국인 지역이었다.

– 제13일(7월 7일, 일요일)

아침 일찍 세종관에서 콩나물해장국을 먹었다. 서울엔 비가 많이 와서 안양천이 넘쳤다기에 형준이 집에 전화했더니 강원북부지역에 많이 왔단다. 원주도 비가 많이 오지 않아 다행이라고 생각했다. 아침 일찍 출발하여 시내를 빠져나오니 사막이 시작된다. 편도 3차선이고 중앙선 쪽으로 예비차선이 있다. 15번 고속도로 진입, 오늘은 다른 회사버스인 조은관광버스로 LA까지 투어한다. 도로변에 영화나 뉴스에서 보던 큰 나무 선인장이 보인다. 엊저녁 늦게(00:30경) 잔 탓으로 모두 버스에서 졸고 있다. 어제는 종일 해를 안고 다녔는데 오늘은 해를 등지고 다니니 운전기사가 제일 좋아하겠다. 어제까지 3일간 중국인 미남기사였는데 오늘 운전기사도 체격은 왜소하나 신경이 예민한 분 같다. 버스번호는 CP 81827호 777번이다.

가이드의 멘트(자식들이 나이 많은 부모님을 미국서부로 효도관광 보냈는데 잠만 자고 와서 아무것도 보지 못하고 왔는데 요새 미친년인가 하는 곳과 그래도 개년이라는 데는 보았다고 하더라는 일화가 있는데 지명을 암기 하는 것도 관광의 한 방법이란다.)를 들으며 약 30분간 눈을 붙였다. 다리가 아프다고 핑계를 대고 맨 앞좌석에 첫날부터 계속 앉아 있는 두 할머니! 화장을 진하게 하고 멋은 한껏 부렸는데 그중 한 명은 대머리인지 차내에서 모자를 쓰고 있어 뒷사람의 조망에 방해가 되는 것도 모른다.

바스토우 도착 30분전 사막 벌판 쉼터에서 화장실 이용하다. 소변이 마려웠는데 다행이었다. 가이드는 현철과 태진아의 CD를 틀어 기분을 돋우어 준다. 100칸이나 되는 기차도 지나가고 열이 나는 고속도로인데 오토바이도 달린다. 무더위에도 오토바이 타는 분의 용기가 가상하다.

동부에선 노래방이 보였는데 서부에선 보이지 않는다. LA엔 있겠지 생각해 본다. 노래를 부르고 싶은 것이 아니라 풍물을 알고자 하는 것이다. 높이 50㎝ 정도의 백색 시멘트 구조물로 된 이동식 중앙분리대가 설치된 지점이 나타난다. 비상시 활주로인가? 편도 4차선인데 중앙부분의 2개 차선은 사용치 않는 것을 보니…. 매처포카포카 지역을 10:30 통과 LA입구 신흥마을로 여자골퍼 김초롱이 사는 곳이라 한다. 고속도로변 사암석 같은 갈색돌로 성벽같이 담을 쌓아 방음을 한 것 같다. 버스는 계속 달린다. 동승자 없이 1인 운전 시는 벌금 341불 +위험한 곳 주차위반=1000불을 부과한단다. 예비차선에 2인 이상 운행이란 차량선이 있었다.(땅바닥에 POOL ONLY)

이곳은 집 한 채에 7~80만 불, 월세는 150만원이란다. 우리는 벌써 코리아타운에 들어섰다. 코리아타운 시내를 버스투어하면서 대륙 마케팅에서 쇼핑했다. 또다시 이동해 FARMER'S MARKET에서 들렀다. 한국인이 경영하는 곳을 찾아보았으나 보이지 않았다. 손자들의 장난감을 사야 하기에 할 수 없이 중국인이 경영하는 상점에서 리무진 3대를 구입했다. 어디가나 상업의 실세는 중국화교다. 한국인 점포를 찾다가 처음으로 제일 늦게 버스에 올랐다.

11:30에 할리우드에 도착하여 주마간산격으로 대충 보고(지금 와서 생각 하니 무엇을 보았는지 모르겠다.) 할리우드 내 허름한 식당에서 좋아하지 않는 짜파게티로 중식을 하고 아래층으로 내려가 준 면세점에서 쇼핑하려다 사지 않고 에어컨 밑에서 왔다 갔다 하다 나왔다.

귀신 출몰 체험관에 들어갔다가 나왔다. 유니버설 영화촬영소에서 관광열차로 이동하면서 열차충돌 장면 등 촬영장 여러 곳을 체험 관광한다. 우리는 이동하여 WATER SHOW 관람장으로 걸어 이동했다. 폐함석으로 높이 약 50m의 울타리를 만들고 그 앞 무대 위에 사람이 올라가서 밑의 호수에 보트와 총격전을 벌이다가 떨어지기도 한다. 스릴만점이다. 앞쪽은 관람석을 만들어 놓았는데 그 앞은 호수로 해적 같은 사람들이 보트를 타고 총을 쏘며 탈취하다 보트를 급회전 하니 물이 관중석으로 튀어 옷을 젖게 한다. 실감나는 그 장면에 모든 관람객이 웃었다.

FUTURE BACK(미래)관에 가서 관람하다. 창고 같은 곳에 들어가 서서 약 30분간 관람했는데 지금 생각하니 무엇을 보았는지 기억이 없다. 입체영화관 관람, 내가 앉은 의자가 요동하면서 별똥별 같은 것이 떨어지고 공중에 붕 떠 있기도, 바닷물이 갈라지기도 하는 등 정신이 번쩍 드는 체험장이었다.

우리는 영화촬영장에서 나와 사진 몇 장 찍고 58명이 헤어지는 인사를 가이드가 대신하고 헤어졌다. 우리 팀 14명 중 4명도 떨어졌다. 큰 가마솥 한식당에서 석식하고 약 30분간 이동하여 공항 옆 A급 힐튼호텔 5038호실에 투숙하였다.

– 제14일(7월 18일 월요일)

기상 후 호텔식으로 식사를 하고 쿠폰에 호실과 이름을 적으라고 한다. 중국인들이 많이 보인다. 헤어지는 사람들과 6일간 짧은 만남을 아쉬워하며 인사하고 손 흔들어 보냈다. 시간이 있는데 새로 온 안내자를 따라 호텔 소형버스에 10명이 탑승하고 공항까지 왔다. 출국심사 후 대기실에서 약 50분간 환담하다가 LA공항 76번 게이트 이코노미 출구에서 11:53에 탑승하고 비행기 창문을 통해 밖을 보니 멀리 비행장 가의 높은 도로로 자동차가 다니는 것이 보인다. 12:55 이륙하자마자 바다 위가 되어 쪽빛 같은 바닷물이 내려다보이니 눈이 시리도록 아름답다.

10분쯤 지나 고도를 올리니 땅이 보이지 않는다. 해변의 마을이 보이다 내륙 산악으로 기수를 튼다. 바로 태평양이거니 했는데 확실하지는 않으나 서남쪽으로 나는 것 같다. 나는 K석 창가이고 아내는 J석이다. I석에 브라질풍의 키 큰 여자가 다른 자리로 옮기니 더 편안한 느낌이 든다. 구름 없는 하늘을 나니 푸른 바다에 백색의 점 같은 것이 수없이 나타나 있다. 파도인가. 스튜어디스는 10명인데 5명씩 교대 근무하는 것 같다. 모두 지천명은 되었고 동양인 여자 1명이 끼어 있다. 일본인인 것 같다. 14:30 기내식(치킨 외 1종) 치킨으로 했다. 음료수는 주스, 세

븐업, 워터, 커피, 와인, 펩시 등 여러 종류를 요구대로 준다. 덧문을 열고 밖을 보니 호수 위에 개미 한 마리 같다. 날짜 변경선을 언제 지났는지 모르는데 화이트 와인 먹고 자고, 레드와인 먹고 자고 나니 동경경유 비행기이기 때문에 동경 상공에 왔다. 미국시간 밤 11시 한국시간 15시경이다. 비행기가 흔들리는 것을 보니 약 30분 후에 도착할 것 같다.

2만ft 이하로 내려오니 귓속이 찡한다. 영어와 일본방송이 계속 나온다. 구름 속을 헤치니 눈보라 속을 달리는 것 같다. 보이는 것은 우측 앞날개뿐이다. 왼쪽귀가 많이 찡한다. 아프다. 한 컵 정도의 와인에 취한다. 나래가 가까웠다 멀어졌다하는 것 같다. 동경 땅이 보인다. 내가 가는가. 구름이 가는가. 바다가 가는가. 비행기가 가는가 모르겠다. 동경 땅이 보이더니 눈보라 같은 구름 속을 또 올라간다. 나래가 잘 보이지 않는다. 녹색의 정원도시 같다. 비가 온다. 멀리 백색 건물이 보인다. 미국 시간 23:25 착륙, 공항 내 잔디공간이 아름답다. 비는 오는데 비행기는 뜨고 내린다. 비행기 종류가 많다. 저 멀리 마을이 보이고 우리나라 공군용 버스 같은 차가 오고간다. 셔틀 버스 같다. 약 10m+10m의 잔디밭, 약 50m 활주로 간격, 5개 정도 보인다. 공항 주위에 나무숲이 울울창창하다.

우리 일행은 하네다공항 내에서 그간 정이 들어 농담도 하며 쇼핑도 하며 출발 비행기를 기다렸다. 우리가 탈 비행기 17:15 시간이 18:10으로 변경되었다. 연발관계를 일본 말로만 방송하기에 항의했더니 미안하다고 말한다. UNITED항공으로 이륙하여 인천에 도착했다. 날이 어두워졌다. 일행들과 제대로 인사도 못하고 헤어졌다.

아들이 손자를 데리고 마중 나와 있다. 반가웠다. 장난감 선물을 주고 손자와 사진 한판 찍고, 끝부분에 있는 아시아나 안내로 가서 마일리지 정리를 하고 아들 승용차로 손자 놈과 아내는 뒤에 앉고 잠실 딸네 집으로 향한다. 아무리 좋은 곳이 많다 해도 고국 같이 좋은 곳은 없는 것 같다.

달리는 승용차 창문을 여니 영종대교 부근을 지나는데 멀리 도심에 반짝이는 불빛이 아름답다. 어두운 밤이지만 고국의 흙냄새, 물냄새, 풀잎냄새가 향긋하다. 마음이 푸근해진다. 엄마 품 같다고 모국이라 했던가.

# 유럽을 돌아보고

느낀 점(2000.06.15.~06.25: 10박 11일간)

- 어느 국가든 자기나라 전통문화 종교를 무한히 사랑하고 자랑스러워하고 지키는 정신이 강함(제일 한국적인 것이 제일 세계적인 것이다) 건축물, 전통문화 복원이 시급하다. 볼거리, 먹을거리.

- 관광은 좋은 교육인 바 젊었을 때 다녀야 장점을 이용 발전시키고 국익이 되게 국민 계몽을 할 수 있겠다는 점.

- 우리나라 국력도 상당히 신장되어 있는 것 같다.

- 특정지역 문화를 깊이 있게 알려면 한 지역을 집중 관광해야 한다. (주마산간격이 되어서는 안된다. 영화 보듯 하지 말아야 된다.)

- 공중화장실은 거의 다 유료화인데 우리나라는 거의 다 무료로 수입을 올리지 못한다. 국민의 부담을 줄여주었다. 볼거리, 즐길거리를 많이 개발(투자)하였더라. 식수도 돈을 주고 사 먹어야 하니 우리나라가 얼마나 좋은 나라인가 새삼 느끼다.

- 건축물이 대리석 석조 건물이어서 잘 보존되었고 예술성이

뛰어나 볼거리가 많다.

- 남북을 합하면 우리나라 인구도 7천만이 넘어 영국, 블란서, 독일, 이태리 동유럽 강대국보다도 많거나 비슷하다. 우리나라도 지적수준이나 경제력 및 인구로 따져볼 때 강국이 될 수 있는 여건이 된다.

- 대영박물관엔 인류 문명 발상지와 찬란한 문화유적 등을 압취해 보관하고 있어 마음이 아팠고 원래 국가에 반환하여야 마땅하다고 생각하다. 국력이 강해야겠다고 새삼 느끼게 한다.

- 쇼핑을 많이 하더라.

관광국(7개국)

독일(프랑크푸르트, 하이델베르크)

스위스(베른, 인터라켄, 융프라우, 루체른)

이태리(밀라노, 피렌체, 로마, 나폴리, 봄베이, 소렌토, 카푸리 섬)

바티칸 市(바티칸 박물관, 성베드로성당)

영국(런던 테임스강, 타워브릿지, 국회의사당, 웨스트민스터사원, 버킹엄궁, 대영박물관)

블란서(파리 세느강, 에펠탑, 콩코드 광장, 개선문, 루브르 박물관, 노틀담사원, 상젤리제거리, 몽마르트언덕, 쇼핑센터) 룩셈부르크(시내)

3년 전부터 처의 회갑연을 하지 않고 여행을 하기로 했다. 같은 돈과 시간으로 미국, 남미, 호주, 일본 쪽보다 여러 나라를 (단편적이나마) 가 볼 수 있고 역사의 뿌리가 있는 곳이기에 유럽

쪽을 선호했는데 역시 시간과 비용 등으로 원주에서 동행하려는 가족이 있어 모두투어로 가기로 했다.

2000. 06. 15 08:15발 중앙고속 버스에 부부가 여행가방 몇 개를 싣고 서울로 향발하였다.

아들딸들이 어머니의 회갑기념으로 보내주는 해외여행으로, 나의 회갑 때 동남아 여행 후 3년 만의 해외나들이다. 고마움에 기록을 남기기로 하다.

강남터미널에 도착하니 조서방이 바쁜 중에도 시간을 내어 김포공항까지 자기차로 태워준다. 국제공항 청사엔 수백 명의 해외여행자들로 청사내가 협소하였다. 2층 조흥은행 옆 모두투어 파견직원에 의해 간단한 수속의뢰 후 중식을 매식한 후 국일여행사 가이드의 안내로 380여 명 탑승하는 KAL905기에 13:15 탑승 39D 39E석에 처와 나란히 앉았다. 06.15 13:45 이륙. 전망이 좋은 A석 창가가 아니어 아쉬웠으나 가끔 조금씩은 내려다볼 수 있었다. 스튜어디스의 친절함이 더욱 좋아졌다. 승객은 외국인도 보였으나 과반수가 한국인인 것 같다. 비즈니스맨도 있지만 여행자도 많다.

기내 모니터에 항로가 표시되는데 인천- 서해- 북경- 울란바토르- 바이칼호를 경유 19시경 러시아 노보시비르스크 북쪽- 옴스크- 우랄산맥횡단- 볼호프- 페테르부르크 市- 코펜하겐- 프라하- 함부르크- 프랑크푸르트로 되어 계속 화면 지도에 표시되었다.

몽골 울란바토르 상공에선 시속 96㎞(598mph) 높이 35000Feet(10700m) 기외 온도 영하 50℃, 러시아 노보시비르스크 상공에선 시속 909K(565mph)이고 높이는 전과 같고 기외 온도는 영하 53℃였다. 우랄산맥 횡단시는 시속 558mph 높이 38000Feet(11600m) 기외 온도 영하 45℃, 페테르부르크는 시속 581~520mph(837㎞) 덴마크 코펜하겐 상공 통과시는 시속 866㎞ 높이 39000Feet(11900m)로 날았는데 총 거리 4297mile이었다.

시차관계와 15시 기내식(비빔밥)과 고기밥을 각각 먹고 19시경 저녁(갈비백반)을 먹는 등 움직이지 않고 과식한 상태여서 속이 불편한 중에 잠도 충분히 잘 수 없었다.

딸을 낳으면 뒤에 비행기를 타고, 아들을 낳으면 버스 타고 여행한다는 말이 생각났다. 물론 아들도 동참했지만. 사위들은 딸들의 돈으로 엄배덤배 넘어간 것 같다. 아이들이 어릴 때 처가 '센 병'으로 생사의 갈림길에서 고생을 하다가 지금은 건강해졌고, 회갑기념으로 자식들이 몇 년간 적금 부은 것으로 유럽여행을 하게 되니 감개가 무량하구나. 이 모두가 부처님의 가피라고 생각된다.

11시간을 탑승 비행하니 전신이 뒤틀리는 것 같다. 시차가 7시간이 나서 현지시간 17:15경 프랑크푸르트 국제공항에 도착했다. (2000. 06. 16; 한국날짜)

프랑크푸르트는 인구 66만의 도시인데 온 시내가 숲으로 덮여 있는 것 같고 중심지를 1,420㎞나 되는 라인강의 지류인 마인강이 흐르고 있었다. 하폭은 50~100m 내외인데 수심은 깊은 것 같았다. 공항은 세계에서 3번째 큰 공항으로 1청사와 2청사가 있는데 우리 일행은 2청사로 나옴. 1944년에 완공하였다 하는데 크고 깨끗했다. 2~3년 후 '우리나라 인천 영종도 국제공항이 건설되면 이만은 하겠지' 내심 기대가 된다.

독일엔 100만 명 이상 되는 도시가 4개인데, 이 프랑크푸르트는 5번째 도시로 50개의 금융회사 본사가 있고 정치, 경제, 교통의 중심지이며 차량 등 각종 전람회 중심지이다. 특히 200여 개의 출판사가 있어 출판업중심도시로 매년 10월경 국제 출판물 전시회가 개최되는 것으로 유명하다. 그밖에도 50개 공연장이 있고 녹지와 박물관이 많은 도시다.

공항 대기실 옆에 현지 관광버스가 대기하고 있어 서울 가이드 외 일행 22명이 승차하니 한국인 현지가이드 안내로 약 10분 거리에 있는 마인강변의 한국인이 경영하는 영빈관 식당에서 한식(돼지고기 김치찌개백반)으로 석식을 했다. 외국에서 한식을 먹으니 맛이 좋았다. 특이한 것은 밥을 먹은 식당에서조차 물 1병에 1달러에 판다.

KAL기를 이용하고 하루 1번이라도 한국인이 경영하는 식당을 이용하니 달러가 외국에 많이 나가지 않는 것 같다.

식사 후 승차하여 약 15분간 교외로 이동하여 LANGEN호텔로 안내되었다. 호텔로 오는 도중 현지가이드 말에 의하면 그린벨트 규정이 없는데도 전 시내가 숲으로 뒤덮여 있어 자연보호를 잘하는 시민이란다.

또 시내엔 대형승용차는 보이지 않고 소형승용차가 많이 운행되고 있었으며 과속이나 추월하는 차를 보지 못했다. 차선의 페인트도 10cm미만으로 가늘게 도색 되고 횡단보도에 사선없이 세로 2줄만 가늘게 그어 놓는 등 절약정식이 투철한 국민임을 직감할 수 있었다.

트램이란 전차가 전차도와 차도를 혼용하는 곳도 많은데 교통사고는 별로 발생하지 않는다고 한다.

시에서 경영하는 박물관이 22개나 있고 박물관 거리는 악천후가 아닌 이상 항상 개관되며(토요일은 10~16시 개관) 4km나 되는 거리엔 벼룩시장이 개장된단다.

이 시는 교통 요충지임을 이용하여 각종 국제산업박람회를 빈번히 개최되며 유럽 전역을 통과하는 출입구 역할을 하며 날씨는 온화한 편이다.

우리 일행은 이곳에서 처음 수인사를 했다. 교육공무원 정년퇴직한 의정부 거주 1가족 2명, 교직정년 퇴직한 미아리 거주가족 2명, 정유회사 근무하다 퇴직한 인천거주 2가족 4명, 장모를 모시고 온 양평 분 1가족 3명, 정유회사 정년퇴직예정자 신사동거주 1가족 2명, 고대출신 동창생 여자 2명, 서울여대 출신 동창일행 4명과 서점 경영하는 용인 분 1명 등 22명이었는데 60세 이상이 남자 5, 여자 4명, 50대가 남녀 10명, 40대가 3명이었다. 여행시 심부름할 총무가 필요하여 해외 여행경험 없는 용인 거주하는 분을 총무로 선출하고 여행 중 현지가이드 팁과 공동경비조로 1인 50불씩 각출하였다.

Acaht 호텔은 교외지역의 1급 호텔이었음. 8층 규모인데 302

호실에 투숙하였다. 호텔로비엔 커피는 무료였고 깨끗하나 고급스러워 보이지는 않았다. 침대방안에 들어가니 샤워장 욕조 높이가 20cm이고 사방 50cm(3뼘) 정도로 협소하게 만들어 앉을 수 없게 되어있어 물 허비를 막고 있었다. 마인강이 흐르는데도 물이 부족한 도시인 것 같았다. 치약, 칫솔도 없고 조그마한 막비누 2개와 수건 2매뿐이었다. 시외 3류 숙박시설인 것 같아 기분이 과히 좋지 못했다.

이 나라는 우리나라 1층을 0층, 2층은 1층, 3층은 2층이다. 실내 소형 칼라 TV엔 돈 주고 보는 pay채널 여러 개를 제외하고 1번에서 10번까지 채널이 있었다. 주로 선전용으로 24시간 방영되는 것 같았다. 미니바는 없고 물병 1개만 있는데 한국에서 가지고 간 물이 있어 다행이었다. 도착상황을 시차 관계로 잠실 딸에게 익일 아침 전화하기로 하고 취침했다.

### 6. 16 프랑크푸르트 시내와 하이델베르크 市 관광

06시 모닝콜, 잠실 딸에게 전화하고 약 20분간 호텔부근 산책, 07시 호텔 현지 식사(양식). 08200출발 Corallo tour BB 111VN 번호의 버스편으로 시내관광에 나섰다.

시내도로의 차선이 황색선은 없고 백색으로만 되어있었다. 차도가 우리나라 인도의 차도 블록 같은 돌로 포장된 곳이 많았고 전차와 자동차가 혼용하고 있었고 인도엔 자전차로가 별도로 있었다. 해발 200m 이상 되는 산이 없고 고속도로는 편도 3~4 차선이었고, 기찻길은 복복선이었으며, 도로변 숲엔 우리나라 소나무, 잣나무 같은 품종이 많았다. 교통표지관리 안내판 등에 국제어인 영문표기가 없어 나빴는데 독일인의 자기국어에 대한 자존심 싸움인 것 같다. 시내 중심가 외는 가로수가 별로 없고 교통경찰이 전혀 보이지 않았다. 원주시 중앙로의 경우 경찰은 아니지만 시청소속 공익 교통단속요원 5~10명이 근무하고 있는 것과 너무 대조적이었고 큰 건물 정문 앞과 지선도로에서 간선도로로 나오는 길에 열차 차단기가 없어도 스스로 정지하여 사고를 예방하는 등 법규를 잘 지키고 있었다.

열차는 3~5량씩 견인되었으며 시내 전철은 1~2량씩 견인되고 자동차도와 혼용하여 사통팔달 연결이 잘되어 보였다. 교차로에 교통 섬 등이 설치한 것이 보이는데 우리나라에서 최근에 교통 섬 설치를 많이 하는데 선진지 견학 후 하였구나 생각이 든다.

도심엔 4~5층 고풍스러운 대리석 건물이 많았는데 간판은 작게 드물게 보인다. 시내도로는 평균 4~5차선인데 일방통행구간이 많았다. 그래서 그런지 정체구간이 보이지 않았다. 농촌과 변두리 지역엔 통행인이 전혀 보이지 않고 중심부엔 통행인이 약간씩 보이는데 관광객이 많았다. 그중에도 한국인 관광객과 여러 번 만났다. 우리나라 서울을 위시해 중소도시 중심지 북적이는 인파 같은 것은 보지 못했다.

현지인 중 특히 여자들이 보행 중 흡연하는 자가 많았으며 인도 여기저기 담배꽁초가 많았고 거지 주정뱅이 같은 남녀가 인도상에 앉아 있는 광경도 몇 쌍 보였다. 버스로 시내중심부를 한 바퀴 돈 다음 중앙역 앞에서 현지가이드를 만나 동승 시켜 본격적인 관광을 시작하였다.

중앙역은 지하철 등을 타는 곳인데 지붕이 흑갈색의 2층 정도의 건물로 연면적은 넓어보였다. 중앙역 앞 도로 건너에 10층 이상의 현대식 고층 건물군이 있는데(다른 지역에선 고층건물 신축을 통제한다 함) 기아와 대우회사 간판이 보여 자랑스러웠다.

반도체 산업이 세계 1~2위 국가로 경제대국이 되기를 기원해 본다. 해외여행을 하면 애국자가 된다더니 실감이 난다.

바울광장에 가보았다. 광장 넓이는 약 500평 규모로 약 1200년 전 건축한 3~4층 높이 건물과 몇 개의 동상이 있는데 이 市를 위해 힘쓴 프레드릭 초대시장의 알몸 동상이 구석진 곳에 세워져 있어 이색적이었다. 인간을 사실적으로 표현한 것이라 하나 여자분들은 민망해 한다.

우리는 다시 걸어서 길 건너 약 100m 상거지점에 있는 약 300평 규모의 로마인 광장으로 이동하여 옛날 시청 건물과 건너편에 당시엔 건형에 따라 세금을 부과했기 때문에 탈세를 고려하여 1층보다 2~3층 면적을 크게 건축한 건물을 관람했다. 광장중앙에 물이 나오지 않는 조그마한 분수대가 있는데 유적지라 하여 사진 몇 장 찍으니 로마에 가면 더 좋은 곳이 수없이 많으니 필름을 아끼라고 충고하는 일행이 있었다.

골목길을 들어서니 AD840년 경 건축한 지금도 계속 보수공사중인 성 바돌로메 대성당이 나왔다. 대성당이란 주교가 있는 곳인데 이 대성당은 특이하게 신부가 미사 진행하는데 대성당이라고 명명한 것은 황제의 대관식을 하던 곳이기에 품격을 높여 준 것이란다. AD1200년경 개축하고 현재도 계속 보수 중이었다. 박물관 구경하듯 관람하였고 실제로 예배 미사 드리는 것은 보지 못했다. 성당사진을 싫어하는 처 때문에 사진 찍지 않고 둘러본 후 한글간판의 상가를 지나 전용버스에 탑승했다. 얼마나 많은 한국인이 오기에 한국인을 위한 상가가 가는 곳마다 있을까. 버스로 AD1600년 초 시민헌금으로 건축한 최초 보행자 전용교량을 지나 약 500평 규모의 뢰머 분수광장으로 이동했다. 이곳도 시민헌금으로 건축한 약 400석 규모의 오페라하우스의 외부를 관광했다. 당시만 해도 적은 수의 시민이 헌금으로 크고 아름다운 오페라하우스를 건축한 것이 대단하게 느껴졌다. 우리 일행 22명은 광장 중앙분수대 앞에서 단체사진을 찍었다.

이동하여 한국인이 경영하는 KIM'S 선물센터에서 우리 일행이 처음으로 쇼핑을 했다. 돈의 여유가 있어 그런지 쌍둥이표 칼 등 모두들 많은 물건을 구입한다. 나도 처를 부추겨 맥가이버(등산칼) 1개와 평생 부엌칼 한번 갈아주지 못한 죄책감에 부엌 식칼 1개를 매입했는데 부엌칼 1개를 한화로 9만원을 주어 돈이 아까웠다. 관광은 짧게 하고 쇼핑은 장시간이다. 관광객이 쇼핑한 물건(상품)이익에 20% 정도의 팁을 가이드가 받기 때문에 어쩔 수 없단다.

처도 한국산 남원 칼 1개 1만원이면 살 수 있는데 너무 비싸다 한다. 맥가이버 등산 칼은 한국내 씨엔텔 매장판매 가격보다 4~5천원 염가였다.

11시 20분 3번과 5번 고속도로를 이용하여 남쪽에 있는 하이델베르크 市로 이동했다. 이 도시는 50만년 전부터 인류가 산 것 같은 유물이 발견되었다 하며 기록엔 기원 후 68년부터 현대인이 거주한 것 같다는데 인구는 19만 8천명이며 관광객은 매년 3백만 명이 찾아온단다.

古城이 있는 도시로 주택은, 뒤에 가보았지만, 스위스와 같이 붉은색 지붕으로 되어있다. 중국인이 경영하는 '皇官酒樓'라는 식당에서 중국식 뷔페로 점심을 맛있게 먹었다.

현지 가이드 팁은 하루 종일 안내 시 40불, 반나절 안내 시 30불 몇 시간 안내 시 20불이고 운전자는 40불씩 준다고 총무가 말하여 준다.

과식한 탓에 속이 좋지 않았다. 특히 처가 속이 나빠 관광을 제대로 못했다. 역시 관광 시 가볍게 먹어야겠고 목이 말라도 물을 적게 마셔야 남에게 폐가 되지 않음을 알겠다.

13:15 식당을 출발. 버스가 교행할 수 있는 협소하고 구불구불한 절벽도로를 버스로 올라갔다. 관광객이 많을 때는 차량은 통제되고 약 20분 걸어서 올라가는데 운 좋게 버스로 올라가 古城 앞에 도착했다.

이 성은 2차례 전쟁과 1차례 자연재해로 파괴되어 크게 훼손된 상태의 주인 없는 城이었다. 성 위에서 북쪽 방향 시내를 내려다보니 하이델베르크 市가 한눈에 들어온다. 시내 중심부에 매카르 강이 흐르고 있다. 아름답다.

가이드는 도착과 동시에 열심히 설명하는데 처의 배탈로 제대로 듣지 못했다. (팔지제국 성주의 역사이야기와 한 대학교수의 보수추진 운동 등) 外城을 보고 內城으로 들어가니 고딕식과 르네상스식 병존하는 대리석 건물이었다. 벽락문과 세계에서 제일 큰 (22만 리터들이)나무 와인통이 인상적이었다. 와인통을 구경하기 위해 원형 사다리 같은 구조물을 이용하여 올라갔고 당시 와인통을 지키는 감독자는 술 잘 먹는 자로 임명했고, 왕이 시계소리가 나게 작동하였다는 시계이야기 흥미로웠다.

성주가 1주일 이상 계획으로 전쟁터로 나갔는데 3일 만에 돌아오게 되었단다. 성주부인의 기둥서방은 불륜관계를 맺는 것이 발각될까 두려워 높이 약 400m되는 건물 창문에서 밑으로 뛰어내렸는데 밑바닥은 돌로 포장된 곳인데도 그 돌에 한쪽 발자국이 깊이 파여 있고 한쪽 발만 딛고 다시 강으로 뛰어내렸다는 일화였다. 우리는 각자 사진들을 찍고 시내로 내려왔다. 메카르강 옛날 다리에서 고성을 향해 사진을 찍고 대학가와 노변의 학사주점 등을 도보 관광하며 기사의 집 거리로 갔다.

기사의 집 건너에 영성교회라는 교회가 있는데 성경에 이웃을 사랑하라 했는데 이웃사랑은커녕 재산관계로 가톨릭교와 개신교가(신도가) 몇백 년을 두고 싸움질하다가 구교가 신교에 팔아버린 곳의 내부를 보니 같은 실내를 반으로 나누어(의자 모양도 다르게) 신 구교가 서로 예배 보던 자리를 보고 동종교간 갈등이 이럴진대 이 종교간 갈등으로 전쟁도 불사하는 것이 당연하리라 생각되었다.

큰딸에게 줄 인형 한 개를 구입했는데 환율계산이 번거롭고 미화를 주면 잔돈은 자기나라 화폐를 주므로 곧 이동하니 쓰지 못하게 되거나 필요 없는 것을 매입하게 되어 낭비하는 것 같았다. 그러나 다른 분들은 많이 구입하고 있고 BC카드가 좋았다. 나는 BC카드의 내 이름의 알파벳 스펠링 한자가 여권과 틀려 사용하지 못했다. 그때는 아쉬워 유비무환이라고 원망도 했으나 충동구매가 되지 않아 귀국 후 생각하니 낭비하지 않은 것이 좋았다. 전화위복이 되더라.

6/15 16:15 하이델베르크 市 출발- 스위스로

이 나라엔 우리나라처럼 고속도로명을 경부고속도로, 영동고속도로 등 명칭을 사용하지 않고 아라비아 숫자로만 표기하고 있었다. 우리는 제5번 고속도로를 이용하였는데 제한속도가 1차선은 120㎞, 2차선은 80㎞, 3차선은 60㎞인데 정기여객 고속버스는 1대도 보이지 않고 승용차와 화물차 등만 보였으며 특이한 것은 고속도로에 오토바이가 많이 운행하고 있었다.

우리가 탄 버스 기사 루치아노는 100㎞ 이상 달리지 않는다. 타고메타 때문이라 함. 한 달에 한 번씩 회사에 경찰관이 와서 조사하여 과속 발견 시 가차없이 처벌받는다고 한다함. 타고메타 없는 다른 승용차, 화물차도 120㎞ 이상 달리는 차 없었다.

오늘 평양에서 김대통령과 김정일이 만나 회담 중이지만 스위스 국경을 넘어갈 때 건물만 있고 아무도 경비하지 않는 것을 보니 우리나라도 동족끼리인데 남북이 자유로이 통행할 날을 기원해본다.

우리는 약 5시간 후 스위스 루체른 근교 Muri에 있는 STERNEN HOTEL에 21:10 도착했다. 호텔에서 저녁을 신속히 마치고 피곤하여 배정된 305호실에 들어가 목욕 후 휴식에 들었다.

다음 날 들은 이야기지만 우리 일행이 디저트도 먹지 않고 식사 후 인사를 하지 않는다고 한국인은 다음부터 받지 않겠다고 했단다. 아침부터 손님인 우리는 히죽히죽 웃으며 주인 비위 맞추느라 애를 썼다. 우리가 나이 많아 상대하기 싫어 그러는지 원래 인상이 그런지 오히려 그들이 적반하장 격으로 인사성이 없다. 자존심이 강하고 과묵한 국민인 것 같다. 빵이 뻐덕뻐덕하는 등 양식이 마음에 들지 않아 또 피곤하여 먹는 둥 마는 둥 먹고 각각 취침하러 간 것이 오해였나 언어라도 제대로 통하였으면 다소의 오해는 없었을 것이라 생각했다.

### 루체른 시외 여관~융프라우

6/17 6:00 Sternen Hotel에서 기상하여 모닝콜은 6시인데 시차관계로 4시경에 일어나 호텔주변 농가 길을 산책했다.

전원도시 호텔로 숲과 농촌이 잘 어우러졌고 이른 아침부터 농장에는 소들이 방울을 울리며 풀을 뜯고 주택 옆 숲속에선 이름 모를 새들이 지저귀며 공기는 맑았다. 호텔 앞은 두량씩 견인한 전차가 약 30분 간격으로 통행하고 전차길 위를 승용차와 오토바이 등도 드물게 운행하고 있었다. 마을 안길을 산책하는데도 인기척이 없고 개소리도 들리지 않는다. 저녁때 투숙시는 몰랐는데 깨끗하고 정취가 있는 호텔이었다. 전원 풍경에 심취하여 호텔로 들어오기 싫었다. 도로변에 큰 나무들이 많았고 우리나라 소나무와 유사한 소나무, 회화나무, 유채화 등이 있어 친근감이 갔다. 새들이 지저귀고 꽃과 나무가 울창하여 아름다웠는데 사람들은 보이지 않는다. 호텔에 거의 와서 호텔 옆집 할아버지 한 분이 강아지를 끌고 아침산책을 나오기에 사진 한 장 찍기를 청하여 같이 찍었다.

아침식사를 호텔식(양식)으로 하고 06:50 융프라우로 향했다. 우리 일행 전원이 아침식사를 많이 먹어 빵이 동이 났다. 많지는 않았으나 다른 투숙객에 보기 민망하였다. 주인말에 의하면 한국인들은 많이 먹기 때문에 많이 갖다놓았는데도 금방 동이 났다고 하며 또 가지고 왔다.

우리는 관광버스에 탑승하여 좌우 아름다운 호수 사이를 따라 약 1시간가량 감상하며 가는데 푸른 산 중턱에 작은 폭포수와 약 100m 이상 되는 큰 폭포수가 등천(登天)하는 백룡같이 보였다. 약 1시간 후 산골짝이 융프라우 山 밑 해발 567m 지점에 Interlaken OST(인터라켄 동쪽 역)라는 기차역에 도착했다. 기차를 바꿔 타고 올라가야 했다.

현지 안내자가 공동 매표했는데 1인당 왕복요금은 개인의 경우 130프랑, 단체의 경우 1일 110프랑이라 한다.

외국에서 일행 외 고국사람을 만나니 반가워 통성명하고 인사를 교환했다. 어떤 분은 반가워하는데 그렇지 않은 분도 있었다. 역에서 약 30분간 기다리는 도중 네덜란드 출장 중 잠깐 들른 40대 대전 분 한 분을 만나 같이 오르기로 했는데 도중 헤어졌다. 그분 말에 의하면 개인 1인 1일 숙박비 80불을 지불했다 하더라. 나는 한국인 관광객이 없는가 하고 더욱 반가워했는데 기우였다. 인터라켄 오스트역에서 열차로 약 15분 가다가 융프라우 등반 기차로 다시 바꿔 타고 오르니 동양인과 한국인이 많아 한국임을 착각할 정도였다. 그래도 고국사람은 반가웠다.

기차 내 안내방송도 영어, 프랑스어, 이태리어, 일본어 다음으로 한국어 안내 방송을 하여 주었다. 국위가 선양된 것인가. 낭비하는 관광객이 많이 와서 그러는가 별 생각이 다 들었다. 등반열차는 36인승 4량으로 오르는 철로가 두 갈래로 갈라지는데 우측 철길로 올라 해발 1,024m 우측능선을 넘어 해발 796m에 있는 Lauterbrunnen 중간역에서 등산열차를 또다시 갈아타니 만년설 바로 밑엔 노란 유채꽃과 빨간 꽃 등이 피어 있어 조물주의 기교에 감탄하겠구나. 저 건너 능선에 폭포수며, 농촌가옥은 한 폭의 그림이며 또 어떻게 오르내리는지 의아심을 갖게 하고 그 아름다움은 필설로 표현치 못하겠다. 해발 2,061m의 Kleine Sheidegg역에서 또 다시 산악기차를 갈아타고 제1, 제2, 제3 터널을 지나는데 해발 2,865m와 해발 3,160m 지점에서 터널내 횡으로 약 20~10m의 터널을 뚫려있는 곳에서 관광객이 기차에서 내려 전망대로 나가서 약 5분간씩 외부 설경을 조망 후 재 탑승하여 해발 3,454m이고, 총 길이 약 2㎞되는 위치에 있는 융프라우 역 겸 2층의 레스토랑에 도착했다. 100년 전 철도를 개설하고 터널을 뚫게 된 역사적 배경 설명을 들으니 그들의 개척정신에 감명 받았다.

도전정신과 기술이 낳은 융프라우 프로젝트. 가이드의 설명이 주마간산격으로 빨라 기록할 수 없어 조증근 건축공학교수의 칼럼을 인용한다.

스위스는 국토의 75%가 산악지대이며 융프라우 마터흐른 등 해발 4000m급 이상의 고봉들이 웅장한 자태를 자랑하는 천혜의 자연을 가진 국가이며 유럽의 3대 하천인 라인, 론, 도나우 강의 발상지이기도 g다. 그리고 도로는 산악지형에 맞게 교량과 터널로 연결되어 있고 목가적인 분위기와 수 말년을 견뎌온 빙하, 권곡, u자 빙식곡 빙하호 등이 곳곳에 보전되어 있다.

융프라우 요흐(Jung frau joch)의 Jung은 젊음, 어린을 뜻하고 Frau joch는 봉우리를 의미하며 처녀봉이라고도 한다. 융프라우 요흐의 철도는 1896년 엔지니어인 아돌프 구에르체허라는 사람이 중간지점인 클라이네 샤이덱까지 수립된 것을 계획을 수정하여 클라이네 샤이덱을 출발 3970m의 아이거봉 바위를 뚫고 4099m의 묀히봉 사이에 말 안장처럼 앉아있는 융프라우 요흐까지 오르는 코스를 택하였다. 공사기간을 7년으로 잡았으나 혹독한 자연조건과 붕괴사고, 공사비 부족등으로 16년으로 늘어나 1912.8.1 개통, 1924년에 불탄 산정 휴게소 대신 1970년대에 유럽 정상의 복합구조물 설치하였고 1996년엔 해발 3571m에 최고의 관망대인 스핑크스를 건설했다.

스핑크스의 건설 시 평균기온 영하 8도의 추위, 눈사태, 번개, 폭풍. 최고시속 250km의 강풍과 싸우며 악전 고투속에 3년여만에 완공되었다. 특히 얼음궁전의 면적은 1000㎡로 알레치 빙하 20m 아래에 위치해 빙하가 매년 약 50cm이 움직이기 때문에 빙하 전문가가 징기적인 얼음궁전 지붕보수를 하고 있다. 또한 수천 명의 방문객의 체온으로부터 항시 영하 2도 이하를 유지하기 위해 특수

장치가 설치되었는데 얼음궁전 방문객으로부터 발생하는 온기는 융프라우 레스토랑 난방에 사용되어 에너지 비용을 최소화하고 있다. 이런 노력과 도전정신이 없었다면 연간 50만 명 이상의 관광객이 온갖 기묘한 절경의 감상은 불가능하였을 것이다. 아울러 소수 탐험가나 등산인들의 전유물인 줄로만 알았던 자연이 빚어내는 최고의 경관, 모험, 다양한 볼거리는 자연을 존중한 가운데 철저한 설계와 완벽한 시공이 이루어졌기에 무한한 감동을 전 세계인이 공유할 수 있는 것이다.

끝으로 매우 접근하기 힘든 오지에 세계 각지에서 찾는 것은 당대보다는 후대를 위하고 그곳만의 고유함과 독특한 개발이 없이는 아니 되었을 것이다. 더더욱 자연훼손을 최소화하고 현대기술과 아이디어를 극대화시켰기에 프로젝트 진가가 발휘되는 것이다.

11:40까지 빙산에서 사진 찍고 12:40까지 식사 후 재 집합하게 되었는데 빙판능선이 관광객 오르는 정상인가 하고 시간을 많이 보낸 탓에 다른 일행처럼 식사 전 전망대 구경을 못해 구경키 위해 서둘러야 했다. 이곳엔 물은 많으나 석회석 물이어서 음료로 사용치 못하는 것이 흠이었다. 식당에서도 물 1병(3홉 정도)에 5불씩 별도 구입해야 했다. 2~3층 정상엔 식당이 5개 있는데 7백 명가량 수용한다고 하나 1개소밖에 보이지 않고 군대에서 밥 타먹듯 식판을 들고 일렬로 서서 떠밀려가며 스파게티라는 스위스 이태리 쪽 국수로 만든 식사를 입맛에 맞지 않았으나 마바람에 게 눈 감추듯 먹고 경상도 출신 신사동 거주 부부와 복잡한 통로에 밀려가다시피 엘리베이터로 스핑크스라는 융프라우 정상전망대와 얼음동굴 궁전 구경 후 내려와 엽서를 매

입하여 아이들에게 부치려하니 가이드가 출발 독촉을 하여 매입만 하고 발송치 못했다.

조물주여 우리나라도 금강산, 백두산, 한라산 등 유명한 산이 있지만 해발 3천미터 이상 되는 만년설이 있는 산을 주었더라면 더욱 좋았을 것을….

13:05 하산 출발. 단체 관광객끼리 같은 칸을 사용토록했다. 4인이 합석하는 36인승 산악열차로 13:15 제1도중 전망대 13:25 제2도중전망대 13:35 제3터널통과 13:50분기점인 Kleine Sheidegg(크라이네 샤이덱)역 도착 환승하여 오르던 철길이 아닌 반대방향 철길로 하향하였다.

14:00 레티셔반이란 빨간색 열차가 운행하는 산악 철길 옆, 산악농장엔 드물게 농가가 있고 농장도 잘 가꾸어 놓았는데 철길이 아닌 반대방향 철길로 하향하였다. 자전거 등반, 도보 등반하는 외국인들이 보인다. 열차에 자전거 실어주는 칸도 있다.

열차는 레일과 레일(좌우 레일)중간 지점에 톱니바퀴 장치를 하여 오르내리는 속도가 같고 천천히 운행하고 있어 안정감이 들었다. 그러나 열차표 검사를 다섯 번이나 하는데 좋은 인상을 줄 수가 없구나. 그 나라 의식구조이겠으나 수염도 기른 단정치 못한 용모의 역무원도 있어 좋지 못했다.

14:15 알피글렌역 도착, 다시 20분간 내려가 Grund역 경유 종착역 도착했다. 대기 중인 관광버스로 스위스 호수도시 루체른으로 향했다. 가는 길은 산악지대인데 도로는 편도 1차선 남짓하였으나 과속하는 차량이 없어 안심이 되더라. 낭떠러지 옆

을 지날 때는 기분이 썰렁하였다. 이 나라는 민방공 체제가 확립되어 중립국임에도 국방이 완벽하단다. 수십 명에서 수백 명이 게릴라전을 하며 몇 개월씩 생활할 수 있는 벙커가 전국에 2만여 개가 있어 히틀러도 점령 못했다 한다. 터널도 직선화하지 않고 가급적 S자로 개설하여 터널 내엔 SOS라는 표지가 있고 그곳에 방공호 역할을 하게 만들어 놓았다. 또 겉으로 보면 개인 집 같으나 유사시 작전 벙커 입구다. 험준한 산악지대 곳곳과 도시간 철로와 도로가 잘 연결되어 있었다. 급경사 산악을 오르는 레티셔반이란 빨간색 마을기차 등 또 산악 농토엔 잡초하나 없이 가꾸어 놓았는데 농부는 한 사람도 보이지 않는다. 나중 이태리 가이드가 설명하는데 야간에 영농한단다.

산악지대 경관으로 국부를 이루었는데 우리나라는 천연의 강원산악지대를 개발하여 소득과 직결시키려고 하지 않고 무대접으로 감자나 먹고 옥수수나 먹는 곳으로 취급하니 한심하기 그지없다. 가는 길에 대우 마티즈가 가끔 보여 자긍심이 생겼다.

스위스는 연방 국가이고 다문화 다언어 세계 유일의 직접 민주주의 국가다. 국민소득 3만불 이상으로 자존심이 강하며 자연보호, 근면절약정신, 교통질서가 확립되어 있고 전통문화 보존과 자립정신이 강한 국민인 것 같다. 그 대신 지나친 법규제로 인간적인 자유는 없지 않은가 생각도 해본다. 싱가폴과 같이….

16:30 로이스 江이 흐르는 루체른 市內 도착했다.

루체른은 인구 12만의 상업도시이고 건국영웅 빌헬름 텔의 고향인데 취리히 30만 명, 베른 16만 명 다음의 도시이다.

스위스 전체 인구 710만 명 중 한국인은 1,100명 정도로 그중 여자가 80%인데 그중 70%는 박대통령 시절 경제개발의 주역인 서독간호사 출신이 결혼하여 살고 있단다. 스위스 전국 1,500개 호수 중의 하나인 루체른호수 옆에 발달한 도시였다. 전국에 5천㎞ 길이의 철도가 방방곡곡 연결되어 있고 복지도 잘 되어있는데 장애인들을 위한 시설은 잘 보지 못했다. 루체른은 전설 속의 스위스 건국 영웅 빌헤름 텔의 고향답게 이에 시민들의 자존심이 강하여 보였다. 우체국 업무 겸용 노란색 시내버스가 운행되고 전기선로로 운행하는 시내버스도 보였다. 호수의 깊이는 13~15인데 송어가 많다고 한다. 낚시를 하려면 市의 허가를 받고 포획 량도 통제 받는단다.

전용버스로 중앙역을 돌아 교량을 건너가서 블란서에 루이 16세 용병이 되어 죽은 720여 명의 용사를 추모키 위해 토르 빌센이 조각한 '빈사의 사자상'을 관람했다. 죽어가는 사자상이 서글퍼 보였고 국민에게 애국심을 고취시킴에 좋은 곳이었다. 가는 곳마다 한국상점이 꼭 있다. 한국상점에서 각자 간단한 쇼핑 후 다시 市에서 제일 크고 유명한 5층 규모의 쇼핑센터(우리나라 백화점보다는 규모가 상당히 작다) Bucherer에서 기념으로 200불짜리 Buchere(부커리)표 남자시계 1개 구입했다. 환전과 상품가격 맞춰 매입하기 번거로워 현지가이드의 도움을 받았다. 스위스화 1프랑(1SRF)은 730원이었다. 물건 구입하다 일행에 뒤처졌다. 루체른강을 대각선으로 가로질러 1333년 건설하였다는 유명한 폭 4m 정도의 카펠교와 34m 높이의 수중석탑 및 망루를 구경했다. 이 탑은 도시를 지키려고 건축한 것으로 그 후엔 고문실로 사용하기도 했단다. 카펠교를 건너 현대에 건축한 콘크리트 모량을 건너오니 학교 건물이 뒤로 보이고 앞쪽엔 교인들이 부흥회하며 떠들고 시장 가로변엔 주점상가가 즐비하게 형성되어 있다. 음식물을 사 먹고 싶었으나 시간이 없어 그대로 차에 탑승했다.

스위스 언어는 독, 불, 이, 로마어를 혼용하고 있어 유치원부터 독어를 쓰는 취리히를 비롯한 동부지역엔 불어를, 불어 쓰는 지역엔 독어를 가르친다고 한다. 다언어국가로 독, 불, 이태리어 및 토속 르망쉬어 등 4개 언어국이다. 친한 사람과 서로 인사할 때 볼에 세 번 좌우로 키스하고 거짓말의 죄가 크다고 한다. 쓰레기는 월 1회 분리수거 재활용처리하며 주립병원은 1개시에 1개씩 26개주에 1개씩 있단다. 국민소득은 3만 7천불로 세계에서 가장 높으며 남자의 평균 월급을 한화로 환산하면 350만원 정도, 여자는 290만원 정도란다.

군복무는 징병제로 20세에 입대하여 4개월 간 복무하고 주말에 필히 외출을 실시한단다. 군 미필자는 국가로부터 해외여행, 연금수혜 등 각종혜택을 받지 못하므로 기피가 전무하고 예비군은 50세까지 동원된단다.

16세 때 대학 진학하든가 직업전선으로 나갈 것인가 진로를 결정해야 되고 공부를 잘해도 배경이나 인성이 나쁘면 담임선생님(1~6학년)이 진출을 제지(추천금지)한단다.

18세까지 미성년자에게 음주판매 금지가 철저히 이루어지고 대신 취직은 쉬워 19~20세쯤 취직하면 부모에게 하숙비를 필히 지불한단다. 근로시간은 40시간으로 월요일~금요일까지 이며 실직자는 최종근무처 입금의 70%를 국가에서 3년간 지급하고 3년내 취업이 안되면 직업학교에 재취업 시킨다고 한다.

65세 이상부터 국민연금이 지급되며 금액은 2500 스위스 프랑(1,825,000원, 현재:3,647,075원)이 기본이고 4천 스위스 프랑까지 받는 사람도 있다한다.

스위스는 1848년에 베른 수도가 설립되었고 현재 인구는 17만 명. 1933~1991까지 예금주일체 비공개 하였으나 1994년 돈세탁 규제법이 통과되어 비밀계좌 개설자 조사가 완화되었고 경찰이 조사할 수 있단다. 비밀통장 개설업무는 지금은 룩셈부르크가 운영하기 시작한다.

한국인이 경영하는 Korea Town 한식집에서 석식하고 19:20 출발- 루체른 STERNEN 호텔 도착. 늦게 도착했으나 어제와 같이 호텔에서 석식을 안 하니 미안하지 않아 좋았다. 한국으로 전화하려다 수신자 부담이어서 다음날로 미루었다. 차나 한잔하려고 로비에 나가니 일행들이 평상시 친분이 있는 분들이 아니어서 그런지 각자 방에 들어가기 바빠 아쉬움을 안고 돌아왔다.

### 스위스- 이태리

STERNEN Hotel에서 2박 후 6시 기상, 07:00 호텔식으로 조식 08시 전용관광버스로 이태리로 향했다.

엊저녁에 기상 후 팁 1불을 놓고 나왔는데도 방을 깨끗이 사용하였다고 가지고 가지 않는 등 공짜는 싫고 사리가 분명한 국민이었다. 일행 중 방안을 흩트리고 나온 분들이 놓고 간 팁은 가지고 갔다 한다. 오늘은 마지막 출발하는 마당이니 방을 깨끗이 사용했는데도 팁을 놓고 나왔다.

스위스 수도 베른 중심가를 구경치 못하고 간다는 것이 아쉬워 현지 가이드는 없었으나 일행과 입을 모으고 운전기사 루치아노에게 요청하였더니 길은 잘 모르나 가보겠다고 흔쾌히 수락했다. 수도라 하나 규모가 원주시 절반 정도 된다. 시내에 경찰서 건물 등이 보이나 전원도시 같고 시내 중심지에 깊은 계곡 밑으로 하천이 흐르고 하천을 가로지른 높은 석조 교량과 아름답고 고색창연한 주택가 울창한 수목 등이 조화를 이루어 인상적인데 도로는 넓은 편이 아니고 아파트는 보이지 않았다.

우리는 시내를 빠져나와 고속도로를 진입하였는데 편도 2차선으로 중앙분리대는 가로 화단식이었다. 시내를 벗어나니 나지막한 언덕농장, 평지농장이 연결되어 밀밭, 감자밭, 초원 초지 등이 전개된다. 익은 곡식과 푸르게 자라는 곡식 등이 층층이고 초지엔 새 풀이 자라는가 하면 옆 초지에선 기계로 재초작업하여 건초를 드럼통 3~4개 크기로 뭉친 것이 도처에 보인다.

도로변엔 제한 표지판이 극히 드물었으나 법규를 잘 지키고 있었다. 승용차가 주간에 라이트를 켜고 운행하고 있는 차량이 많았는데 북유럽에서 온 차량이라 한다. 북구라파는(북유럽은) 일기관계로 전조등 점등을 의무화한단다. 한국의 클로버 외 야생화 및 풀과 비슷한 것이 많았고 회양목을 개량하여 높이가 5m

나 되게 하여 울타리로 조성한 곳도 있었다. 공장은 보이지 않는다.

오전 10시경부터 알프스 산악도로를 오르기 시작한다. 아름다운 레만(Leman)과 에비안 호수가 우측으로 전개되는데 그 풍광이 너무나 아름다워 사진을 찍고자 하였으나 편도 1차선 도로로 주차공간이 마땅치 않아 그대로 통과하고 비디오 촬영만 하여 아쉬웠다.

양호수를 경계로 우측으로는 제네바로 가는 길이고 좌측은 휴양도시로 가는데 우리는 좌측으로 계속 가다가 운전기사 루치아노가 기분이 좋다고 4㎞ 길이의 터널이 있는 고속도로는 볼 것이 없다며 협소한 구도로를 이용한 알프스 산맥을 넘어갔다. 경치가 장관이고 약 200m 높이의 계곡 위 교량 통과시 여자분들은 아래를 내려다보기를 꺼린다. 경치가 아름답고 좌측 멀리엔 융프라우쪽 설산이 보이고 있는데 옛날 뭇소리니가(무솔리니) 전쟁 시 이 도로를 이용하여 인근 국가 침범한 것 같다. 간혹 차량들과 교행하고 피하며 정상에 오르니 큰 독수리상이 돌로 조각되어 있었다. 정상에서 약 300m 지나 내려오니 Passcol Hotel 휴게소에서 10분간 휴식 후 전원 유료변소를 이용했다. 우리나라 같이 휴게소에 무료화장실은 없었다.

날씨는 쾌청하였다. 이태리 쪽으로 내려갈수록 햇볕이 따가웠다. 이 도로에도 오토바이 폭주족 수십 명이 지나가고 있는 것이 보였으며 사진 한 장 찍고 다시 출발하여 12:10경 스위스 국경을 통과하는데 경찰관 3~4명이 근무중이었으나 검문은 없고 운전자에게 몇 마디 묻고 통과했다. 이 검문소에서 약 500m 7분 정도 가니 국경 이태리 쪽 검문소가 나타나 경찰 3~4명 중 1명이 승차하여 형식적으로 몇 사람 여권만 확인하고 통과시 켜줬다.

나는 계속 앞쪽에 앉아 사진을 찍으려 하니 찍지 말라고 손짓 한다. 그러나 다 찍은 후인데….

경치는 우리나라 설악산 천불동 계곡에 비교할 수 없으나 그와 같은 계곡에 편도 1차선 도로를 따라 내려왔다. 약 1㎞ 길이의 터널이 나타나는데 조명이 밝지 않아 교행 시 충돌의 위험이 걱정될 정도였다. 절전을 하는 것인지 시설이 미비한 것인지. 정상에서 약 40분간 운행하니 편도 2차선 밀라노 고속도로가 나오는데 도시까지는 150㎞ 더 가야하였다. 일요일이라 그런지 다른 차량도 한산하였다. 햇볕 내리쪼이는 데도 버스 앞면에 차양을 하지 않고 색안경만 쓰고 운전하는 것이 우리나라와 달랐다.

13:10 TG통과 요금은 tell-pass(차량에 전자 감응장치로 계산)로 통과하니 편도 3차선 고속도로가 나타났다.

13:30 2차 TG통과 우리 버스는 이곳에서도 tell-pass 14:00 정각 6시간 만에 밀라노시 도착. 관광버스가 좋아 6시간 계속 타도 허리 다리 아프거나 피곤하지 않았다. 밀라노는 5월이란 뜻으로 1996년부터 게이페스티벌을 개최하는 등 개방과 자유의 도시란다. 흑색 양복을 입은 날나리(우리가 별명 붙임) 가이드 만남. 스위스 국경에서 약 50㎞ 상거한 곳으로 인구는 약 300만 명이고 패션의 도시이고 시내 중심가는 가로세로 20~30cm되는

대리석 같은 돌로 차도 블록이 포장되어 차량이 운행시 매끄럽지 못한 것 같은데 돌은 닳아 반들거렸다. 이곳도 전차길과 자동차가 혼용하고 중세풍의 4~5층 베이지색 대리석 건물이 시내를 꽉 메우고 있다. 숙소는 시 변두리 Santa Barbara Hotel 267호실.

이태리는 마피아의 소굴인 시칠리아 섬과 서쪽 휴양지 사르데니아 등 포함 20개 주인데 밀라노도 2중 1개주이다. 가오얀 식당에서 중국식 요리로 늦게 중식을 했는데 15시에 식사종료하고 밀라노 시내 관광을 했다.

가이드 말에 의하면 인구도 많기 때문이기도 하지만 중국집은 약 400개가 있으나, 한국식당은 몇 집 없단다. 이유인 즉 한국인들은 발붙이기 안팎으로 힘들지만 즉 한국인들은 상호 헐뜯고 투서 모략을 잘하여 시샘이 많아 단속대상이 되는 등 성공하기 힘들지만 중국인들은 단합심, 인내심, 깡으로 돈을 벌어 여러 사람이 한 사람씩 차례로 사업을(식당)하게 도와주므로 성공이 빠르고 큰 힘이(세력) 형성된단다. 한국인이 단결심이 약하다는 말을 들으니 안타깝다.

이곳 식당에서도 물을 사 먹었다. 한 가정에 평균 수돗물 값은 월 3천리라 정도인데 식수는 4홉 1병에 5천리라인 바 대조해보면 알 수 있었다. 식당에서 식수를 무료로 주는 한국이 그립다 좋다. 식당 등 서비스 종사자들의 대부분(반 이상) 봉급은 없고 팁에 의존하고 있단다.

스포르 체스코 古城관광

시내 중심가 평지에 건축한 4층 규모의 옛 성이었다. 관람에 임하기전 여권 분실하면 국제고아가 된다는 가이드의 말에 특히 집시족을 주의하라 하여 여권과 지갑(전대식으로 된)에 신경쓰느라 관광이 제대로 되지 않는다. 더운 날씨인데 고성 앞 광장에 큰 가로수들이 있어 그 밑에 가니 시원하였다. 그런데 젊은 이태리인 한 쌍이 우리들이 보거나 말거나 관심없이 서로 껴안고 약물에 취한 것 같이 계속해서 키스를 하고 있어 여자분들은 외면하고 관람에 임하였다.

체스코 성은 길이 100m 이상 되는 큰 성으로 38개의 큰 방에 각종 유물, 특히 전쟁유물들이 전시 되어있는데 4층 중 1층만 간단히 관람 후 바깥으로 나오니 일행들이 아직 모이지 않았다. 성 바깥쪽으로 외부에서 적들이 쉽게 쳐들어오지 못하게 약 10m폭에 약 10m 깊이의 수구, 즉 해자가 성 주위에 조성되어 있다. 성내로 들어가려면 교량을 건너야 한다.

우리는 다음 장소로 이동하는데 인천 분 (69세 남) 옆으로 집시여자(성인같이 보이는데 미성년자라 함) 1명이 아기를 안고 신문을 사 달라고 신문을 상대방 얼굴에 바짝 들이대고 또 한 여자는 뒷주머니의 지갑을 빼 가다가 느낌이 이상하여 소리치는 바람에 우리 일행 전부가 포위하여 지갑을 뺏고 돌려보냈다. 이런 사건을 당하고 나니 전부가 도둑으로 보이고 관광이 제대로 되지 않았다. 만일 이때 그들을 구타하게 되면 이들이 계속 물고 늘어져 오히려 우리가 구속된다고 가이드는 말한다. 이들을 경찰에 신고하면 경범이나 훈방처리 되니 신고할 필요가 없고 관광객은 시간만 빼앗기게 되니 이와 같은 심리를 이용하는 것 같았다. 한국인을 불친절하다 하지 말라 너희들이 더 나쁘구나.

한국여권 1매의 지하 거래가가 300만원, 미국 비자가 나오면 1천만원 호가한다니 여권을 왜 안 노리겠는가. 불안한 마음으로 스칼라극장 앞을 경유, 각국 정상들이 가끔 회의를 개최한다는 구시 청 앞을 경유, 벽돌 대리석 건물 중앙의 높은 돔이 있고 (아치형 터널건물)의 약 50m되는 상가같은 곳을 많은 사람들 사이를 빠져나오니 건물에 에워싸인 두오모성당 광장이 나온다. 광장 넓이는 약 1000평 되고 기마 황제상이 입구에 조각 되어 있다. 남쪽 건물 벽엔 로마 병사가 왼팔로 젊은 유부녀를 껴안고 오른손에 칼을 휘두르며 여인을 강취하는 조각상이 있는데 그 아래는 며느리를 빼앗기지 않으려고 병사에게 밟히면서 매달리는 늙은 시아버지상이 조각 되어있다.

그 옆에는 미켈란젤로의 작품 등 인물조각상 10여 점은 걸작들이란다. 전부가 벌거벗어 남자의 상징물을 드러내놓은 것이 민망스러웠다. 예술품이라 그런지 여자들도 부끄러워하지 않는다. 두오모성당 지붕 쪽엔 사람 모형의 첨탑이 135개 있고, 1,386개의 기공, 3,156개의 조각 모두가 걸작품인 것 같다. 두오모성당 높이는 157m로 유럽에서 가장 높다 한다.

성당 옆 두오모백화점은 규모가 우리나라와 비교되지 않게 작은 규모인데 마음에 드는 물건이 없어 물건을 구입하지 않았다.

나는 가이드가 집결하라는 두오모성당 옆에서 기다리려고 건너보니 집시족 같은 사람들이 성당 벽 옆에 눕거나 앉아있어 가지 않고 몇 분과 같이 백화점 입구 정문 앞에서 약 1시간이나 지루하게 서성거렸다.

성당 옆과 백화점 앞 광장엔 옛날 로마 병정차림의 고적대 행렬이 요란스럽게 지나가고, 전신을 황금색 여인 인형으로 가장한 남자 행위예술가가 인형같이 서 있는 것이 인상적이었다. 동행인이 팁을 던지고 가는구나.

Jingaro 식당에서 이태리식 스파게티로 석식하다. 국수가락이 딱딱하여 억지로 먹었다. 오늘은 보행자의 날이라 중심가에 차량 통행 통제되는데 관광버스만은 통행이 가능했다.

한화 1000원에 약 2000리라, 1불(US 달러)에 2000리라 정도이다. 버스 티켓 1장을 구입하면 75분간 승차할 수 있고 지하철, 전철, 버스 공용되며 시간내는 10번이든 20번이든 탑승 가능하단다. 무임승차로 적발시는 75만 리라의 벌금이 부과된단다. 밀라노는 패션의 도시인데 진작 볼 것을 보지 못하고 가니 아쉬웠다.

(인사말) 차호! 그라찌에= 여보 감사합니다.

호텔에서 07:00 조식 완료 후 08시 피렌체로 향했다.

롬바르디아 평원 편도 2차선 고속도로를 2시간 20분 달려옴(10:20) 아펜 니니코에서 AGip 회사소속 주유소 옆 휴게소에서 휴식.

본격적인 집시 위험지역으로 들어가는 듯하다. 집시 5~6명이 서성이고 있는데 운전기사가 주의하라고 경각심을 준다. 지갑

등을 차에 두고 내리라고 해서 가이드 말대로 사진기만 들고 내려가 용무를 보고 일행과 유대를 위해 얼음과자 22개 25불 주고 매입하여 1개씩 나누어 주었다.

그 후에 안 일이지만 나는 더위에 목말라도 먹지 않고 사주었는데(한 개 덜 가지고 옴) 먹은 후 배가 아프다고 투덜거리는 분이 있었다 하고 이것도 나중에 안 일이지만 내가 제일 돈이 없었고 다른 분들은 수천불씩 가지고 가서 쇼핑을 한 분들이었다. 반대급부를 바라서 그러는 것이 아니라 물 한 모금도 베풀지 않는 이기주의자, 몰인정한 분들이었다. 하룻밤을 자도 만리장성을 쌓는다는 말이 있는데… 나는 기행문을 쓰려고 버스 앞자리에 앉아 가이드에게 질문을 많이 하니 일행 중 시샘 하는 분이 보였다. 그러나 끝까지 고수하였기에 귀국 후 기행문 작성 시 도움이 많이 되었다. 22명이 1000리라 지불코 유료변소 이용 후 승차하였다. 한국에선 화장실을 무료 사용하는 것과 너무 대조적이다. 어디서 어디로 가는지 궁금하여 운전기사가 가지고 있는 이태리 지도를 보니 밀라노에서 피렌체로 향하는 길은 피아첸자 경유, 파르마 및 볼록나를 경유하였는데 롬바르디아 평원 서남부 끝부분이었다.

우리는 휴게소에서 집시족의 피해없이 출발하니 평원은 여기서 끝나고 아펜니노 산맥의 산악지대가 나타난다. 스위스풍 건물도 조금 보였다.

롬바르디아 평원 고속도로엔 약 3~40대 주차 가능한 도로변 주차장이 약 100㎞거리에 1개소씩 2개소가 있었는데 우리나라와 같이 휴게소 매점은 없는 것이 특이하였다.

디젤 1L당 1264리라인데 우리 버스가 급유하고 출발하였다. 롬바르디아 평원 고속도로변은 주로 농장과 초원으로 과일농장 포도밭, 사과, 살구나무, 해바라기, 이태리 뽀뿌라 초지조성지 등이 계속 이어져 있었으며 가끔 복선 기찻길도 보였다.

이곳부터 상행선은 완속차선 포함 3차선이고 하행선은 2차선으로 된 곳이 있었음. 도로변엔 잡목이 울창하고 이곳도 소형 승용차가 주류를 이루고 오토바이 폭주족도 같음. 서울에서 같이 간 가이드가 이태리 신화 늑대의 후예에 대한 이야기를 하며 산악 정상 터널을 통과하니 많은 산밤나무가 꽃을 피우고 있는데 수종이 우리나라 밤나무와 같아 보인다.

가이드는 지도를 보며 지금 아펜니도 산맥 도로를 종단하고 있다고 한다. 산에는 바위 돌 등이 보이지 않고 숲만 무성하더라. 11:35 칼렌자노 TG를 빠져나와 피렌체 시외 도착함.

여름 중절모자를 쓰고 약 40세 되어 보이는 현지가이드 이정용씨를 만나다. 미리 대기하고 있었다.

여행은 젊었을 때 해야 된다. 늙어서 여행하는 것은 달라만 낭비하는 것 같다. 인생살이가 앞만보고 달려오다 보니 그렇게 되지 않는구나. 가이드 말에 의하면 며칠전에 7~80세 고령인 분들을 모시고 안내하느라 진땀을 뺐는데 우리를 보고 청춘이라 한다.

TG 입구의 Delta Florence 호텔에서 이태리식 볼로네즈 스파게티로 중식을 함. 호텔입구 정원에 일장기가 미, 영, 불, 독,

이, 기가 같이 게양되어 불쾌하였다.

중식 후 12:45 출발하여 피렌체 시내로 향하다. 시내 들어가기 전 변두리 면세점에서 아들과 사위에게 선물할 혁대 4개를 매입했는데 아들 것이 품질이 조금 떨어지는 것 같아 넥타이 1개를 샀다.

이 시는 미켈란젤로 등 중세 유명 예술인들 많이 배출한 르네상스의 도시여서 시민들의 자긍심이 대단하단다. 지형은 부지 지역인데 우리가 선전하지도 않았는데 관광외국인들이 많이 오므로 공기와 환경이 나빠지고 유물이 훼손되기 쉬우니 환경세를 지불해야한다고 하여 관광하지 않아도 시내로 들어오는 외국인들에게 환경세를 징수하더라. 우리도 환경세 6만원을 지불했다. 우리나라 국민들도 종교에 관계없이 전통사찰 등 우리 문화유산 보호와 재건에 지금이라도 노력하자고 계몽해야겠다.

이태리에선 마피아는 우리가 통상 생각하는 마약 밀매조직 단체가 아니라 한다. 국가 경제의 15%를 마피아가 장악하고 큰 매점, 면세점 등은 전부 마피아가 운영하며 국민생활 깊숙이 뿌리내려 있는데 예를 들면 우수한 인재를 수백 명씩 장학생으로 육성하여 그 학생들은 자기도 모르게 각계각층에 진출하여 조직을 위해 헌신하는데 마피아 출신의 수상까지 탄생하게 되었단다. 정치, 경제, 사회, 문화 각 분야에서 땔 수 없는 밀접한 조직체란다.

본 조르노! 굿모닝, 좋은 아침이란 뜻이다.

이태리는 점심시간이 12:30부터 15:30까지 3시간인데 날씨도 더운 이유도 있겠으나 개인적으로 돈을 악착같이 벌겠다는 마음이 없고 정서가 여유로움이 있는 국민이라는데 이 시간엔 전 시내 상점은 철시하고 있었다. 시내 중심가엔 옛날부터 사용하던 돌포장도로를 불편하지만 유적보호 차원에서 그대로 사용하고 있었으며 두오모라는 말의 원래 뜻은 대성당이란 뜻인데 고유명사가 되어 지금도 두오모성당이란 곳이 전국 도처에 수십 군데 있어 헷갈린다 한다.

이태리는 가톨릭 국가로 성당이 약 3만 개 정도고 국민의 90%가 신자이지만 매주 성당에 가는 사람은 3%도 안되고 평생 3번 간단다. 출생하여 세례를 받을 때, 결혼식 할 때, 죽어서 묻힐 곳이 없어서 죽어서 간다고 하니 우리나라와 같이 맹신자는 거의 없다한다.

피렌체는 메디치 가문에서 약장사로 돈을 벌어 위상이 확고해지자 귀족과 대등한 지위를 누리고 또 발전시킨 도시이다. 이태리엔 년 관광객이 6천만 명의 년 1천 억 불의 관광수입을 얻고 조상유물 덕으로 먹고 산다고 해도 과언이 아니며 대리석이 많이 생산되어 앞으로 현재와 같이 채석해도 2천년을 더 생산할 수 있다니 참 부럽다. 또 대리석 색상이 2만 7천종이나 된다고 하니 대리석 경제, 대리석 문화가 예부터 발달하지 않을 수 없다. 비교하는 것은 나쁜 것인지 몰라도 우리나라는 양질의 석회석이 무진장이여 시멘트 문화로 국우의 일역을 담당하고 있는 것 같아 하늘은 공평하게 살게 한 것은 아닌지…

대리석은 땅속에서는 물렁하나 캐내서 제품화내지 조각화하면 시간이 갈수록 굳어진다.

대리석을 떡 주무르듯이 하고 유연할 때 천연 색소 등을 가미하면 몇 천년 가도 색상이 변하지 않고 색상의 종류가 많아 각종 예술품을 섬세하게 모자이크 처리하므로 아름다웠음.

두모오 대성당~2245개의 조각, 135개의 첨탑 길이 157m 높이 108.5m 1386년 밀라노공 잔 칼래아치오 비스콘티 공작의 명으로 착공 공기 450년 19C 초 완공하였다.

건축 양식 중 고딕식은 내부가 화려하고 르네상스식은 외부가 화려하다.

두오모성당 꽃의 성모마리아 성당은 AD1296년부터 175년간 건축한 것으로 걸작품이었다. 내부엔 성인 3명이 팔을 둥글게 펼칠 정도의 큰 돌기둥이 8개가 30~50높이의 돔 천장을 받치고 있다. 가는 날이 장날이라 주교가 미사를 드리고 있었다. 일행 중 여신도 두 분이 잠깐이나마 기도를 드린다.

관광객이 밀려나와서 사진 몇 장 찍고 빼기궁전 나체상 1000년 전 부르렐리스코 家 세례당성당(단테가 세례받은 성당)등 관람, 날씨가 더워 외국인 할머니가 더위에 기절을 하여 교회 바깥벽에 비대한 몸으로 쓰러져 다른 일행들이 인공호흡을 시키는 장면도 보면서 도보로 약 5분 좁은 석조건물 골목 길를 지나니 건물 사이 약 50평 규모의 공지 옆에 단테의 생가가 있어 기념촬영을 했다. 또 다시 골목길을 10분 정도 걸어가니 십자성당이 나오다.

외부도 아름답지만 내부엔 두오모성당 내부 기둥만한 대리석

기둥이 14개가 있는 큰 성당이었다. 그곳엔 약간 스산스러웠는데 미켈란젤로, 갈릴레오 등 유명인사 주교 등의 묘지로 바닥과 좌우 석관에 267개가 안치되어 있었다. 성당은 거의 다 공동묘지라는 것을 실감했다. 우리는 버스로 이동하여 피렌체 언덕의 미켈란젤로 광장을 구경했다. 미켈란젤로의 조각상과 '생각하는 사람'의 조각품은 진품은 박물관에 옮기고 이곳엔 모조품을 만들어 놓았다. 언덕에서 피렌체 시내를 내려 보며 사진 몇 장 찍고 가이드 독촉에 급히 내려오다.

이곳도 버스 티켓 1매엔 1500리라인데 75분간 버스나 전차를 승차할 수 있다.

이곳에서 피사의 사탑 관광토록 건의하니 탑 하나 보겠다고 2시간이나 소모하게 되면 오히려 다른 관광 스케줄을 망친다며 그래도 희망하면 가겠다고 하니 반대하는 분이 많아 포기했다.

뒤에 생각하니 옵션관광을 위해 시간을 단축시킨 것 같다.

우리는 16시 피렌체에서 로마로 향했다.

무솔리니가 자기 애인이 사는 도시까지 빨리 갔다오기 위해 건설하게 되었다는 무솔리니 고속도로(태양의 길)을 달렸다. 로마까지 주로 산악도로가 많았는데 이 도로를 독일의 독재자 히틀러가 와보고 아우토반 고속도로를 건설했고 아우토반 고속도로를 박정희 대통령이 와보고 경부고속도로를 건설하게 되었다는데 4차선의 경부고속도로와 모양세가 너무나 비슷했다. 역시 한 나라의 불가사의한 큰 시설은 독재하던 분들이 남기는 구나. 중국의 만리장성, 한국의 경복궁….

도중 주유소에서 게시된 유류값을 보니 1L당 디젤이 1,720리라, super(고급휘발유) 2,270리라, Senga Ciombo는 2,185리라로 되어있다.

이태리는 기원전부터 도로가 발달되었는데 로마를 기점으로 85000㎞의 도로를 건설했고 남쪽으로 1개 노선 북쪽 방향으로 12개 노선이 있었는데 폭 5~6m되고 비포장으로 오래된 소나무 가로수가 있는 당시 구 도로가 가까이 혹은 멀리 논둑길 같이 보였다. 도중에 파손된 곳이 많아 장거리 차도로 사용치는 않고 있었다.

도중 중세 산 위 성곽도시 오리비데토성 옆을 지나 350년간 건축하였다는 모자이크 성당도 멀리 바라보며 지나갔다.

고속도로에 정기 고속버스가 운행하지 않는 것은 불필요하여 없고 평야보다 산악지대에 성곽으로 주택이 건축된 것은 외부 침입 방지키 위해서이고 들판에 농부가 한 명도 보이지 않는 것은 야간 기계 영농을 하기 때문이란다.

산악지대 성곽 주거지인데도 상하수도 시설이 당시부터 발달하였단다.

이태리는 남북이 분단되어 있었는데 1870년에 로마시대 이후 최초 통일 국가가 되었다. 그것은 남 이태리의 여러 소국가를 무력으로 통일한 남 이태리 지도자 가리발디 장군이 통일을 염원한 나머지 전쟁을 하면 승리할 수 있는데도 불구하고 남북 국민의 사상과 문화유적 파손 등을 생각하여 수많은 부하들의 만류에도 불구하고 이를 설득시켜 소수 국가를 선거로 통일한 북이태리에 정권을 넘겨주어 통일 국가가 되었는데 현재까지 이태리 국민은 가리발디 남쪽 장군을 영웅으로 추앙하고 있다. 그러나 현재 경제적으로 대체로 남쪽보다 북쪽이 잘 사는 등 차이가 많아 분리 독립을 희망하는 자들도 많다고 한다.

300년 이상 되는 건물이 많은 중세 때 도시 고루때를 통과하니 가이드가 옵션관광 이야기를 한다.

로마시대 시저가 수영하던 동굴호수, 다이애나비가 신혼여행하던 카푸리섬, 유명인사들이 다녀갔다는 곳이라고 권유하니 과반수가 가고 싶어한다.

1인당 110불~130불이 소요되는데 나는 돈이 없어 선생 퇴직한 몇 분과 타협하여 가지 말자고 했는데, 정유회사 근무하다 정년퇴직하는 분의 처, 이화여대 가정과 나왔다고 수없이 자랑하던 팔불출 남편 김상곤이 자랑하던 신사동 그 아주머니가 마이크를 잡고서서 쇼핑을 못하더라도 한번 오기 힘드니 가자고 말한다. 돈을 많이 가지고 온 고려대 출신 여자분 2명, 서울여대 출신 동창생 젊은 여자 4명과 양평 아주머니 등이 동조하는구나. 자존심이 상하여 돈을 차용하는 한이 있더라도 가야겠다고 마음먹고 처와 타협하였다. 적극적인 찬성자가 없어 끝을 맺지 못했다.

이태리는 7. 20~9. 20 중 5주간 동안 대부분 휴가(바캉스)를 즐긴단다.

19시 로마시 입성한다. 로마시는 외부에서 들어오는 출입구(체크 포인트)가 6개소 있는데 20시가 되면 출입구를 차단하고 1

개소만 개방하여 입장료를 내고 그곳으로 들어온다. 로마시 외곽순환도로 길이가 68㎞인데 70분가량 달리면 처음 출발한 자리로 돌아온다 한다.

운전자 루치아노는 며칠째 같이 행동하여 친근감이 생겼다. 로마가 고향이고 살고 있는 곳이라며 콧노래를 부르며 운전한다. 우리도 같이 즐거워했다. 로마 시내 중심가를 데베레 강이 흐르는데 강폭은 약 100m, 수면은 단애같아 지면보다 많이 낮았다. 산탄젤로(St'Angelo=pans aelnus)교가 고풍스럽다. 콘스탄티노 대제의 전쟁승리 기념 다리를 종합 28개 다리 중 산탄젤로다리와 뽄데시스터다리를 포함, 2개는 기원전 건설한 교량인데 지금도 사용하고 있는 것이 경이로웠다. 폭우나 강우량이 많지 않아 그런지 교량지주 등은 굵게 아취형으로, 고풍스럽고 아름답다.

로마 올림픽 경기장 앞 도로를 지나, 강 서남쪽에 있는 강변도로를 따라 약 30분 운행하니 4~5층의 고대 석조 건물들로 이루어진 시내 중심부가 나오는데 기원전부터 이렇게 웅장한 건물을 지었다는데 놀라지 않을 수 없었고 한편 수많은 석공과 노예의 노력과 한을 엿볼 수 있었다.

도시 전체가 문화제로 지정되며 개인 건물이라도 허가 없이 개보수는 불가하며 국가의 책임하에 개보수 및 비용을 부담해야 한단다.

도로는 편도2차선 정도인데 전차길 등이 있어 협소하게 보였으며 몇 백년 되어 보이는 소나무와 플라타너스 가로수가 도로를 덮고 있는데 전지 작업도 해서는 안된다 한다. 가로수가 버스 교통에 약간 지장을 주는 곳도 있었다. 우리나라 가로수행정과 비교하지 않을 수 없었다. 이 나라는 옛 것을 보존을 잘하는 국민으로 오래된 가로수도 가지치기 하지 않는다. 현지 가이드가 "우리나라는 박혁거세가 알에서 나올 때 이 나라엔 이런 문화가 있었다. 총독부 건물을 헐어버린다고 역사가 없어지느냐" 는 등 우리나라를 평가절하하는 것이 불쾌하여 "이 나라는 대리석이 있었기에 보존이 잘 되었을 뿐 우리나라도 찬란한 문화가 있었다. 평화를 사랑하고 침략의 역사는 드물고 침략을 당하기만 하여 목조건물이 전란으로 소실파괴 되었기에 유적이 적다고 생각된다. 발전을 위해 잘못된 국민정서를 지적하는 것은 바람직하나 단순히 건물만을 비교해 비하하는 것은 바람직하지 않다. 현재 반도체 전자 제품 등은 IT산업 세계 제일의 국가임을 모르느냐" 고 반문한 즉 그 말이 맞다고 하며 외국에 나오면 누구나 애국자가 된다고 말한 후 다시는 비평하지 않고 애국적인 말만 하여 고마웠고 좋은 자료의 이야기를 많이 해 줄지 않고 많이 듣고 배웠다. 갑자기 애국자가 된 기분이었다. 강 건너인 서남쪽은 드러스데르 지역이라 부르는데 원주민이 많이 살고 동북쪽보다 잘 사는 사람이 많다고 한다.

1911년에 건축한 4층의 육중한 대법원 건물이 나타나는데 3~4층은 외부가 하얗고 깨끗한데 1~2층은 이끼와 먼지 등이 끼어 있었다. 너무 지저분하여 위층부터 청소작업을 하는데 시민들이 "외국인 관광객이 오래된 유적을 불러오는데 외벽을 씻어내며 희게 하면 안된다고 데모를 하는 바람에 청소를 중단한 1~2층은 때묻은 그대로란다. 이 나라 국민의 전통문화 보존 노력과 자기나라 문화에 대한 자긍심이 대단한 것을 알겠고 보수적인 성향인 것 같았다. 우리 버스 진행방향 좌측으로 천사의 성이란 건물을 지나는데 중세시대 흑사병이 만연했을 때 흑사병을 방지하게 된 건물이었고 한때는 교황의 휴양소로도 사용했고, 무솔리니 때는 교도소로 사용했다는데 건물은 예술성이 있어 보였다. 현재는 무기박물관으로 사용하고 있다고 하나 들어가 보지는 못했다. 모래부터 본격적으로 로마시내를 관광하게 될 원 로마의 시저가 살던 건물과 원형경기장을 지나 문교부건물 앞에 20시 도착하다. 한식전문점에서 40분간 식사했다. 생수 1병에 1불. 진로소주 1병(2홉) 15불 맥주 1병 4불 포도주 1병 10불에 판매하는데 술 먹는 분이 별로 없어 가이드가 가지고 간 소주를 체면상 꺼내지 못하고 소주 1병을 사서 한잔씩 나눠 마시니 상쾌하더라.

밥을 먹고 남쪽으로 약 40분간 내려가서 SATELLITE OALACE HOTEL에 투숙하였다. 고급호텔로 보이나 다소 오래된 건물이었다. 앞으로 2일간 투숙할 호텔이었다. 나는 133호실이 배정되었는데 우리식으로는 2층 33호실이고 초록색 바탕에 황금색 모양의 카펫이 깔려 있어 때 운치 있어 보였다. 욕실 내에 비상용 줄이 있는 것을 처음 알았다. 오는 도중 에스오 정유회사 사옥이 역삼각형으로 3개각 나란히 연결된 건축물들이 특이했다. 또 로마시내에 로마시대부터 있던 가로수도 보았는데 날씨가 더운 지방이라 가로수 문화가 일찍 발달한 것 같다.

### 로마- 나폴리

2000.06.20 화 제6일째이다. 06시 모닝콜 06:50 호텔 뷔페식으로 식사했다. 호텔과 음식이 갈수록 고급스러워 모두 만족하다.

기상과 동시 방안을 정리하고 팁 1불을 놓고 나갔는데 저녁때 돌아와 보니 스위스와는 달리 팁을 가져갔더라.

카프리 옵션광광 관계로 가이드에게 300불 차용함. 적은 돈이지만 돈이 생기니 자세가 달라진다. 부자들의 고자세 이유를 알 것 같다. 날씨는 쾌청하다.

07:30 전용 버스로 로마호텔 출발 봄베이로 향발한다.

버스내에서 현지가이드 설명 내용인 즉 봄베이까지 100㎞ 속도로 약 3시간 소요된다고 하고 봄베이는 나폴리와 연결된 인접지역으로 나폴리는 평지이고 봄베이는 언덕지대이다.

해발 3500m의 베수비오 화산이 1700m만 남고 윗부분 1800m가 화산폭발로 흙과 용암이 되어 약 5㎞를 날아가 타락의 도시 봄베이 시가를 4cm 두께로 덮어 잿더미가 된 도시이며 남녀 성관계가 극히 타락하였던 도시였고 당시 인구 23000명 정도인데 사우나탕이 20개가 있었다 함. 술집과 창녀촌도 여러곳 있었단다. 남녀노소 할 것 없이 호기심이 생긴다. 이태리는 남북지역 갈등이 심한데 남쪽 사람들은 북쪽 사람들 보고 돈만 아는 독일 놈 같다고 하고, 북쪽 사람들은 남 이태리인 보고 게

으른 아프리카인들 같다고 흉을 본단다.

이태리는 111개 소도시 국가가 통일되었는데 북쪽 이태리가 비교적 잘 살지만 마피아 갑부는 남이태리에 많이 살고 있음.

피아트 차 공장이 있는 토리노시는 1인당 4만불의 소득으로 제일 잘사는 도시이다. 밀라노보다 더 잘사는 지역이란다. 우리 전용버스는 약 30분간 달리다가 직진치 않고 우측으로 무솔리니 때 건설한 A1 고속도로(편도 2차선)이용하여 나폴리 방향으로 이동했다. 이태리는 우리나라와 달리 고속도로에 번호만 부여하고 사용하고 있다. 나폴리는 세계 3대 미항의 하나인데 육지에서 바다쪽을 보는 것보다 바다 쪽에서 항구로 입항할 때 아름다움을 말한 것이라 한다.

풍요로운 바다가 아닌 아름다운 바다라고 말하는데 이 말은 항구내는(해변 가까이) 석회성분의 물 때문에 물고기가 없기 때문이란다.

이태리는 4~10월 중 1~2번 밖에 비가 오지 않고 강우량은 년 600㎜정도 밖에 안되는데 전 지역 지하에 화강암이 깔려있어 지하수로 빠지지 않아 가뭄이 없다고 한다. 햇볕은 따가웠으나 건조하고 그늘 밑은 시원하였다.

이태리는 화, 수, 목, 금요일은 9:30~12:30 업무(사업)보고, 12:30~15:30 중식 및 휴식, 15:30~18:30까지 업무를 보는데 토요일은 12:30까지 근무하고 월요일은 15:30에 업무 개시하는 등 1일 8시간 주 40시간 노동하는 국가이다. 국민의 90%가 가톨릭신자이고 10%가 여타 종교인데 특이한 것은 개신교인이 불교인보다 적단다. 차기 교황은 밀라노성당 흑인 주교가 유망하다고 한다. 주소만 가지고 있으면 외국인에게도 병원에서 무료 치료가 가능하고, 장인 장모 모시고 딸과 같이 사는 사람이 많다고 한다. 학교는 거의 무료이고 초등 5년, 중등 3년, 고등 5년 대학 4년제로 일류대학이라는 것은 없고 거주지에서 직선거리 200㎞ 이상 떨어진 대학에 들어갈 수 없단다. 한국인 가이드 아들이 지금 고등학생인데 년 12만원 정도 교납금을 납부 한다고 한다.

미국에서 3I라고 I자 들어간 국가를 풍자하는 말이 있는데 이스라엘 국민은 미국내 하이클래스가 많고 이태리 국민은 미국내 하부조직(행동대원)이 많으며 아일랜드 국민은 타협을 잘 할 줄 모르는 국민이라 한다.

무질서해 보였으나 교통법규 준수를 잘하는 국가. 경음기 소리를 듣지 못했다. 좋은 차는 수출하고 소형차만 운행하는 검소한 국민. 장관이 타는 승용차가 중형차인데 우리나라 소나타Ⅲ와 같았다. 기간 중 계속 차량을 타고 달렸는데 많은 차와 교행했으나 이태리산 고급 스포츠카 페라리(4500~6000cc)를 1대밖에 보지 못했다. 시가는 한화로 4억 5천에 관세를 더하면 10억원 정도 될 것이다.

농담 한마디. 연희동엔 요즘 돌과 물이 같이 사는 동네여서 石水洞이라 한다는 유행어가 있고(노 전대통령 비유) 인생 10대는 호두, 20대는 밤, 30대는 수박, 40대는 석류, 50대는 토마토, 60대는 곶감, 70대는 대추에 비유한다.

동서고금을 막론하고 독재자들은 끓어오르는 국민감정을 분산시키기 위해 3S(섹스, 스크린, 스포츠) 정책을 잘 활용하였는데 로마도 마찬가지로 당시 로마 인구가 110만 명이었고 로마시내 인구는 252,000명이었는데 귀족이 5만명이나 되었으니 평민과 노예의 고통이 얼마나 극심했겠는가를 미루어 알 수 있을 것 같다.

원형극장 콜로세움을 건축하여 볼거리, 즐길거리를 만들었고 과시욕과 탄압이 간접적 수단으로 이용했으나 강대한 제국도 결국 그걸로 인해 망하고 만다. 자업자득이 아니랴.

가이드의 안내 멘트 하는 도중 우리는 아펜니니코 휴게소에 10시 도착하여 약 10분간 휴식 중 카프리 옵션관광 의결하다. 이동 중 대세가 옵션관광 하는 방향으로 기울기 때문에 반대하는 몇 분을 설득 시킨 후 내가 성사되도록 했다.

# 민족의 영산 백두산을 찾아

8월 16일

무슨 행사든지 예비소집이 필요하다. 오늘은 중국 북경과 백두산(장백산) 관광을 위한 오리엔테이션 날이다. 마음이 놓이지 않지만 내 차를 주고 아들에게 운전 숙달 연습을 시킨 후 통일호 열차편으로 하향하여 치악관광회사에 들러 주의시항을 듣고 귀가했다.

8월 17일

오랜 숙원이던 민족의 영산 백두산 관광을 출발하는 날이다. 04시에 기상하여(처는 03시에 기상) 짐 보따리를 끌고 들고 택시로 치악관광에 도착하니 일행 몇 분이 와 계신다. 우리는 05시에 치악관광 버스편으로 전부장 외 17명이 승차하여 휴게소에 쉬면서 가서 김포국제공항에 07:30에 도착했다. 부부 동반자 7쌍과 여자 3명이고, 전부 아는 사이이고 연령도 비슷한데 속초에 계신 74~75세 된 내외분이 모르는 분이었다.

2개월 전 유럽 관광시 출발하던 청사가 아닌 아시아나 항공사 쪽이었다. 원래 계획은 중국 민항기를 타고 가기로 했는데 변경되었다고 한다. 그 덕에 아시아나 OZ 비행기를 타보게 되었다. 09:50에 출발하는 비행기여서 시간이 많이 남았다. 전부장이 수속하는 동안 휴게실에 있는데 오늘은 특공대 경찰이 2인 1조로 순찰을 강화하고 있었다. 나는 애국하는 차원에서 들고 다니기 다소 불편하지만 입국시 살 수 없기에 다소 빨리 공항 면세점에 들어가서 평소 카메라가 구형이어서 건전지를 구입치 못하였고, 유럽 여행시 가져간 미영이 카메라는 조작이 한 번 안되어 관광 촬영한 필름 1통을 버리게 되었기에 국산인 삼성 카메라 1대를 아들 선물로 샀다. 시중에서 55만원, 용산 전자 상가에서 44만원 하는 것을 29만원에 구입했다. 원주에서는 55만원이나 달라고 하던 물건이다.

아시아나 항공 마일리지 카드도 발급 받았다. 비행기는 OZ331편으로 10시에 출발했다. 1청사 KAL 계류장과 달리 NORTHWEST, FEDEX, UNITED AIRLINE, U.P.S, Cargolux 등등 외국 비행기가 많이 계류되어 있는 것이 보인다. 대소 비행기 수십여 대가 계류 및 거의 1분 간격으로 이착륙 하는데 견인차에 끌려 들어오는 비행기도 있다. 유류를 절약하기 위한 것 같다.

나는 창가에 앉아 가게 되었다. 날개를 보니 HL7418이라 되어 있고, 정원은 340명 정도인데 만석이었다. 이륙하려고 여러 대가 꼬리를 물고 늘어서 기다리다가 10:15 이륙했다. 김포지구 경지 정리된 농토, 청색 지붕, 녹색 공간 등 우리나라도 다시 내려다보니 외국 못지않게 아름답다는 생각이 들었다. 서해안 바다도 썰물이어서 그런지 물속 모래 바닥과 물길도 환히 보였으며, 인천항 신개발지 등이 한눈에 들어온다.

05시 출발 시 찌푸린 날씨가 점점 맑게 개어 안심이 된다. 멀리 구름 몇 점뿐인 서해안 푸른 바다 상공을 날아가니 상쾌하다. 푸른 바다 위에 배는 보이지 않는데 흰 물보라 꼬리가 길게 그린 것을 보니 배 한 척이 운항하는 것 같은데 어디로 가는 걸까? 백령도로 가는 걸까? 강화도 같은 큰 섬도 보인다. 2개월 전 모두투어 여행 시보다 친한 사람들끼리 여행하니 분위기부터 즐겁구나. 좌석도 서로 양보했다. 서해안에서 고도 840-890K로 다소 낮게 날았으며 기외 온도는 약 31℃였다. 중국과 중간 지점에 오니 비행기가 많이 흔들린다. 안내방송을 하는데 소음이 심해 잘 들리지 않는다. 모니터를 보니 산동반도 앞 바다에서 약 15도 우회전하여 직진하고 있다. 고도 10,880m, 시속 657㎞, 뭉게구름이 점점 생겨 깔려 있는데 목화밭 위를 날아가는 것 같다. 북경이 가까워지니 뭉게구름이 더 많아진다. 중국 육지상에서 고도 3,900m, 속도는 약 450㎞로 줄이니 농지가 보이고 4㎞ 이상되는 농로가 길게 개설된 것이 인상적이다. 경지 정리, 농수로도 정리되어 있고, 아파트 단지도 보인다. 원주천만한 넓이의 하천 위를 지나니 붉은색 지붕으로 된 단독주택도 많이 보인다. 시차가 1시간으로 11:50 착륙(현지 시간 10:50) 하니 북경국제공항이었다. 12:10(11:10) 일행 중 2번째로 여권 검사 후 청사를 나와 12:55(11:55) 버스에 승차하자 가이드 조귀남이 인사한다. 인상이 좋다.

공항에서 34인승 54A6656번 구형 낡은 버스에 탑승하고 북경시 조양리에 있는 식당으로 갔다. 도로변엔 플라타너스와 은사시, 소나무, 버드나무 등의 가로수가 늘어서 있는데, 좌측 도로변에 대형 광고판 10여개가 집단화되어 있어 공산국가임을 생각할 때 특이했고, 제한 속도 표지판이 네온사인으로 된 것도 있다. 도로엔 통행 차량이 많지 않고 차량 번호판은 청색판에 백색, 황색판에 백색, 흑색판에 백색글씨(숫자)로 표시된 것이 보인다. 10분 후 기와지붕의 고풍스러운 북경 TG가 나타나는데 부스가 10개나 되더라.

현지 시간 12:30에 경주관과 형주부주루란 간판하에 한국인이 경영하는 한국식당에서 오징어잡채, 된장찌개 백반으로 중식을 먹다. 원주 가이드가 홍성이두과주라는 홍성패 45도 고량주를 매입해 한 잔씩 분음한다. 도수는 높아도 음식이 기름기가 많고 뒤가 깨끗하다고 하여 두어 잔 마셨다. 일행 중엔 술을 좋아하는 아주머니 한 분 제외하고는 술을 별로 좋아하지 않았다. 식당은 약 2백 명이 동시에 식사할 수 있는 큰 식당인데 서양인 4~5명이 한 테이블에 앉아 한식을 시켜 식사를 하는 광경도 보인다. 약 50명의 한국인과 같이 식사하다.

12:50 경주관에서 편도 3차선 고속도로를 이용 천단공원으로 향하였다. 이동 중 가이드의 설명에 의하면 북경 면적은 16,800㎢로 서울의 6배인데, 인구는 서울 정도고, 시내는 제1~제5 순환도로가 있고, 자동차 110만 대, 자전거 700만 대라 하니 자전거 천국이다. 중국 13억 인구 중 10%가 상류, 20% 중류,

25% 중하, 45% 하층으로 보는데 일반적으로 한국보다 경제 발전이 되지 않아 못 사는 자가 많지만 갑부만도 200만 명이나 되며 세계의 중심이 되기 위해 급발전하고 있단다. 공항은 국제선이 71개 노선, 국내선이 563개 노선이라 한다. 53층 건물이 제일 높은 건물인 게 북경 시내에는 고층의 신축 허가를 하지 않아 옛 것을 그대로 지켜 관광자원화 하고 있다고 한다. 제3순환도로 47㎞에 신호등이 보이지 않았다.

조선족에 대해서는 고구려 시대에 대한 이야기는 없고, 1849년 중국에 이민 와서 살기 시작한 깨끗한 민족, 용맹한 소수 민족으로 회자되고 있어 만주 3성 지역에서는 주객전도의 감이 든다. 과일 10개 중 2개를 먹으면 몇 개 남느냐 물으니 2개 남는다. 즉 먹는 것이 남는 것이라고 유머와 화술로 차내 웃음꽃이 핀다.

옛날 중국 황제가 1년에 3번 하늘을 향해 제사를 지냈고, 북경에서 제일 크고 깨끗하다는 천단공원에 도착했다. 공원 둘레는 15㎞, 면적은 91만 평으로 동서남북 4개 성문 중 남쪽 문으로 들어갔다. '9'자를 숭상(단위에 9개씩 9줄 깔아 놓는 등) 함. 원구단- 소리가 되돌아온다는 두께 1m, 길이 193.5m의 시음벽- 한 번 손뼉을 치면 3번 울린다는 황궁우 앞의 삼음석 등에서 사진 촬영을 하고, 단배교(구복대) 일기년내(천단) 일기년전(4개 기둥은 4계절, 외부의 12개의 작은 원형 기둥은 12개월, 30문은 한 달 30일, 1일 24시간)의 원리로 건축하였다. 건물의 벽과 기둥에 회벽칠을 하여 600년이란 세월이 흘러도 좀이 먹지 않는 등 깨끗하였고, 구내에 800년 된 측백나무가 있는데 9마리 용의 형상을 했다고 구룡백이라고 하며 그 외 수백 년된 향나무가 많이 있다. 우리는 4개 문 중 동문으로 나왔다. 나오면서 1인당 0.30元씩 유료 화장실을 이용하고 나오니 2~3평 정도의 간이점포 10여 개가 있고, 서툰 한국말로 호객하는데 물건 값은 처음 부를 때와 나중 부를 때 가격이 1/3~1/5로 떨어지더라.

노동자 근로 시간 1일 8시간, 주 40시간, 토, 일요일 휴무제(08시~12시, 13시~17시 근무)라 함. 초등 6년, 중등 3년의 의무교육이고 하급 관리는 한국돈 월 30만원과 혜택(8년 근무하면 아파트 무료 제공 등)이 있단다. 15:20 북경 남쪽에 있는 남원공항(간이 군용겸용 비행장)에 전세기를 타려고 도착했다. 공항 대합실이 넓은 창고같이 으스스하다. 군인과 제복 입은 공항 공무원이 많이 보인다. 더워서 광천수 3홉 1병 700원 짜리를 한 집에 한 병씩 사 먹었다. 환율이 140:1로 한국 돈 1만원이면 중국돈 1400원이었다. 공항 출입문 밖 바닥 약 1㎡ 넓이의 타일 붙이는 공사에 1명이 감독하고 8명이 일하고 있는데 그중 6명은 놀고 있었다. 자본주의 국가에서 상상도 못 할 일이다. 공항 근무자도 백색 반팔 와이셔츠 복장에 견장을 붙이고, 검정색 바지나 치마를 입고 서성거리는 사람들이 필요없이 많았다. 군사기지여서 군인 경비도 별도로 서고 있었다. 중국 행정 체계는 성, 시, 구, 현, 진, 촌으로 나뉘었다. 비행장에서 2시간가량 무료히 대기하다가 17시 연길로 출발. 버스 운전수 팁 5분 지불했다.

70명 정원인 중국 연합 항공 소속 소형 비행기에 중국인 7~8명과 우리 일행 18명만 탑승하고 남원공항을 이륙하였는데 좌석이 많이 남아 마음 내키는 대로 앉아 창밖을 내다보니 비행장 활주로 변에 농부들이 일하고 아이들은 뛰놀고 있었다. 울타리도 없고 상공에서 보니 그야말로 간이비행장이었다. 농촌 풍경을 보는 둥 마는 둥 하는데 어느덧 구름바다 위를 날다. 희뿌연 안개 같은 구름 밑으로 산야가 희비하게 보인다. 17:30 기내식으로 빵과 주스를 먹고 나니 부채 1개씩 선물로 서비스한다. 기내 안내방송은 중국어와 한국어로 하는데 서툴러 잘 알아듣지 못하겠다. 남원공항엔 영어 등 안내 표지 하나 없어 불편했고 도착하려하니 어두워지는데 비행기 날개 끝부분에 불을 켜는구나. 약 1시간 50분 후인 18:40 연길 간이비행장에 착륙했는데 연길 국제공항 남쪽 군용 비행장 같은데 민간인과 공용하는 것 같다. 터미널로 들어가지 않고 활주로에서 내려 활주로를 5분 걸어 활주로 옆 풀밭에서 각자 화물을 챙기고 대기하였다. 일행 중 몇 분은 불평한다. 왜 이런 비행장을 이용했을까 궁금하다. 구형버스에 조선족 여자가이드 한국화(30)의 안내로 19:10 비행장을 출발하여 호텔로 향하였다. 연길 시내 호텔까지 25분 소요된다고 한다. 가이드 말에 의하면 중국에 조선족 200만 명 중 연변 자치주에 85만이 거주하며, 연길시 인구가 36만인데 화려하지는 않았으나 전 시내에 한글과 한문을 같이 쓴 간판이 특이했는데 중국 정부에서 같이 쓰도록 했다고 한다. 철남지역 - 야시장- 연변예술극장 앞을 버스 내에서 관광하며 지나가는데 명일 환태평양 5개 국가 자치단체장 경협 행사 관계로 가로등을 켜 놓아 오늘은 시내가 화려해 보인다며 김진선 강원도지사도 오늘 왔다고 한다. 하남 지구에 이르러 국산 티코 택시와 삼륜차 택시도 많이 보이는데 택시 기사가 웃통을 홀딱 벗도 운전하기도 한다. 택시 홀짝제를 실시 중이었고, 연길 시내 중앙을 흐르는 부르하통 하천의 하폭이 100m는 되어 보이는데 그 위의 연길교를 지나 우리나라 대우와 연결시가 합작으로 건축한 대우호텔에 19:35 도착하였다.

연길광장에서 8·15 전후 공연을 하는 것을 보지 않고 대우호텔 내에 연변조선가무쇼를 보기로 했는데 행사 관계로 호텔 취소되었다고 한다. 섭섭했으나 할 수 없이 한식뷔페로 20시 석식을 마치고 208호실에 투숙하다. 심심하여 tv를 켜니 11번에 KBS, 12번에 SBS, 13번에 MBC 방송이 선명하게 방영되니 대한민국인 것으로 착각할 정도이며 거의 전부 한국 사람들뿐인 것 같고 한국 문화권이었다. 그 후 알았지만 현재 연변 조선족 10만 명이 대한민국에 가서 돈벌이를 하고 있어 경제가 많이 발전했다고 한다. 이북 라디오 방송은 나오나 tv는 안 나오는데 이북 방송은 듣지 않는다고 한다. 한글을 가르치기에 한국 방송과 신문을 잘 본다고 한다.

### 8월 18일

05:30 모닝콜, 06:30 식사, 07:00 출발하기로 하고 자고 나니 비가 왔고 흐려 있어 백두산 관광이 걱정된다. 아침 식사를 마치고 연변천마여유기차공사 소속 A-72077호 버스에 승차하기 전 버스와 호텔 배경으로 사진 한 장 찍고 나니 신씨 할아버지

내외분의 여권 분실로 07:30 출발하였다. 여행은 젊어서 해야겠다. 우리 나이에도 시간에 맞추어 장거리 여행하기 힘든데 74세 노인에겐 힘겨워서인지 단속을 수차 강조하는데도 여권을 언제 분실한 것도 모르니 가이드 전부장은 가이드 생활 17년 만에 오점을 남겼다고 상심하더라. 마냥 기다릴 수는 없고 일정에 의거 여행은 계속되는데 신씨 노인은 백두산을 가지 않으려 하는데 일행들이 안심시켜 데리고 다녔다. 밝은 날 시내를 보니 4차선 도로이고 시외는 2차선 포장 도로였다. 연변의대 부속병원 내과루(內科樓), 외과루(外科樓)라고 큰 글씨로 쓰여 있고, 하급 공무원 봉급이 6만원인데 의사는 30만원 정도여서 인기 직업이라고 한다. 출근 시간은 07:30~08:30여서 다소 차량과 자전거 통행이 많았다. 연변자치주는 6개시, 2개현으로 되어 있는데, 금년 8월 13일부터 연변 국제공항과(국제공항이라 하나 초라함) 서울 김포공항 직통노선이 개설되었다고 연길 사람들은 반가워하고 있단다. 시멘트포장도로도, 아스팔트포장도로도 있다. 교육은 9년까지 의무교육인데 학비는 각자 부담하고 있다. 시내를 벗어나니 초가집촌과 철로가 보인다. 중국인 집과 한 마을에 같이 사는데 한국인의 집은 벽을 백색으로 도색했는데 백의민족이라는 표시를 하여 민족정신을 고취키 위한 것이라고 설명하는 순간 눈시울이 뜨겁구나. 한편 회벽이기에 벌레의 접근을 방지하기도 한단다. 도로 좌우 넓은 논에 벼가 펴 있는데 농사도 잘되었다. 땅이 넓으니 논이 남아 피논도 보인다. 땅은 국가 소유이나 농사는 공산주의국가인데도 등소평 시절부터 개인 농사를 경작하고 있다. 연료는 도심은 석탄, 시골은 나무를 사용하고 특이한 것은 유럽과 같이 넓은 야산 개간을 잘 하여 눈에 보이지 않을 정도의 넓은 야산이 농토화 되어 밭곡식이 풍년을 이루었다. 논도 경지정리가 잘 되어 있다. 그러나 1차 산업보다 우리나라나 미국, 일본같이 2~3차 산업이 발달하여야 부강한 사회가 되는데 공장이 보이지 않는구나. 상해 등 다른 곳엔 많겠지만…. 진녹색 도색한 열차가 객차를 20량 가량 견인하고 우리와 반대 방향으로 가는데 여객은 별로 많지 않아 보인다.

일제시대 일본인들이 조선족을 광부로 착취하던 광산촌을 지날 때 가이드는 힘주어 일본놈들이라고 강조하는 등 민족정신이 투철하다. 광산은 조금 더 가니 야산 여기저기에 있는데 폐광이 된 곳이 많았다. 붉은 연화로 지은 집이 많고 흙벽돌집, 붉은 기와집, 초가집들도 많다. 연변 자치주에서 2번째 크다는 화력발전소 옆을 지나 계속 달렸다. 교회는 가끔 보이나 사찰 안내판은 보이지 않는다. 불교가 융성하지 않은 지역인 것 같다. 밭 가운데 원두막형 대형 농산물 창고가 10여 개 동이 있어 특이했다. 얼마를 가니 국도인데도 소형차는 한국 돈으로 3천원, 대형차는 5천원의 통행료를 징수한다. 오호령(五虎嶺) 터널 내부엔 전기불이 없는데도 포장공사를 하고 있다. 차량 통행은 많지 않지만 우리나라 터널은 너무 밝다. 절전이 필요할 것 같다. 터널을 지나 조금 가니 안동현이 나타나는데 안동현의 인구는 25만인데 조선족이 20%로 주로 중국인이 많이 거주한다. 시내는 인도도 없는 농촌 시장 정도이고, 붉은 도색을 한 삼륜차 택시,

손수레를 개조한 자전차, 낡은 경운기, 가끔 보이는 소형 낡은 택시 등이 특이했는데 한국 기업 진출이 요망된다. 특히 차도에 삼삼오오 앉아 잡담을 하면서도 자동차(버스)를 피하려 하지 않는 중국인! 발전되면 교통사고가 많이 발생할 것 같다.

백두산까지 우리가 갈 도로명은 명장공로(明長公路) 명장공로 수거소에서 통행료를 또 지불하고 통과하니 이곳도 2차선인데 차량은 별로 보이지 않는다. 특이한 것은 시멘트 전주 같은 5~10m 높이의 기둥에 교통표지판 안내판 등을 설치한 것이고 배수로 등 제대로 시멘트공사가 되어 있지 않다. 중국에서 공산당원이 되면 많은 혜택이 주어지는데 당원은 사찰이나 교회 신도가 될 수 없으며 신도가 되려면 공산당을 탈당하여야 한단다.

얼마를 달리니 큰 나무가 없고 나지막한 활엽수가 많은 야산 구릉에 호수가 나타나는데 인공호수라 한다. 호수명은 명월호수로 연길천의 발원지라 한다. 호숫가에 낚시꾼 몇 명이 보이는데 이곳에선 사람 수대로 입장료를 징수하는 것이 아니고 낚싯대 수로 입장료를 징수하는데 합리적인 것 같다. 시외로 나오니 시원하다. 출발 후 2시간가량 오는데도 휴게소가 없더니 이제 나타난다. 평안정차장(平安停車場)이라고 조잡하고 조그마한 표지판이 있는데, 과일, 음료수 등을 판매하는 5~6명의 노점상들이 있고, 이들은 주로 외딴 곳에서 한국인 관광객을 상대로 하는 상인들로 봉이라도 만난 듯 4~5명의 중국인들이 인삼을 장뇌라고 하며 서툰 한국말로 소리치기도 하고 끈덕지게 강매한다. 버스 안까지 들어와 강매함으로 할 수 없이 몇 분이 처음 30만원씩 달라하는 장뇌(사실은 인삼)를 3만원에 매입했다. 사실 3만원도 비싸게 산 것이다. 또 중국상인 한 사람은 나의 티셔츠 윗주머니에 꽂혀 있는 여행기록용 볼펜을 빼며 자기에게 선물하라고 한다. 기록용이어서 안된다고 다시 빼앗았다. 한국인들이 볼펜 선물을 많이 한 것 같다. 우리 남자들은 버스 옆 손수레 가판대 같은 데에서 오소리 고기를 구워 팔기에 과일주를 곁들여 한 점씩 먹고 수박도 한 통 사서 일행에 주었는데 맛이 없어 조금밖에 먹지 않더라. 특이한 것은 "한국사람 돈 많아해, 사요 사요, 싸다 싸다."라고 외치는 풍경 우리는 반성해야겠다. 우리 돈이 값어치가 있다고 낭비하다가는 곧 따라오는 중국을 어떻게 감당하랴. 이곳 야외 변소라는 것이 남녀는 구분되어 있으나 물도 흐르지 않는 집 뒤 언덕에 칸막이 없이 나무판 몇 개 걸쳐 놓고 4~5명이 서로 엉덩이 보아가며 볼일을 보게 해놓고, 밑바닥은 인분과 오물들이 햇볕에 그대로 노출되어 파리가 들끓고 있다. 여자분들은 갔다 와서 토할 것 같다고 한다. 너무한 것 아닌가. 우리나라도 예전엔 비슷한 화장실을 사용했으나 관광지에 이렇게 해놓지는 않았었다. 우리는 약 30분 휴식 후 출발했다. 조선족 민속촌이라고 약 100여 세대 조선족이 집단 거주하는 마을을 지났다. 가이드 한 양이 "백두산 쪽으로 갈수록 조선족이 없고 거의 중국인인데 쇼핑을 가급적 조선족이 있는 곳에서 많이 하여 도와달라"고 말하여 감명 받았다. 한 양은 용정시 대성중학 출신이어서 민족정신이 살아있는 처녀였다. 11:30 이도백화와 백두산 입구도로 삼거리에서 조선족이 경영하는 고려반점에 도착하여 고량주 한 잔에 닭, 돼지고기, 된장찌개 등을 맛있게 먹고 꿀차도 공동으로 사 먹었다. 백두산 그림 있는 티셔츠를 한 장에 1000원씩 18매를 공동으로 사서 12:10 출발하는데 여기서부터 백두산 방향은 비포장길인데 정리는 잘 되었지만 흙 다진 길이라 메모하기 힘들었다. 2차선인데 6차선 정도 공간을 확보해 놓았으며 그 좌우엔 활엽수 나무가 울창하더라.

약 30분 정도 비포장길을 달려가니 장백산 밑 삼거리가 나오는데 이곳부터 시멘트 포장공사 중이다. 공사도 인력으로 많이 하여 진척이 늦는 것 같다. 중국이나 유럽에서 건물을 하나 짓는데 100년이니 300년 걸렸느니 하는 것이 이해가 된다. 별로 바람직하지 않지만 정책이 바뀌지 않고 계속 공사한다는 것은 장점일 수 있다. 해발 1000m 정도 도로변엔 은사시 미인송, 전나무 등 울창하고 2천미터 이상부터는 나무가 자라지 않았다.

우리와 같은 버스 몇 대와 승용차 등 가끔 교행했다. 승용차는 돈 많은 중국인이 관광오는 차라고 한다. 해발 1,700m까지 오르면서 짧은 시간과 공간에서 온대, 한대 식물 분포를 보았다. 우리는 비록 중국쪽이지만 민족의 영산 백두산 천지를 보게 될까 마음 졸이며 13:30 백두산 밑 입구에 도착했는데 비가 오기 시작하여 일회용 우의를 입고 대기하였다. 왼쪽으로 오르면 백두산 천지로 가고 오른쪽 문으로 들어가면 장백폭포 쪽으로 가게 되어 있다. 가이드 말에 의하면 백두산은 16개 봉우리인데, 제일 높은 장군봉을 위시해 7개 봉은 북한쪽에 있고, 두 번째 높은 백운봉을 위시한 6개 봉은 중국쪽에 있고, 3개 봉은 경계

지점에 있다. 천지의 제일 깊은 곳은 384m이고, 평균 수심은 240m이며, 둘레는 13km(여의도 면적의 4배나 됨)이며, 6~8월 3개월이 관광철로 관광객이 많으며 평균 기온 0도~17도, 수온은 0.1도~11도이고, 9월~12월까지 6개월은 얼어 있으며 천지내 괴물은 밝혀진 바 없다고 한다. 입장료는 연변 조선족 자치주 물가국에서 인민폐 80元이라고 되어 있는데, 지프차 운임비 등을 가이드가 관리하기에 얼마나 드는지 확실히 알지 못하겠다. 우리나라 코란도, 갤로퍼 같은 지프차 39대가 정상까지 한 번에 6명씩 부지런히 실어 나르고 있다. 우리는 13:55 정상을 향하여 출발하였다. 시멘트 포장길을 굽이굽이 오르는데 안개가 끼어 좌우를 분간키 어렵다. 약 20분 후 천지주차장에 도착하여 정상까지 약 50m를 걸어 올라가야 했다. 급한 나머지 가이드의 주의사항도 아랑곳하지 않고 생각보다 습하지는 않은데 토사로 미끄러운 길을 속보로 오르다 앞으로 넘어질 뻔하는 관광객도 많다. 나는 안개가 더 짙기 전에 보려고 먼저 올라가서 미처 닫지 못한 부분 조금 보는 순간 안개가 천지를 가려버린다. 정상엔 높이 1m 되는 백두산 돌에 적색 한문으로 장백산, 적색 한글로 백두산이라고 같이 써 놓고 안내판 하나 없다. 처와 같이 안개 낀 정상에서 사진 몇 장 찍고 나니 안개가 더욱 짙게 모인다. 너무 섭섭하였다. 등산객 10% 밖에 보지 못한다는 것이 이해가 되었다. 함부로 마음을 열어 그 모습을 보이지 않는 신비의 영산을 방문하는 우리의 마음가짐을 질책한 것일까. 경건한 마음을 갖지 않고 점심 때 돼지고기, 닭고기에 술까지 마시고 동리 뒷동산 오르듯 올라갔으니 산신이 노한 것은 아닌지. 구름이 개일 때까지 더 있을 수 없다. 지프차 운전자들이 장사를 하기 위해 30분 이상 구경을 못하게 타고 올라간 차로 되돌아 내려오기 때문에 15시에 승차하여 하산했다. 하산길엔 안개가 걷혀 나무는 없으나 멀리 초원이 가끔 보여 아름답고 장엄해 보였다. 내려오는 길은 약 10분 소요되었는데 우리는 다시 우측 방면으로 왕복 약 1시간가량 걸어서 멀리 아름다운 장백폭포를 배경으로 단체 사진을 찍고, 온천수에 계란 20개, 6천원에 사서 나누어 먹고 내려오는데 우리 뒤에 백두산에 오른 경상도에서 온 스님 몇 분과 신도들은 올라가면서 계속 독경을 한 덕인지 천지를 구경하고 내려왔다고 하여 우리 일행은 더욱 사기 저하되었다가 오기가 나서 내일 관광지를 변경하더라도 재도전하기로 이구동성으로 의견 일치를 보았다. 그 기분에 약 1시간가량 온천욕을 하고 심기일전 천지호텔에 돌아와 돼지고기, 두부 된장찌개와 35도의 술을 반주로 식사 후 돌아와 111호실에 투숙하였다. 잠이 오지 않아 진권택씨 부부와 같이 복도에 수십 점의 판매하는 그림을 감상하고 뒤뜰에 노래방과 세두청 등을 구경하는데 이곳은 자가 발전을 하기 때문에 23시부터 04시까지는 정전된다고 하므로 돌아와 취침했다. 약 10년 전에 건축하였다는데 방음이 안되어 밤중에 차량이 고장 나서 늦게 들어 온 관광객 떠드는 소리와 옆방 이씨 코고는 소리 및 바퀴벌레 운운하여 쉽게 잠을 청할 수 없다. TV는 나오나 정전되어 볼 수 없고 촛불을 켜놓으니 화재가 걱정되는구나.

8월 19일

05:30 모닝콜(옆방 분이 노크로) 기상하여 날씨를 보니 잔뜩 찌푸려 있는데 재등산하려고 준비 중인데 안내한 한 양이 백두산 정상의 관리자들과 천지 관광기부와 수차례 휴대폰으로 수시 연락하며 천지 구경시켜 주려고 노력한다. 20분 내로 올라오면 볼 수 있단다. 백두산 일기는 누구도 모르는데 구경할 확률이 50% 되니 알아서 하라한다. 우리 일행은 허탕칠 것을 각오하고 차비, 팁, 입장료 등 1인당 3만원씩 옵션으로 다시 지불하고 조식도 먹지 않고 경건한 마음으로 06:00경 지프차로 어제와 같이 올랐다. 날이 밝아오자 백두산 천지에 이르니 구름 한 점 없고 검푸른 산봉우리에 둘러싸인 검푸른 천지가 눈앞에 전개되는구나. 아! 하고 탄성이 여기저기서 들린다. 이를 보려고 몇 년 공들였고, 오늘도 재도전했는데 스트레스가 일순간 확 풀려 버린다. 모든 사람이 합장하고 절 하는구나. 소원을 비는 사람도 있겠지만 감사의 기도이겠지. 나도 합장 기도하고 눈을 뜨니 호수 속으로 빠져 들어가는 느낌이 든다. 기분에 취해 중국인 와이드 사진사 5~6명이 두툼한 군용 외투 같은 옷을 입고 있는데 우리 앞 원주에서 등산한 사람들이 사진 찍지 말라는 충고도 잊고 그들 중 한 명에게 와이드 사진 24매를 6만원에 계약하고 권씨, 이씨 부부 등 6명이 조를 지어 사진 찍고 우리 사진기로도 수십 번 찍고, 규정 시간 외 등산이기에 30분 제약을 받지 않고 1시간가량 충분히 구경 후 전원이 즐거운 비명을 지르며 하산하였다. 60분이 6분밖에 안되는 것 같았다. 물론 전부장은 비디오를 계속 찍었다. 신씨 노인도 백두산 천지를 보았

는데, 비록 여권을 분실했어도 괜찮다고 말할 정도였다. 우리가 오른 봉은 천문봉인데 나는 저 멀리 북한쪽 백두산에서 제일 높은 장군봉을 향하여 손짓하며 3판 연결 사진도 찍어봤다. 이 사진이 천지 전체를 찍은 유일한 사진이 되었다. 중국인 사진사들이 고장 난 사진기로 사진을 찍어 필름을 우리에게 인계했는데 귀국하여 현상하니 한 장 밖에 나오지 않고 돈만 떼였다. 뙤놈 어쩔 수 없구나. 가이드를 통해 이의제기 하려다 그만두기로 했다. 07:45 장백산 밑 입구에서 대기 중인 버스에 탑승하고 가까운 천지호텔에서 식사 후 08:50 호텔을 출발하여 용정으로 향하였다. 일방 통행시 교통정리도 제대로 하지 않고 백두산길 시멘트포장을 동리 사람 부역하듯 하고 있는데 약 50% 완료 상태로, 30분이면 내려올 길을 1시간 소요되었다. 내년부터는 소통이 원활할 것 같다. 버스는 안전벨트가 없었고, 공사장 화물차 중 번호판이 없는 것도 있고 번호판의 번호를 적재함 뒤에 크게 쓴 차도 보였다. 우리가 작일 점심 먹던 고려반점을 뒤로하고 송강진에서 우측 도로는 포장길인데 길이 멀기 때문에 좌측으로 비포장 되었으니 정비가 잘된 임업도로를 이용했다. 도로변 야산에 양봉업자도 보이는 것이 기온이 한국과 다를 바 없는 것 같다. 공동묘지가 보이는데 우리나라 같이 비석, 상석 등 석물을 곱게 치장한 것은 없고 중국인 무덤 앞엔 벽돌로 화덕같은 것이 있는 것을 보았다. 중국엔 도시 사람은 거의 다 화장을 하고 시골 사람들은 매장(토장)을 한단다. 조금 가더니 팔임도도로수비첨이라는 통행료 징수하는 곳이 나타나는데 비포장도로를 철도 건널목의 조잡한 차단기 같은 것으로 차단하고 대형차는 중국 돈 50원(한화 7천원), 중형은 40원, 소형은 30원씩 받고 통과시키는데 우스운 것은 통행하는 차 안내원이나 운전사가 차에서 내려 약 10m 상거지점 초소에 통행료를 갔다 주고오더라. 비가 오면 추가 부담이란다.

우리는 해발 1450m의 삼봉령을 계속 완경사로 약 1시간가량 올라갔다. 이 지대는 무인지경으로 일제시 김좌진, 홍범도 장군 등과 청산리 전투로 왜병을 무찌른 역사의 현장이라고 설명하나 유적 비석 한 점 없는 것이 서글퍼지더라. 11:10 고개 정상까지 가는데 버스 1대, 승용차 1대와 교행했고, 정상이 화룡시와 경계 지점이고 내려가는 길에도 교통량은 같았다. 간이휴게소에서 10분간 휴식 후 다시 출발하여 12:30쯤 되니 포장도로가 나타나 편하게 버스 투어했다. 조금 달리니 평강벌이라는 넓은 들이 나타나고, 이곳이 AD692년경 발해국 도읍지였는데 우측 궁성터를 가리키는 곳을 보니 폐허가 되어 논둑 정도 되어 보인다. 지하의 선조들이 통분할 것 같다. 화룡시는 인구가 25만인데 한국인이 60% 거주한다. 길림성의 혁명열사 묘지를 지나니 3륜차 택시 2~3대가 보이는 것이 이색적이었다. 수해를 입은 조선족촌을 지날 때는 마음이 아팠다. 13시에 용정 시내에 도착하였다. 가랑비가 약간씩 내리고 있는데 단독주택 1채에 굴뚝이 3개 있는 건물이 많이 보이는데 3가구가 거주한단다. 용정시 인구는 30만 명인데 조선족이 66%라 함. 우리는 중공 연변 집단유한공사 및 집단위원회 내 마당에 주차 시키고 뒤편 이화빈관 귀빈루에서 14시까지 중식을 하고, 같은 곳에 있는 쇼핑센터에서 진주 목걸이 1개 8만원 요구하는 것을 3만원에, 참깨 5kg을 1만원에 2포 매입했는데 점원은 조선족이고 주인은 중국인이었다. 다음 관광코스는 두만강 도문교인데 두만강 길이는 550km나 도문교는 원주천만한 곳의 교량으로 북한과 경계지점에 가 본다는 것뿐 특이한 것이 없고 장마로 도로가 파손되었고, 백두산 두 번 등반으로 시간이 모자라 그 대신 일송정을 관광하기로 했다. 버스로 능선 정상까지 오르니 비가 개어 우리를 환영하는 것 같다. 용정시 서남쪽 4km 지점 야산인 비암산 정상에 정자 같이 생긴 노송이 있었는데 이 노송이 있는 곳에서 조선족 청년들이 호연지기를 키우고 항일투쟁의 구심점이 되므로 일인들이 고사시켰단다. 1938년 고사된 것을 1992년 용정시 인민정부와 각계 인사가 정자를 짓고 소나무 한 그루를 다시 심어 일송정이란 비석을 세워 민족정신과 향토애를 고취시켰단다. 그 후 '선구자' 노래로 유행해졌고 한국 수원 사람이 입구 주차장 옆에 대형 석조물을 조성하여 '선구자'와 '고향의 봄' 노랫말을 각각 음각해 놓아 가슴 뿌듯했다. 사진 여러 장 찍고 거제시와 자매결연된 휴게소에서 두만강 대신 해란강을 굽어보며 차 한 잔씩 마시고 내려왔다. 오면서 보니 일송정 아래 언덕에 공동묘지가 많이 보인다. 그리고 화룡시와 경계지점이었다.

14:50 민족 문화의 발상지인 대성중학교로 출발했다. 대성학교 가는 길에 해란강의 용문교에 하차하고 관광했다. 대성중학교에 들어가니 여선생이 학교 유래와 운영에 대한 브리핑을 해준다. 우리는 기부금 3만원 희사하고 몇 가지 상품을 구매하고

윤동주 시비 앞에서 기념사진 촬영했다. 길림성 용정시 하서가 용정로에 있는 백두산제약 유한공사에서 운영하는 백두산 곰 사육장에 들러 설명을 듣고 웅담분을 매입하다. A급 소형 1박스에 17만원가량 주었다. 약제 등을 쇼핑하지 않기로 했으나 급만성 간염, 간경화, 동맥 경화, 당뇨병, 부녀 산후풍, 심장혈관 질환, 고혈압 등에 좋다니 처는 나를 위해, 나는 처의 고혈압 때문에 살 수밖에 없었다. 16:40 곰농장 출발하여 연변 농과대학을 바라보며 연길시로 향하였다. 17시부터 40분간 연길식당에서 식사 후 18시에 연길 국제공항에 도착했다. 국제공항이라고는 하나 규모가 작은 공항으로 그림 1점과 정현이 주려고 장난감 비행기 1대를 구입했다. 비교적 염가였다. 연길공항에서 가이드 한국화 양에게 12만원, 최양에게 1만원, 운전사에게 8만원 팁을 주고 헤어졌다. 민족사상이 투철한 것에 감명 받아 후하게 지불했다. 19:45 연길공항 이륙, 21:40 북경 국제공항에 착륙하였다. 북경공항에서 버스로 이동하여 22시에 북경 시내 JINJIAN 호텔 금건반점에 도착하여 공동경비 지출관계 협의 후 801호실에 투숙하였다. 10층 넘는 비교적 고급호텔이었다.

### 8월 20일

06:00 기상, 07:00 호텔식 뷔페 취식 후 08:30 출발. 오늘은 북경 시내 자금성을 관광하는 날이다. 북경 면적은 16000㎢, 인구는 1260만 명인데 약 반 정도가 시내에 거주하며, 조선족이 5만 명, 한국인은 1만 명가량 거주한다고 한다. 우리나

라 서울보다 차량은 적고 자전거 타고 다니는 사람이 많았다. 자전거도 등록번호가 있고 1년에 10원씩 세금을 낸다고 한다.

자금성은 명나라 때 궁궐인데 지금은 '고궁박물관'이란 명찰을 달고 있다. 자금성의 세 번째 문인 유명한 천안문부터 먼저 관광하기로 한다. 광장은 남북 880m, 동서 550m이며 백만 명 수용 가능하다. 자금성 전체 넓이가 72만㎡, 24만 평이고 자금성은 건축한 지 580년 되었으며 칸 수는 9999칸(1일 1간씩 보면 27년 소요)이다. 천단공원과 같은 시기 명나라 영락황제가 건축하였다.

자금성의 첫째문은 전문, 두 번째 문은 정양문, 세 번째는 천안문인데, 첫째, 둘째 문은 폐쇄시켜 놓았고, 전문부터 마지막 신무문까지 일직선으로 건축되어 있었다. 입장료는 30원이었다.

1일 수만 명의 관광객은 외국인도 많았으나 대부분 중국인 같았다. 천안문 광장에서 단체사진을 찍는데 인파가 많아 겨우 틈을 내어 찍을 수 있을 정도였다. 그 많은 사람들은 전부 관광에만 도취되어 있지 1989년 6월 등소평 시절, 민주화를 위해 수천 명의 대학생들이 천안문 시위로 산화한 현장이라는 것을 아는지 모르는지…. 모택동 초상화는 걸려 있는데 그때 민주화 투쟁하다가 군인들의 총탄에 쓰러진 학생들의 고혼은 천안문 주위를 맴돌겠지. 그 원혼을 누가 언제 잠들게 하겠는가.

중국은 면적이 넓은 나라이기 때문에 사람들이 클 줄 알았는데 비교적 작고 왜소하였다. 출렁이는 인파에 밀려 천안문을 지나니 네 번째 문인 단문을 지나 다섯째 문인 오문에 이르렀다. 오문 광장은 사형을 집행하던 곳이라는데 기분이 좋지 않았다.

황족을 사형시는 용작두로, 고관을 사형시는 범작두로, 평민을 사형시는 개작두를 사용했다 한다.

잠깐 더위를 피해 휴식 후 시간이 없어 문만 통과하여 좌우 건물을 멀리서 바라보며 걸어갔다. 걸어가는 좌측을 관람시 별도로 3원, 우측쪽 관람시는 5원을 추가 부담해야 한단다. 여섯째 문은 태화문으로 높이가 46m나 되었다. 이 문은 태화전의 정문이었다. 태화문을 지나 태화전에 이르다. 태화전은 명청 황제 집무실로 용상 바로 위에 용이 아래를 내려다보며 여의주를 물고 있는데 황제 아닌 자가 용상에 앉으면 여의주가 떨어져 죽게 된다고 건축하였는데, 황족이 아닌 원세계가 황제 집무시 겁이나 용상을 약간 뒤로 물려 놓았다 한다. 또 화재 예방을 위해 금도색한 높이 120cm 정도의 대형 방화수 통이 여러 개 있는데, 미・영・불・독・소・이 등 7개국의 외국인들이 침입시 가지고 가지 못하고 예리한 칼로 금을 긁어가서 표면이 흉물스럽게 되었다. 가이드들은 이것으로 중국인에게 애국심을 고취시키고 있는 것 같다. 방화수 도금을 훼손시키지 않은 곳이 1개소 있단다. 그 이유를 설명하는데 기록치 못했다.

태화전 다음에 중화전이란 전각은 황제가 휴식하던 궁전이고, 다음 보화전은 연회를 베풀고 장원급제자를 초대하여 위로하던 곳이다. 보화전을 지나니 일곱째 문인 건청문이 있고 아홉 마리 용을 양각한 구룡석이 특이하였다. 건청문은 황제의 침실인 건청궁의 정문이다. 건청궁을 지나니 교태전이 나타나는데 황후 생일을 축하하던 곳이다. 24개의 황제 옥쇄를 보관하던 곳인데

'無爲(무위)'란 글씨를 써붙인 것이 시사하는 바가 많았다.

교태전을 지나니 곤녕군이 나타나는데 한국과 같이 용마루가 없었는데 황후의 침실이다. 이제까지 오는 도중 자금성 내에 굵은 나무 한 그루 없는데 이유는 반군이나 적이 수구와 10m 높이의 궁궐 담을 넘지 못하여 지하로 침입할 것에 대비하여 성 밑바닥을 대리석으로 깔아 놓았기 때문이라 한다.

여덟 번째 문인 승광문을 지나 마지막 아홉 번째 문인 신무문을 통하여 경산공원 앞 도로에 이르렀다. 아홉이라는 것이 제일 크고 넓다고 생각해서 문의 숫자도 9개로 하였다. 도로를 건너 인공으로 만들었다는 가파르나 나지막한 경산공원에 올랐다. 정상 만춘정 앞에서 자금성을 위에서 보니 15개 문과 궁궐이 일렬로 한눈에 들어오고, 서북쪽엔 북해공원이라는 호수에 배들이 떠 있는 것이 아름답고, 북쪽 멀리 고루각이 보인다. 인파를 비켜 사진 몇 장 찍고 내려오는 길에 대망루 백송나무 앞에서도 촬영했다.

12시에 경산공원 앞에서 버스에 승차하고 화경원에 도착하여 중식 후 이화원으로 출발. 이화원은 나라를 망친 여자 서태후가 약 100년 전 중일전쟁 중인데도 많은 신하들의 반대에도 불구하고 많은 돈을 들여 97만평의 땅 위에 궁궐을 수십 채 짓고 정치하던 곳이다. 서태후가 죽은 후는 황제 가의 정원으로 사용하였다. 97만 평의 땅을 파서 그 흙으로 높이 200m의 산을 만들고 호수를 만들었다. 호숫가를 따라 728m나 되는 긴 회랑이 있는데 호수엔 유람선이 운행하였다. 우리 일행은 이화원에 도착하였으나 호수를 배경으로 사진 몇 장을 찍었을 뿐 내부에 들어가지 않았다. 긴 회랑을 따라 걸어나가니 복도 끝 부분에 간이 선착장이 나온다. 유람선을 타고 호수 건너 섬에 이르러 정자를 지나 조금 걸으니 17공교가 나타난다. 이 돌다리를 건너니 유원지 주차장에 이른다.

관람을 마치고 식당으로 가는데 조금은 넓어 보이는 논에 벼가 잘 자라고 있는 것을 북경 들어와 처음 보았다. 북경은 강우량이 600㎜ 정도 밖에 안되는 곳이라 논은 별로 없는데 이화원 호수 물을 이용해 이곳에서만 논농사를 짓고 있다고 한다. 오늘 석식은 북경 관광시 꼭 들르는 북경오리구이이다. 말만 듣던 오리구이 맛이 어떤지 기대가 되었다. 조금 후 도착한 곳이 북경 도향주가라는 간판이 붙은 중국 식당인데 여러 가지 중국 요리와 기름기를 뺀 오리구이를 먹으니 맛이 좋아 고량주 한 잔을 반주로 마셨는데 일행 중 술 마시지 않는 몇 사람도 마셨다. 술은 가이드 전부장이 사주었다. 중국에 와서 크게 느낀 것은 한문의 약자를 많이 사용하여 알아볼 수 없어 크게 불편하였는데 실용적인 면을 위해서 우리나라에서도 한문 약자를 가르치고 배워야 하겠다고 생각했다.

18:15 버스에 승차하여 서커스 공연장으로 출발함. 북경 외국어대학을 왼쪽으로 바라보며 18:40 공연장에 도착하였는데 영극청이라고 쓰여 있는 공연장으로 들어가니 500석 규모의 단층 건물로 곰팡이 냄새가 코를 진동하는데 앞좌석에 키 큰 남자가 앉아 있어 앞자리로 옮겨 관람하다. 접시돌리기, 우산돌리기 등 재미있게 관람하였는데 좌중의 목소리를 들으니 중국인이 많

다. 귀가 길에 우리를 태운 버스 운전사는 경음기를 자주 울리며 난폭운전을 하여 좋지 않았다.

8월 21일

06:00 기상, 06:30 호텔 뷔페식으로 조식, 07:50 JINSIAN 호텔에서 출발하여 1959년에 발견된 천수산 明13능으로 향했는데 일기 쾌청하였다. 출근 시간대여서 차량과 자전거가 많았다. 도중에 고장난 자동차를 밀고가는 광경도 보였다. 어제 관광한 천안문 광장 앞을 지나면서 가이드는 중국엔 대칭되는 건물이 많은데 예를 들면 천안문이 있으면 지안문도 있다한다. 우리는 30분가량 달려 청하요금소 매표 후 1990년 개통한 편도 3차선의 팔달령 고속도로를 달렸다. 35분 후쯤 되어서는 북경시를 벗어나 평창시가 나오다. 08:45 평창시 IC에서 명13능 쪽으로 회전하여 나오니 단층건물의 쇼핑센터 평창우이상점에 도착하다. 한적한 곳에다가 관광객 유치를 위한 쇼핑센터를 설치한 것이다. 국영이어서 그런지 가이드가 편자환, 청심환 등 물건 선전을 많이 하더라. 나중에 이야기인데 물건 파는 실적을 평가한다한다. 우리는 쇼핑 후 명13능(지하궁전)으로 갔다.

명나라 때 13분의 황제 능으로 그중 1개를 1959년 발굴하였다. 정릉은 야산 정상부근에서 지하 27m 깊이로 파서 높이 9.8m, 폭 10m 대리석으로 터널을 만들었는데 오르내리는 길이도 100m 이상 되어 보인다. 후실 중앙에 높이 약 2m, 길이 약 5m 되는 황제의 관이 있고 그 좌우에 황후 2명의 관이 황제의

관 반 정도 크기의 것이 안치되었고, 좌실엔 72명의 후궁의 관이 있다는데 관광객이 던진 돈이 1m 높이로 쌓여 있다. 우실은 개방하지 않아 보지 못했다. 발견 당시엔 지하 궁전 대형출입문을 안쪽에서 지주를 받쳐 시정하여 놓은 것으로 보아 산 사람을 순장시킨 것 같고, 황제, 황후 등의 관이 열려 있고 보물이 바깥에 나와 있었다 한다. 당시 황제는 죽어서도 지하에 궁궐을 지었으니 얼마나 국민을 착취하였을지 생각나게 한다.

특이하게 명13능 입구에 글자 없는 비석이 높게 설치되어 있는데 이것은 명나라 때 제일 장수한 황제 주익균이 10세 때 황제가 되어 65세까지 술만 먹다 죽었는데 공적이 없어 비석만 세웠다는데 신하들의 저항 정의감은 살아있는 것 같다. 천수산 멀리 다른 황제의 능집 몇 개와 붉은 기와지붕이 보인다. 11:00 관람을 마치고 입구에서 단체 사진을 찍다. 11:10 명13능을 출발하다. 고속도로를 들어가는데 IC에 기마상이 보이는데 이사성이란 장군은 부패한 명나라를 멸망시킨 장군으로 명나라 궁궐로 쳐들어가자 마지막 황제 순종(주우검)은 황후를 죽이고 자기는 경산에서 목을 매어 자살하므로 1644년에 멸망하였다.

이사성은 명나라를 멸망시켰으나 반대파 미인계에 넘어가 죽음을 자초한 말로를 걸었다. 우리는 황금궁전우정상점 쇼핑센터에 들러 1천명을 수용할 수 있는 대형 식당에서 식사 및 쇼핑 후 13시 만리장성으로 향한다.

만리장성은 산해관까지 12,700리가량 되어 만리장성이라고 명명되었고 중국에서는 5㎞가 10리면 54,000㎞나 된다. 끊어져 없어진 것을 종합하면 전국적으로는 10만 8천 리나 된단다. 축성 연대를 보면 기원전 7세기경부터 흙으로 시작되었고, 기원전 476년부터 정식 축성을 하여 2200년 동안 여러 나라가 축성한 것이다. 높은 곳은 해발 881m이며 석산지대여서 성돌은 현지에서 조달한 것 같다. 장성의 높이는 7.5m, 폭은 5.8m로 넓으나 급경사가 많아 도보로는 다닐 수 있으나 우마차는 다닐 수 없다. 북경시내에서 약 60㎞ 지점에 있는 장성 일부를 공개하였는데 13시경 입구 근방에 이르니 천하제일웅관이라고 대문 위 정자의 현판이 보인다. 13:15 만리장성 매표소 통과, 터널 앞에서 우회전하여 13:30 장성 밑 주차장에 도착했다. 관광 온 차량은 10여 대의 대형차와 승용차 몇 대 정도 되었다. 만리장성까지 약 2㎞ 되는데 도보로 2시간가량 소요된다고 하니 거의 다 이곳에서 케이블카를 타고 가는데, 이곳에서 직접 매표하면 1인당 20불인데 우리는 출발시 사전 예약 하였기에 10불씩 지불했다. 우리는 6인승 케이블카에 나누어 타고 1,700m 거리를 10분간 올랐다. 내려다보니 산은 악산으로 나지막한 잡목과 바위들이 보인다. 정상에 도착하여 터널 같은 곳을 약 50m 빠져 나가니 장성 윗면에 이른다. 그곳에 표 검사하는 경비원이 몇 명 있는데 내가 쓰는 볼펜이 고급스러워 보이니 자기 것과 바꾸자고 하여 바꾸어 주고 사용하려니 잘 써지지 않더라. 장성을 보니 축성하는데 수많은 국민의 노동을 강요한 것 같다. 당시 남에게 싫은 소리만 해도 만리장성 공사판에 끌려갔고 살아서 돌아오는 자가 없을 정도였고, 죽으면 만리장성 밑바닥에 묻었다니 지금도 원통히 죽은 자의 시신이 장성 밑에서 통곡하는 것 같다. 절벽 같은 데서는 막혀 장성 위를 계속 가기는 힘들었다. 정상에서 기념 촬영을 하고 케이블카를 타고 멀리 위하를 바라보며 하산하여 15시 버스로 이동, 다음 코스는 용경협이었다.

현지 옵션으로 가면 30불인데 예약하였기 때문에 10불씩 관광 회사에 지불하였다. 연경현의 용경협 코끼리 석상을 지나 15:45 용경협 입구에 도착함. 이곳에서 6인승 빵차라는 고물차를 타고 약 40분 가니 기와지붕으로 된 대문 문루에 용경산협이란 현판이 있고, 대문을 들러서니 3~4층 위락시설 10여 동이 있다. 우측 산 언덕에도 용경협이라고 돌 같은 것으로 수놓듯 하였더라. 용경협은 계곡을 1973년에 홍콩과 합작으로 약 70m 높이로 만든 호수다. 용의 입속 같은 곳으로 에스컬레이터를 타고 들어가 약 20리 거리를 40분간 뱃놀이하며 한 바퀴 돌아 용의 꼬리 부분으로 나왔다. 중국의 계림 같은 산이 아름다웠다. 1996년 댐 위에 에스컬레이터 설치 후 북경의 16 명소 중 하나가 되었다. 다람쥐 바위, 악어 바위 등 괴석이 많고 절벽 위에 용경협 강택민 수상 이름을 적색 글씨로 써놓았더라.

용은 상상의 동물로 최초 인도에서 그려 사용 했다는데 인도의 용 발톱은 6개이고, 그 후 중국에 와선 발톱이 5개가 되었고 한국은 4개, 일본에선 3개로 그리거나 제작한단다.

계곡 수면에서 170m 높이에 폭 300m되는 쇠줄을 설치하고 그 위에서 자전거, 오토바이 곡예를 하는데 하루 1번 내지 2번 공연하므로 우리는 구경하지 못했다. 겨울에는 이곳에 얼음이 두껍게 얼어 스케이트 이벤트 행사를 한단다.

내려오는 코스는 반대편 터널을 걸어서 내려왔다. 17:30 용경협 관광을 마치고 귀환. 북경까지 1시간 40분 소요됨. 북경시 변두리 조단구 병전촌에 있는 한국인이 경영하는 태단구주루라는 식당에서 석식 후 호텔로 돌아왔다. 호텔에서 마지막 날이라고 간단한 주류와 과일로 파티를 했는데 식당에서 마신 고량주와 맥주가 짬뽕되어 술에 취해 에어컨을 틀어놓고 취침한 탓에 익일 07:00 기상하니 감기기가 돈다.

호텔 옆 구멍가게에서 고량주(3홉 1병 1000원) 2병을 구입하고 10시 출발. 12:50 비행 예정 시간을 훌쩍 넘겨 14시에 이륙하였다. 출발시 우리 일행 중 여권 분실로 동승치 못한 신씨 할아버지에게 위로금 거두어 주고 위로하니 눈물을 흘리는구나. 아시아나 비행기를 탑승하니 고향에 온 것 같고 승무원을 보니 반갑다. 50A, B석에 처와 같이 탑승하고 오는데 몸은 계속 피로하였으나 기내식을 먹는 둥 마는 둥 마치고 눈을 붙이니 잠이 오지 않는다. 창밖을 보니 날씨는 쾌청해졌고 우리나라 상공이다.

세관 검사에 별 지적 없이 통과했다. 술은 액수에 관계없이 2병 이상 통관이 안되는 것 같다. 아주머니 한 분이 1000원짜리 고량주 3병인데 뭘 그러느냐고 소리친다. 버스에 승차하니 안도감이 생겨 몸이 더 나빠져 버스 뒷좌석에 누웠는데 곤지암에 도착하여 곰탕을 먹고 가자고 하므로 먹기 싫었으나 뜻을 같이 한다는 뜻에서 돈만 내고 몇 숟가락 먹지 않고 나왔다. 19시경 원주에 도착하여 서로 헤어져 귀가했다. 즐겁고 보람찬 여행이었다.